丛书编委会

主　编

权　衡

副主编

赵蓓文　胡晓鹏

顾　问

张幼文　徐明棋

编委(以姓氏笔画为序)

孙立行　苏　宁　沈玉良　周　宇

黄烨菁　盛　垒

G20
- 杭州峰会论丛 -

主 编 权 衡

副主编 赵蓓文 胡晓鹏

G20新发展共识与全球治理发展新趋势

苏宁 沈玉良 等 / 著

上海社会科学院出版社

SHANGHAI ACADEMY OF SOCIAL SCIENCES PRESS

目 录

导　论
杭州共识：
全球治理的中国方案及世界意义

二十国集团(G20)领导人杭州峰会恰逢世界经济增长和全球化发展的关键节点。世界经济在深度调整中曲折复苏，正处于新旧增长动能转换的关键时期；经济全球化出现波折，保护主义、内顾倾向抬头，多边贸易体制受到冲击。在此关键时刻，二十国集团杭州峰会就加强宏观经济协调、创新增长方式、更高效的全球经济金融治理、强劲的国际贸易和投资、包容和联动式发展等一系列政策和措施形成"杭州共识"。

"杭州共识"是中国站在新起点上应对危机实现世界经济增长、应对全球化矛盾推动全球化发展、应对全球不平衡构建包容联动式发展的中国方案。它将对世界经济和全球治理的未来产生深刻影响，具体表现在：它将推动中国在新阶段发挥引领经济增长的作用，它将推动 G20 功能地位的提升，它将推动新兴经济体在全球治理上发挥更大作用。

一、杭州共识的内涵

2016 年 9 月 4—5 日的杭州峰会以"创建创新、活力、联动、包容的世界经济"为主题，发表了具有里程碑意义的《二十国集团领导人杭州峰会公报》，核准了《创新增长蓝图》等 28 份成果文件，就加强政策协调、创新增长方式、建设更高效的全球经济金融治理、促进更强劲的全球贸易和投资、推动包容和联动式发展等五个重要方面形成了有价值、有执行力的共识，即"杭州共识"。

这些共识建立在"放眼长远、综合施策、扩大开放和包容发展"四大原则基础之上。它们强调要用长远的眼光来发掘增长新动力和开辟新增长点，以可持续的方式推动发展，充分考虑到当代和子孙后代的共同利益；强调各项政策的统一，包括财政、货币和结构性改革政策的相互配合，经济、劳动、就业和社会政策的一致,短期政策与中长期政策的结合,以及经济社会发展与环境保护的共进;强调要以开放的态度应对全球化,反对保护主义,促进全球贸易和投资,加强多边贸易体制;强调要使各国人民共享世界经济增长成果,减少全球发展不平等和不平衡。

杭州共识具体包括加强宏观政策协调、创新增长方式、更高效的全球经济金融治理、强劲的国际贸易和投资,包容和联动式发展等五大议题领域的一揽子政策和措施。

第一,就加强宏观政策沟通和协调达成共识。各方认同在面对世界经济的风险和挑战时,需要标本兼治,综合施策,运用财政、货币和结构性改革等多种有效政策工具来促进世界增长,维护全球金融市场稳定。比如,2016 年2 月 G20 财长和央行行长上海会议前夕,国际金融市场发生大幅波动,市场恐慌情绪骤升。针对这一形势,各方在上海会议上承诺各自以及共同使用所有政策工具,包括货币、财政和结构性改革政策来增强市场信心,并促进复苏。国际社会对此反应积极,国际金融市场趋于平稳。再如,2016 年 7月财长和央行行长成都会议前夕,英国举行了脱欧公投,成为世界经济新的不确定因素。成都会议就此进行了讨论,对外表达了 G20 已准备好积极应对由此带来的经济和金融影响的信心,有力地维护了国际金融市场的稳定。

第二,就创新增长方式达成共识。由于金融危机遗留问题未得到根本解决,全球人口结构变化、生产率增速放缓及结构性问题突出等原因,一段时间以来,世界经济增速低于预期,IMF 等国际机构连续多次下调世界经济增长预期,低增长已成为新常态。各方认同创新是世界经济持续健康增长的根本之道。支持以科技创新为核心,带动发展理念、体制机制、商业模式等方式,多层次、宽领域创新,认同大力推进结构性改革,为全球增长开辟新路径,全面提升世界经济中长期增长潜力。与此同时,这也与中国国内正在进行的加强供给侧结构性改革、着力提高供给体系质量和效率的改革相一致。

第三,就完善全球经济金融治理达成共识。"小智治事,大智治制"。各方同意继续推动国际金融机构份额和治理结构改革,加强落实各项金融改革举措,强化全球金融安全网,提升国际货币体系稳定性和韧性;加强落实各项金融改革举措,深化普惠金融、绿色金融、气候资金领域合作,共同维护国际金融市场稳定;深化国际税收合作,深化反腐败合作,从而全面提升全球经济金融治理结构的平衡性、机制的可靠性、行动的有效性,为世界经济增长保驾护航。

第四，就构建开放型世界经济达成共识。各方认同了国际贸易和国际投资两大引擎的作用，同意继续支持多边贸易体制，重申反对保护主义承诺，以释放全球经贸合作潜力，扭转全球贸易增长下行趋势。

第五，就推动包容和联动式发展达成共识。各方认同要使二十国集团合作成果惠及全球，同意着力减少全球发展不平等、不平衡问题，为实现2030年可持续发展目标做出重要努力。这些将为发展中国家人民带来实实在在的好处，为全人类共同贡献力量。

这五大共识深刻诠释了"杭州峰会"的思想精髓，它涵盖了当前世界经济面临的几乎所有重大挑战，既确立了共同遵守的基本原则，又形成了具体政策与行动纲领，具有高屋建瓴、引领未来的重要作用。这些共识的凝聚，离不开中国长期以来的耕耘与引导，它是中国作为峰会主席国完善全球治理、解决全球问题的"中国方案"。

二、杭州共识是解决全球问题的中国方案

习近平总书记指出，今天的中国已经站在新的历史起点上。这个新起点，就是中国全面深化改革、增加经济社会发展新动力的新起点，就是中国适应经济发展新常态、转变经济发展方式的新起点，就是中国同世界深度互动、向世界深度开放的新起点。[①]在新的历史起点上，习近平总书记提出创新、协调、绿色、开放和共享的新发展理念，这些理念是改革开放40多年来中国发展经验的高度凝练，是"十三五"乃至今后更长时期中国发展思路、发展方向和发展着力点的集中体现。[②]杭州共识正是这些新发展理念的国际版，它是应对危机实现世界经济增长、应对全球化矛盾推动全球化发展、应对全球不平衡构建包容联动式发展的中国方案。

（一）杭州共识是应对当前危机实现世界经济增长的中国方案

当前世界经济虽然总体保持复苏态势，但仍旧面临增长动力不足、需求不振、金融市场反复动荡、国际贸易和投资持续低迷等多重风险和挑战。如何从根本上解决世界经济的增长模式、动力来源和治理结构等深层次、结构

---

① 习近平：《中国发展新起点　全球增长新蓝图——在二十国集团工商峰会开幕式上的主旨演讲》，《人民日报》2016年9月4日，第003版。
② 李保东：《杭州峰会：国际共识中国时刻》，《学习时报》2016年9月15日，第001版。

性问题,为世界经济增长探索新路,中国思路、中国理念给出了答案。

以"创新"作为拉动经济增长的重要引擎,是中国给世界经济"把脉"后开出的"新药方"。

全球经济如何跳出目前的增长泥沼是全球政策制定者急需解决的头等大事。对此,国际社会普遍认同,除目前货币宽松这剂药之外,需要鼓励政策制定者加大财政支出的力度来创造需求,避免羸弱的复苏经济夭折、造成全球经济二次探底。但是,无论是货币还是财政刺激,从长期来看都是无法持续的。因此,世界经济未来的出路之一是要提高全要素生产率来提高潜在产出水平。但是,科技进步、人口增长和经济全球化等过去数十年来推动世界经济增长的主要引擎先后进入换挡器,对世界经济的拉动作用明显减弱,上一轮科技进步带来的增长动能逐渐衰减,新一轮科技和产业革命尚未形成势头。

习近平总书记多次说过,增长动力要从创新中来,从改革中来,从调整中来。我们已经清醒认识到,中国经济不少领域大而不强,大而不优,长期以来的主要依靠资源、资本、劳动力等要素投入支撑经济增长和规模扩张的方式已不可持续,建设创新型国家和世界科技强国,已是中国发展的迫切要求和必由之路。

在中国的推动下,杭州峰会以创新为主线,以科技创新为核心,带动发展理念、体制机制、商业模式等全方位、多层次、宽领域的大创新,瞄准穴位,着眼实效,着力从根本上解决世界经济增长乏力的问题。[1]峰会通过了《二十国集团创新增长蓝图》《创新行动计划》《新工业革命行动计划》《数字经济发展与合作倡议》,并就结构性改革的优先领域、指导原则和指标体系达成共识。这是二十国集团历史上第一次围绕创新采取行动,也是二十国集团历史上首次将创新定位为拉动经济增长的重要引擎。它将各国实施创新的力量汇集一处,有利于创造更新、更好的就业,建设更清洁的环境,提高生产率,应对全球性挑战,改善人民生活水平,构建有活力的、合作和包容的创新生态系统。

构建开放型世界经济、激活贸易与投资两大引擎是中国为世界经济增长添动力的重要药方。

---

[1] 王毅:《为世界经济治理提供中国方案——深入学习贯彻习近平主席在二十国集团领导人杭州峰会上重要讲话》,《人民日报》2016年9月20日,第007版。

　　金融危机以来,全球贸易增长持续走低,增速已经连续 4 年低于全球经济平均增速,多边贸易谈判也步履艰难。双边和区域自贸协定层出不穷,并出现碎片化、封闭化趋势。国际投资对 GDP 的拉动作用不断下滑,各国保护主义有所抬头,对外来投资的监管力度更趋严格。国际投资领域被 3 200 多个双边协定所分割,不利于开展跨境投资合作。①

　　在安塔利亚峰会上,习近平总书记指出,贸易和投资是世界经济的血液。如果气滞血瘀,难畅其流,世界经济就无法健康发展。杭州峰会就构建开放型世界达成共识,确定贸易和投资是世界经济增长的两大引擎,希望通过构建开放型世界经济,反对保护主义,支持并加强多边体制,为不同国家发展提供充足空间,为世界经济增长拓展空间和活力。会议通过了《全球贸易增长战略》和《全球投资指导原则》。《全球贸易增长战略》提出了降低贸易成本、加强贸易投资政策、协调、促进服务贸易、增强贸易融资等七大合作支柱,并提出了针对性的行动方案;《全球投资指导原则》规定了反对跨境投资保护主义,营建开放、非歧视、透明和可预见的投资政策环境,加强投资保护等九大投资原则,这是世界范围内首份就多边投资政策制定的纲领性文件,填补了全球投资治理领域的空白。

(二) 杭州共识是应对全球化矛盾推动全球化的中国方案

　　当前,全球贸易投资低迷,去全球化声浪高涨。这种全球化浪潮从经济领域开始向政治领域蔓延。2016 年以来英国的脱欧公投、美国总统特朗普的一系列保护主义政策等,被认为是反全球化力量的集中展示。②是去全球化,以邻为壑,还是相互融合、共同发展,走向更深的全球化? 这已经成为国际社会面临的一个重要转折点。

　　杭州共识明确反对保护主义,支持多边主义是中国对全球化的担当。

　　《二十国集团领导人杭州峰会公报》提出"承诺推动贸易投资自由化和便利化,加强开放型世界经济","维护以世贸组织为核心,以规则为基础,透明、非歧视、开放和包容的多边贸易体制","反对任何形式的贸易和投资保护主义"。这一思想表明,杭州共识明确反对保护主义,支持多边贸易体制,提出创新增长,着力倡导构建开放型世界经济,这些都体现了中国对全球化

① 王毅:《为世界经济治理提供中国方案——深入学习贯彻习近平主席在二十国集团领导人杭州峰会上重要讲话》,《人民日报》2016 年 9 月 20 日,第 007 版。
② 黄仁伟:《从全球化、逆全球化到有选择的全球化》,《探索与争鸣》2017 年第 3 期。

的担当,是应对全球化矛盾的中国方案。

辩证看待全球化和推进全球化是中国对全球化的主张。

在2017年年初的世界经济论坛和亚太经合组织工商领导人峰会上,习近平总书记再次阐述了中国对全球化的态度与主张。首先,经济全球化是社会生产力发展的客观要求和科技进步的必然结果,它为世界经济增长提供了强劲动力。其次,经济全球化是一把"双刃剑"。当世界经济处于下行期的时候,全球经济"蛋糕"不容易做大,甚至会变小,增长和分配、资本和劳动、效率和公平的矛盾就会更加突出。其次,困扰世界的很多问题,并不是经济全球化造成的,譬如国际金融危机不是经济全球化发展的必然产物,而是金融资本过度逐利、金融监管严重缺失的结果。最后,应当适应和引导好经济全球化,消解经济全球化的负面影响,让它更好地惠及每个国家、每个民族。

总的来说,辩证地来看,全球化有利有弊,目前出现的矛盾实质上是经济全球化扩大、深化后,利益分配出现问题,深层次利益难以协调而导致的必然问题。目前,中国正在从经济全球化的追随者变为引领者,中国已经成为支持和推进全球化的坚定力量。

(三) 杭州共识是应对发展不平衡、构建包容联动式发展的中国方案

中国作为世界上最大的发展中国家和"G77+中国"的成员国,对发展的重要性有着深刻体会。改革开放以来,中国始终把握发展的第一要务,不仅使中国的面貌发生了翻天覆地的变化,也为国际社会落实千年发展目标做出了巨大贡献。因此,中国积极推进包容联动式发展的理念贯穿于二十国集团杭州峰会的主要议题和成果共识等多个方面。

在议题主题上,中国将发展议题置于与强劲增长同等重要的位置,第一次把发展议题置于全球宏观政策框架的突出位置。峰会将包容性发展确立为四大主题之一,提出要让发展的成果惠及全球,促进公平公正,实现世界经济可持续发展。习近平总书记强调说,经济危机的深层原因是发展不平衡。促进全球发展不仅是发展中国家的普遍诉求,也是解决全球发展动力不足的根本途径。世界经济需要包容发展,共同应对全球发展不公正、不平衡和不可持续问题,使发展成果惠及大众,共享全球发展机遇。

参与成员的广泛性诠释了世界经济包容发展。中国邀请了许多发展中国家元首或政府首脑,其中包括非盟主席国乍得总统、东盟主席国老挝国家

主席、非洲发展新伙伴计划主席国塞内加尔总统、77 国集团主席国泰国总理、埃及总统、哈萨克斯坦总统等嘉宾国领导人,均参与了杭州峰会。这是二十国集团会议历史上发展中国家参与最多的一次,在组成上更具代表性,更富包容性。

第一次就落实《2030 年可持续发展议程》(以下或简称"2030 议程")制定行动计划。二十国集团有义务也有责任通过各自和集体行动,推进可持续发展。支持低收入和发展中国家根据本国优先事项落实可持续发展议程,并帮助提供全球公共产品。这些集体行动将涵盖基础设施、农业、粮食安全和营养、人力资源开发和就业、普惠金融和侨汇、国内资源动员、工业化、包容性商业、能源、贸易和投资、反腐败、国际金融架构、增长战略、气候资金和绿色金融、创新、全球卫生等各个方面。

第一次就支持非洲工业化采取集体行动,通过了《支持非洲和最不发达国家工业化倡议》,助力非洲减贫和实现可持续发展。

中国在 30 多年的时间里发展成为世界第二大经济体,其中的一个经验是工业化是一国实现发展的必由之路。中国认为,共同支持非洲工业化进程,提升非洲工业化发展能力,将有助于消除非洲贫困,缓解南北发展矛盾。因此,中国鼓励二十国集团成员国帮助非洲和最不发达国家加速其工业化进程,通过能力建设、投资增长和基础设施建设,帮助减少这些国家的贫困并追求可持续发展。

三、杭州共识的世界历史影响

杭州共识形成于世界经济增长低于预期,各类风险和不确定性比较突出,经济全球化出现波折的关键时期,它是中国引导二十国集团应对全球问题的原则与政策,它具有深刻的世界历史意义:它将推动中国在新阶段上发挥引领世界经济增长的作用,将推动二十国集团功能地位的提升,将推动新兴经济体在全球治理上发挥更大作用。

(一)杭州共识将推动中国在新阶段发挥世界经济增长的引领作用

2008 年金融危机爆发后,中国对全球经济增长和金融稳定做出了重大贡献。杭州峰会召开时,世界经济又走到一个关键当口。中国主导的杭州共识将在新阶段推动中国在世界经济增长上再次发挥引领和积极推动作用。

2008 年爆发的金融危机已经过去十余年,但是世界经济依然处于深度调整中。第一,带动世界经济增长的主力处于调整中。欧、美、日等主要经济体对世界经济增长的带动作用明显减弱。印度等国虽然增速较快,但由于经济规模不大,还不能成为带动世界经济增长的主力,而巴西和俄罗斯等国经济尚未走出衰退的阴影。[①]第二,世界经济增长的动力严重不足。上一轮科技和产业革命所提供的动能已近耗尽,传统经济体制和发展模式的潜能趋于消退。从而表现出增长乏力、失业率上升、债务高企、贸易和投资低迷、实体经济失速、金融杠杆率居高不下、国际金融和大宗商品市场波动等一系列问题。第三,世界经济增长出现了许多新的不确定因素,包括新的地缘政治因素和地区冲突加剧、英国脱欧以及区域性投资贸易规则调整等,这些进一步加剧了全球经济"低利率、低通胀、低增长、高负债"的"三低一高"的基本态势。[②]

多种因素的作用使得传统的经济发展模式与理念不能带来世界经济增长的动力,因而需要重新思考世界经济的增长动力转型、增长结构调整和宏观管理政策的设计。中国主导的杭州共识创新了发展理念、政策手段和方式,从而将推动中国为世界经济彻底摆脱复苏乏力、增长脆弱的现状发挥积极的引领作用。

杭州共识提出创新增长方式,提出创新是引领发展的第一动力,是彻底打开增长之锁的钥匙,是世界经济可持续发展的动力源,要通过创新、结构性改革、新工业革命、数字经济等新方式为世界经济发展开启新道路。

过去十年里,中国贡献了世界 GDP 增长总量的四成以上。2011 年至 2015 年,中国经济年均增长 7.3%,每年增量相当于贡献一个中等发达国家的经济规模,对全球经济增长的贡献率达 25%。[③]根据中国国家统计局日前发布的数据,近年来,中国经济发展进入新常态,增速虽有所放缓,但仍保持了中高速增长,速度继续位居世界主要经济体前列。按 2010 年美元不变价计算,2016 年中国经济增长对世界经济增长的贡献率达到 33.2%,仍居首

① 郭同欣:《中国对世界经济增长贡献不断提高》,《人民日报》2017 年 1 月 13 日,第 012 版。
② 权衡:《中国以新理念引领世界经济新发展——聚焦 G20 杭州峰会 让世界经济从中国再出发系列评论之六》,《文汇报》2016 年 8 月 24 日,第 005 版。
③ 《G20 杭州峰会:为全球经济发展展开中国创新"良方"》,《中国科技产业》2016 年第 9 期,卷首语。

位,中国是世界经济增长的重要引擎。世界银行近日发布的最新一期《全球经济展望》预计,2017 年全球经济有望增长 2.7%,全球经济仍面临不断增加的下行风险。[①]但是,作为世界第二大经济体,中国经济保持稳定让全世界感到安心,中国经济仍然是世界经济的稳定之锚、增长之源。

(二) 杭州共识将推动二十国集团功能地位的提升

从 2008 年二十国集团华盛顿领导人峰会后,至杭州峰会二十国集团峰会已经举行十届,正处在爬坡升级的关键节点。然而,金融危机已经过去八年,共同的"恐惧感"已经不复存在,作为危机应对机制的二十国集团面临功能"衰竭"的挑战。但是,杭州共识大大提升了二十国集团的功能地位,有利于推进二十国集团从危机应对机制向长效治理机制转型,从短期政策向中长期政策转型,从"清谈馆"向"行动队"转型,真正成为谋划世界经济中长期发展的"国际经济合作的主要论坛"。

二十国集团诞生于危机。根据二十国集团诞生时的公报,二十国集团是一种非正式机制,亦即应对危机的论坛。这种危机应对机制的灵活性很高。在危机爆发的初期,传统国际经济组织受法律章程、治理结构等约束很难在短期内做出快速反映,而应对危机的非正式机制能够在短时间内将应对危机的资源调动起来,快速反应,迅速向市场注入流动性和信心。但是,危机应对机制存在以下几方面的缺陷。一是它缺乏中长期议题和治理思维,容易被短期议题和突发事件干扰,也容易在危机后使议题泛化。二是它属于非正式机制,是国际交流、对话的平台,其主要功能是通过交流形成共识,再由各国去自觉落实,从而不具备强制执行力。三是危机应对机制是为应对金融危机而生,随着危机过去时间愈久,共同应对危机的共同恐惧感将逐渐减弱,危机应对机制的作用与功能就愈加受到质疑。针对这些难题,杭州共识提出了推动二十国集团机制转型的"中国智慧"。

第一,为二十国集团设置中长期议题。杭州峰会上确立的"创新""发展""结构性改革"等都是中长期议题。其议程重心从过去主要集中于财政金融等问题扩展到可持续的、包容的经济增长方式与采取行动应对气候变化等社会民生问题上。[②]中国将 2030 年可持续发展议程成功引入二十国杭

①　黄发红等：《中国,为世界经济增长提供澎湃动力——国际社会积极评价中国经济形势和改革成效》,《人民日报》2017 年 3 月 5 日,第 003 版。

②　黄元：《G20"杭州共识"标志着中国走入全球治理的中心位置》,《深圳特区报》2016 年 9 月 21 日,第 A02 版。

州峰会议程,使峰会第一次围绕落实可持续发展议程制定新行动计划。在峰会期间习近平主席与奥巴马总统向联合国秘书长潘基文递交气候变化《巴黎协定》批准文书。这是二十国集团历史上首次在峰会上同时讨论跟可持续发展和气候变化有关的问题。这些议题的引入,标志着二十国集团从讨论短期全球金融危机管理转变为从长远角度讨论世界发展问题。

第二,从短期政策向中长期政策转型。在主题议题设置上,构建"创新、活力、联动、包容"的世界经济创新增长方式、更高效的全球经济治理、强劲的国际贸易投资和包容联动式发展等四大议题,体现了 G20 从关注短期周期性政策向长期结构性政策的方面转变。在成果共识方面,二十国集团杭州峰会达成的各种共识,通过的《创新增长蓝图》《落实 2030 年可持续发展议程行动计划》《结构性改革的有限领域、指导原则和指标体系》等成果也体现了二十国集团从针对短期的国际金融市场波动、被动反应式进行全球经济治理向中长期规划和治理思维、解决世界经济面临的深层次、结构性难题转型。[1]

第三,全面提升二十国集团机制建设,力争推动二十国集团由"清谈馆"转化为"行动队",从而切实为二十国集团加强相关领域的合作提供保障。

首先,二十国集团杭州峰会建立了一系列的专题工作组和相关工作机制。工作组是把政策从构想变成具体行动的中介,对落实会议文件具有重要作用。在原有工作组的基础上,杭州峰会建立了一批新工作组。例如,成立创新增长专题工作组,为二十国集团落实创新增长共识,推动持续关注创新议题创造条件;推动贸易部长会议机制化,成立二十国集团贸易和投资工作组,推动二十国集团在贸易投资领域发挥更大作用;倡议成立二十国集团反腐败追赃追逃研究中心、国际税收政策研究中心、二十国集团创业研究中心等实体机制。[2]

其次,制定监督落实的量化指标体系,努力对成员国形成一定的履约压力。例如,《二十国集团深化结构性改革议程》确定了九个优先领域及八项具体可操作的指导原则,还为检测改革进程建立了监督落实的量化框架和指标体系,对成员国国内开展结构性改革的情况提高透明度,从而形成一定的同行压力。在全球基础设施互联互通联盟上,要求多边开发银行明确提

① 朱杰进:《G20 长效机制转型的难题与可能方案》,《当代世界》2016 年第 8 期,第 12 页。

② 李保东:《杭州峰会:国际共识中国时刻》,《学习时报》2015 年 9 月 15 日,第 001 版。

出自己的基础设施投资量化目标，这些都有效地提高了对成员国的约束力和执行力。

杭州共识的这些举措都有助于保持二十国集团相关议程的延续性，维护二十国集团国际经济合作主要论坛的地位，将二十国集团从先前的应对危机、协调采取政策，引导到关注解决危机背后的深层次结构性问题上来，从而推进二十国集团长效治理的机制转型，提升它的功能地位。

（三）杭州共识将推动新兴经济体在全球治理上发挥更大作用

现代国际社会，也就是主权国家组成的国际社会，发源于欧洲，后来逐渐扩展到全世界，成为全球性的国际社会。西方发达国家一直是现代国际社会的主导者，它们在全球问题上设定议题、制定处理国家间相互关系的国际行为规范，拥有主导性的制度性权力。而发展中国家和新兴经济体作为现代国际社会的后来者，力量相对薄弱，总体来说是国际规范的被动接受者，在制度性权力上处于失衡的位置。但是，随着新兴经济体的发展，它们的主动性上升，它们开始主动提出理念、诉求。二十国集团是全球经济合作的主要平台，并且在其他的全球议题上也发挥着重要作用。作为此次峰会东道主的中国是世界第二大经济体和最大的发展中国家，它充分利用二十国集团的非正式治理框架的灵活性，从议程设置和落实共识两个方面积极推进发展中国家和新兴经济体的利益、诉求在杭州共识中得到体现，提升新兴经济体的制度性权力。

1. 议题设置方面：新议题与老议题增加新维度

第一，提出体现新兴经济体利益诉求的新议题。

杭州峰会实现了二十国集团发展议题历史上的两个"第一次"：第一次把发展问题融入 G20 的整体框架，放在宏观经济政策协调的突出位置，实现发展议题在 G20 治理中的主流化；第一次就落实联合国 2030 年可持续发展议程制定行动计划。并发起了《二十国集团支持非洲和最不发达国家工业化倡议》和《全球基础设施互联互通倡议》，着力减少全球发展不平等、不平衡问题，使各国人民共享世界经济增长成果。

发展议题在宏观经济政策协调中的主流化，以及在"引领世界经济实现强劲、可持续、平衡增长"的核心任务中加入"包容增长"，都意味了发展的视角和权重的增加，它将拓展国际经济合作的新内涵，使得发展中国家的贫困和可持续发展等问题更受关注。

第二,老议题增加了体现新兴经济体利益诉求的新维度。

首先,在金融治理方面,普惠金融被带入二十国集团的议程。

在国际金融秩序改革方面,二十国集团成员一直存在两派声音。一派以西方的巴塞尔委员会为代表,强调金融应该规避风险,应主要将资本贷给那些信用良好的国家或项目;另一派以金砖国家为代表,强调金融的目的是发展,资本积累是为了贷给穷人,金融要勇于承担风险,国际金融格局应当更加开放。此次,中国将发展普惠金融纳入二十国集团讨论中。所谓普惠金融,就是加强金融服务的包容性,让金融为广大人民服务,特别是让边远地区、农村地区的居民和低收入人群也能享受到最基本的金融服务。[①]此次会议,普惠金融成为金融治理方面的重要讨论议题,《20 国集团数字普惠金融高级原则》《二十国集团普惠金融指标体系》等文件在峰会上得到讨论,并达成共识。各国承认了普惠金融对加强金融包容性、支持经济增长、促进就业和消除贫困、实现社会公平具有重要意义,提出二十国集团的集体行动将围绕包括普惠金融等项目的"可持续发展领域"展开。

其次,在国际税收治理议题下,增加了发展中国家税收监管和税收与发展、税收与公平等新议题。

国际税收是全球治理体系不可或缺的重要组成部分。税基侵蚀和利润转移项目、自动情报交换等是发达国家关注的重点,而且公平一直是国际税收制度讳莫如深的话题,发达国家一般不愿意提及。中国自担任二十国集团主席国以来,支持二十国集团成员国进一步加强对发展中国家提供税收政策领域技术援助,鼓励各国和国际组织提出各类税收援助倡议,呼吁从发展中国家的实际需求出发,有效整合项目资源,切实帮助发展中国家增强税收能力。中国还和二十国集团成员共同努力,率先垂范,主动贡献,提出在中国建立 G20 国际税收政策研究中心,作为向发展中国家提供技术援助和知识分享的平台。中国还呼吁发展中国家不断增强政策制定和制度创新能力,深度参与国际税收规则修订,提高其在国际税收规则中话语权,持续增强国内资源动员能力,增进社会福祉。[②]《杭州峰会公报》第 19 条明确承诺,"继续支持国际税收合作以建立一个全球公平和现代化国际税收体系,并促

---

① 易纲:《完善全球金融治理　促进世界经济增长》,《人民日报》2016 年 10 月 25 日,第 007 版。
② 韩洁、刘红霞、胡旭:《G20 为国际税收改革指明方向》,《国际商报》2016 年 9 月 5 日,第 A07 版。

进增长,包括推进正在开展的税基侵蚀和利润转移合作、税收情报交换、发展中国家税收能力建设和税收政策协调等"①。《G20落实2030年可持续发展议程行动计划》提出,G20承诺加强国内资源动员,继续开展国际税收合作,为低收入和发展中国家提供国际支持,完善国内税收政策监管体系,更好收集利润信息和数据,打击非法资金流动。G20通过了加强低收入和发展中国家税收能力的行动倡议,帮助有关国家参与上述活动,动员国内资源。

2. 在落实共识方面:IMF份额改革与反腐败治理

第一,推进了IMF份额改革的共识。

二十国集团的灵活性是新兴经济体应该利用的优势。以IMF份额改革为例。中国接任G20主席国后重启了国际金融架构工作组,该工作组成立于2011年,为从G20层面推动国际金融架构的完善提供依托。在过去几年中,由于美国的拖延,以IMF份额改革为核心的国际金融改革几乎没有取得实质性进展。2014年澳大利亚担任主席国期间,该工作组更是陷入停滞。中国重启国际金融架构工作组后,工作组会议多次讨论IMF份额与治理改革,峰会也就继续推进IMF份额和投票权改革落实达成共识。2016年1月,历时五年之久的IMF2010年改革方案终于正式生效,新兴市场和发展中国家的发言权和代表性得以大幅提高,中国份额排名从第六位上升到第三位。杭州峰会公报称,G20继续推进IMF份额和治理改革,致力于在2017年年会前完成第15次份额总检查,并形成新的份额公式。②

第二,进一步强化了反腐败合作的共识。

作为汇聚世界最主要经济体的国际合作机制,二十国集团也是反腐败领域多边协作的重要平台。二十国集团从2009年匹兹堡峰会就开始讨论反腐败问题,并在2010年的多伦多峰会上决定成立反腐败工作组,加强全球反腐合作。2014年布里斯班峰会上,各国达成了相关的反腐败行动计划,达成了加强司法互助、返还腐败资产和拒绝为腐败官员提供避罪港等共识。在杭州峰会上,G20各国领导人一致批准通过《二十国集团反腐败追逃追赃高级原则》(以下简称《高级原则》)、在华设立G20反腐败追逃追赃研究中心、《二十国集团2017—2018年反腐败行动计划》(以下简称《行动计

---

① 《二十国领导人杭州峰会公报》,《人民日报》2016年9月6日,第004版。
② 陈晨晨:《从被动应对到积极架构》,《中国报道》2016年第10期,第25页。

划》)等事项,国际反腐合作取得重要成果,反腐败的共识进一步深化。这些成果标志着国际反腐败的共识进一步强化,反腐合作的措施进一步具体化,更加务实有效,也代表了发展中国家在追逃追赃方面的共同诉求,彰显了中国在国际反腐败领域的主导权和领导力。

总的来说,新兴市场国家和发展中国家对全球经济增长的贡献已经达到80%,它们不再仅仅是全球治理的参与者和接受者,更是贡献者,它们在全球治理上提出的新规则,更符合客观需要与历史现实,为国际发展合作注入新动力、开辟新空间,推动全球经济强劲、可持续、平衡、包容增长。在此过程中,新兴经济体的制度性权力上升。

(四)新型世界经济:杭州共识的全球经济变化新认知

1. 危机后的全球经济发展趋势

全球金融危机爆发已十余年,近一个阶段,世界经济历经刺激、调整、复苏,正进入转折期。展望未来一个时期,世界经济的发展模式、力量对比、地缘布局、网络建构等方面均面临新的挑战与变革。

从发展模式上看,世界经济的发展进入平台期,联合国发布的《2017年世界经济形势与展望》中指出,全球经济增长持续疲软,2016年2.2%的世界经济增速是2009年以来最低的增速,投资增长在许多主要发达国家和发展中国家都明显放缓。在这一背景下,世界经济的发展亟须寻找新的发展动能,强化创新的动力作用。

从力量对比上看,全球经济行为主体的力量对比发生重要变化,以中国为代表的新兴经济体及发展中国家经济力量得到重大提升,世界经济格局的多元化趋向更为明显。金砖国家与新兴经济体在全球经济中的份额和影响力已日趋接近西方国家。

从地缘经济角度上看,经济全球化力量的空间拓展目前仍处于"世界岛"的外围区域,大量发展中国家仍未得到全球化要素的辐射和带动。而后者恰恰将成为全球经济未来发展的重要"机遇空间",全球的地缘经济空间拓展需要新的引领。

从经济的网络链接基础上看,世界经济的互动网络结构正发生新的变化,其网络建构基础从传统的全球生产网络(GPN)向全球创新网络(GIN)进一步发展。经济全球化的进一步发展趋势中,信息化、创新化、多样化的经济体的经济地位将得到提升。

2. 新型世界经济的新认知

G20 杭州峰会形成的"杭州共识",具有极为重大的战略内涵。G20 杭州峰会的意义,不仅在于 20 国集团对于世界经济的发展提出想法和行动,更在于中国对于世界经济发展趋势的理解和引领。在中国倡导下的"杭州共识"中,充分表现出中国对于世界经济的全新看法,即"新型世界经济"观。该理念的构建,反映出中国超越"融入"世界经济阶段,进入"塑造"世界经济的全新阶段。G20 峰会的主题"构建创新、活力、联动、包容的世界经济",是中国针对世界经济新模式建构而首次提出的"中国方案",其重要的意义内涵,在于对传统世界经济发展模式的反思和扬弃,是在此基础上提出和展示"新型世界经济"概念。

中国提出的"新型世界经济"理念,反映在世界经济在发展动力、制度框架、运行方式以及发展目的方面的全面升级。在发展动力上,世界经济将进入技术、制度、文化等"全方面"创新驱动的新阶段。在制度层面,以多主体互动为核心的全球经济金融治理架构,将取代西方主导的,以"新旧自由主义"为核心的旧有世界经济秩序。在运行方式上,在重振投资、贸易拉动作用的基础上,促进政策、基础设施等多层次联动发展,创建"开放型世界经济"将成为新的选择。在发展目的方面,世界经济的发展应以惠及最广大全球民众为目标,形成包容、共享的发展格局,将有别于传统的"零和"经济博弈与"排他性"利益分配体系。

"新型世界经济"理念的核心,在于形成一种新的发展共识,形成全球经济发展的可持续发展格局。最终达成两个层面的世界经济"再平衡",即经济结构"再平衡"与地缘经济空间"再平衡"。其中,经济结构"再平衡"的内涵在于,通过创新、联动、治理、开放等方面的积极推进,形成全球收支、金融、贸易、产业等领域的平衡发展。而地缘经济空间的"再平衡"内涵在于,以新的世界经济发展理念,引领传统经济全球化所"忽视"的边缘(edge)与腹地(hinterland)区域国家、经济行为主体真正融入世界经济体系,拓展世界经济"新领地"。

小　结

2016 年二十国集团杭州峰会是中国深度参与全球治理的一次盛会,而杭州峰会形成的"杭州共识"对于世界经济增长、二十国集团机制转型和新兴经济体发挥作用都将起到历史性作用。它还集中展示了中国对全球治理、全球化、全球发展等多领域、多方面的理念与政策主张,也体现了中国在全球治理中地位的转变,中国开始从全球治理的"参与者""建设者"转变为世界经济增长、全球化深化和全球发展议程的"引领者"和"领跑者"。

"杭州共识"推动 G20 各方加强团结,为促进世界经济增长、完善全球经济治理发挥了重要作用。同时,在与中方合作过程中,G20 各方也充分感受到中国关于"合作共赢""互联互通""知行合一""新型大国关系""人类命运共同体"等理念和智慧,这为 G20 的未来发展注入了强劲的"中国智慧"和"中国动力"。

第一章
G20 杭州共识与中国参与
全球经济治理的新态势

　　《二十国集团领导人杭州峰会公报》将"构建创新、活力、联动、包容的世界经济""开创全球经济增长和可持续发展的新时代"列为当前及未来一段时期内全球经济治理的重点内容,并且明确提出以放眼长远、综合施策、扩大开放、包容发展为基本原则的"杭州共识"。①审视杭州共识及相关重要文件的内容,有两点新动向尤其值得关注:其一是包括中国在内的国际社会对全球发展问题的重视;②其二是2030年可持续发展议程在新时期全球经济治理中的关键地位。③可以说:发展治理和2030年议程,在杭州共识中有着举足轻重的地位。

　　在此背景下,以2030年议程为标志和主线的全球发展治理,已经成为中国在G20杭州峰会后参与全球经济治理的关键抓手。从外部环境来看,进入21世纪第二个十年以来,发展议程日渐成为国际社会关注的焦点;无论是2012年的联合国可持续发展大会、2015年的联合国发展峰会,还是二十国集团领导人杭州峰会,这些标志性事件无不与可持续发展议程有着密切关联,甚至直接围绕其展开。从中国在国际社会的地位来看,作为新兴的发展中大国,中国也有必要主动参与相关进程,与其他国家、主要国际组织积极互动,共同影响可持续发展议程乃至全球发展治理的走向和落实。

＊　本章的主要内容发表于《当代世界与社会主义》2017年第1期。

①　《二十国集团领导人杭州峰会公报》,《人民日报》2016年9月6日,第004版。

②　杭州峰会公报明确指出"将可持续发展作为二十国集团重要议题"。参见《二十国集团领导人杭州峰会公报》,《人民日报》2016年9月6日。中国国家主席习近平也表示:峰会"第一次把发展问题置于全球宏观政策框架的突出位置,第一次就落实联合国2030年可持续发展议程制定行动计划,具有开创性意义"。参见习近平:《在二十国集团领导人杭州峰会上的闭幕辞》,《人民日报》2016年9月6日,第004版。

③　峰会公报"承诺将加强可持续发展政策协调,重申将根据自身国情并充分发挥二十国集团比较优势,将自身合作与全球落实2030年可持续发展议程、亚的斯亚贝巴发展筹资行动议程结合起来"。公报全文提及"2030年可持续发展议程"达6次之多。参见《二十国集团领导人杭州峰会公报》,《人民日报》2016年9月6日,第004版。

因此,要想准确把握 G20 杭州共识之后中国对全球经济治理的参与,就必须以 2030 年可持续发展议程为着眼点,深入考察其与新时期中国经济外交之间的内在联系。更具体地说,厘清 2030 年议程对中国的特殊意义,审视中国关于该议程的话语和实践,剖析其中内在的中国特色经济外交思路,就成为兼具现实及理论意义的重大问题。

一、2030 年议程对中国的意义

历经数年的磋商、咨询和讨论之后,以"变革我们的世界"为题的"2030 年议程"在联合国成立七十周年之际的大会上获准通过,正式成为联大决议。这份包含 17 个目标和 169 个具体目标的全球议程,将可持续发展的经济、社会、环境维度融为一体,旨在为今后十几年的国际发展提供方向指引和制订行动计划。[1]毋庸置疑,这一普遍性议程对 193 个联合国成员国都有着非比寻常的意义。不仅如此,当前国际政治经济格局与中国所处发展阶段之间的交互影响及特征,又使得这一议程的正当性、广泛性和折中性对于中国而言别具重要含义。

首先,2030 年议程的正当性为中国在新时期拓展国际经济合作提供了难得的契机,同时也对中国参与全球经济治理的能力提出了更高要求。与它的前身——千年发展目标(MDG)不同,[2]可持续发展目标(SDG)本身就是 2030 年议程的核心组成部分,其权威性、正当性已经得到联合国全体成员国的一致认可。从历史渊源来看,2030 年议程并不是孤立的成果文件,而是以《联合国宪章》为依据,对此前数十年间联合国重大会议和成果的继承与巩固。[3]正由于此,它被称为"全球发展进程中的里程碑事件",[4]SDG 也被联合国秘书长潘基文称为国际社会的"共同愿景"和"社会契约"。[5]

对于中国而言,新议程及其包含的 SDG 更有理由受到重视。一方面,中国与联合国在发展领域历来有着相似或一致的理念和价值观倾向。由于

---

① 联合国大会 A/RES/70/1 号决议,《变革我们的世界:2030 年可持续发展议程》,2015 年 9 月 25 日。

② MDG 虽然广受各国认同,但其本身并非通过联大正式决议达成,只是根据 2000 年联合国千年首脑会议上通过的《千年宣言》相关内容制定。

③ 联合国大会 A/RES/70/1 号决议,《变革我们的世界:2030 年可持续发展议程》,2015 年 9 月 25 日,第 4 页。

④ 《落实 2030 年可持续发展议程中方立场文件》,2016 年 4 月 21 日。资料来源:中华人民共和国外交部,http://www.fmprc.gov.cn/ce/ceun/chn/gdxw/t1357604.htm。访问时间:2016 年 8 月 5 日。

⑤ "Sustainable Development Goals to Kick in with Start of New Year", UN News Centre, 30 December 2015, http://www.un.org/apps/news/story.asp?NewsID=52922♯.V-83v2eS1rQ。访问时间:2016 年 3 月 7 日。

新议程在相当程度上渗透着联合国的发展观念,与其他国际组织相比,联合国为中国等发展中国家提供了更具支持性的磋商与议事平台。[1]另一方面,中国不仅有可能、更有必要利用 2030 年议程这一契机,为自身的发展道路正名,也为包括本国在内的发展中世界争取、创造更充裕的生存与发展空间。随着中国成为举世公认的经济大国,单纯奉行韬晦策略越发显得成效不彰。[2]这种客观形势要求中国在"维护自主性"的同时,更多地"寻求影响力"。[3]2030 年议程由此成为中国介入、影响甚至塑造全球治理格局的适当途径;与之相应,中国外交的决策及执行能力也将迎来更多考验。

其次,2030 年议程的广泛性不仅意味着中国和其他发展中国家有机会让自己关切的议题获得国际社会的关注与支持,也意味着可能在这些领域承受来自国际层面的更多压力或干预。与 MDG 不同,SDG 在相当程度上吸收、体现了发展中国家的关切;这使其议题广泛性远远超过把重心放在社会部门的 MDG。[4]与 MDG 相比,增长与就业、技术创新、开放式发展、包容性发展等目标在新议程中的地位明显提升。[5]受此影响,国际社会对发展中国家的资金和技术支持有可能扭转此前过度集中于社会部门的倾向,[6]更多地进入生产性部门,从而提升发展中国家经济增长的前景。另外,由于2030 年议程的规模和雄心程度都在 MDG 之上,其需要的资金投入也远远超过后者。据估计,实现该议程需要对基础设施、农业、工业等多个部门投入总计约 10 万亿美元的资金。[7]对于有意拓展海外市场和投资场所的中国等新兴经济体来说,其间无疑蕴含着广阔的机遇。

[1] Sakiko Fukuda-Parr, "Should global goal setting continue, and how, in the post-2015 era?", *DESA Working Paper* No.117, ST/ESA/2012/DWP/117, 2012, p.18.

[2] 黄益平:《中国经济外交新战略下的"一带一路"》,《国际经济评论》2015 年第 1 期,第 49 页。

[3] 孙伊然:《亚投行、"一带一路"与中国的国际秩序观》,《外交评论》2016 年第 1 期,第 1—30 页。

[4] Lichia Saner Yiu and Raymond Saner, "Sustainable Development Goals and Millennium Development Goals: an analysis of the shaping and negotiation process", *Asia Pacific Journal of Public Administration*, Vol.36, Iss.2, 2014, p.93. Jan Vandemoortele, "If not the Millennium Development Goals, then what?", *Third World Quarterly*, Vol.32, No.1, 2011, p.9.

[5] Richard Heeks, "From the MDGs to the post-2015 Agenda: Analysing changing development priorities", Paper No.56 of the Development Informatics series, Centre for Development Informatics, University of Manchester, 2014, pp.16—29.

[6] Rolph van der Hoeven, "The inclusion of Full Employment in MDG1, What lessons for a Post-2015 Development Agenda?", *ISS-EUR Working Paper*, 2013, pp.12—14.在一些学者看来,这种倾向和做法导致流入经济部门的资金大幅下降,损害了经济增长。参见 Lichia Saner Yiu and Raymond Saner, "Sustainable Development Goals and Millennium Development Goals", p.93.

[7] 郑青亭:《中国在联合国不追求"大嗓门"用实际行动带动落后国家发展》,《21 世纪经济报道》2015 年 9 月 29 日。

　　与此同时，议程范围扩展和新议题的纳入，使包括中国在内的诸多发展中国家面临自主权遭到削弱的潜在风险。相较于 MDG，SDG 以更为明确的方式提及全球治理，并将治理的层面从"国际"延伸至"国家"。①这一变化当然有其积极意义，如推进联合国改革、敦促发达国家作出必要改进等，②但是考虑到国际政治经济中"南弱北强"的现实仍将在相当一段时期内延续，对发展中国家而言，其消极意义不容低估。许多学者已经提出警示，新议程中治理机制的强化，可能被用来约束、限制南方国家对不同发展道路的追寻和尝试。③类似的，某些发达国家完全可能利用新议程对"政策一致性"的重视，将过时、僵化的意识形态强加于发展中国家——这在历史上不乏前车之鉴。④

　　另外，新议程蕴含的更加复杂、多层面的发展评价标准，也向发展中国家尤其是中国等新兴经济体提出了更高要求。根据联合国亚洲及太平洋经济社会委员会的报告，诸如发展的包容性、债务水平、全要素生产率等问题正在使该地区包括中国在内的许多国家面临巨大挑战。⑤在此背景下，中国未来的发展道路及其成效势必受到国际层面更加严格的审视和评价。换言之，中国新时期的经济转型不仅是自身发展的内在要求，还将面对愈来愈多的外在期望与评判。可以想见，协调、统筹两者之间的关系并非易事。

　　再次，2030 年议程的折中性使其在彰显国际社会反思与改进全球治理机制之决心的同时，也淡化了南北国家之间在某些关键问题上的深刻分歧，为实施过程中的争执甚至对立埋下了隐患。所谓折中性，即由于各国际行为体在不同议题领域内有着彼此各异的利益及观念偏好，最终形成的共识只能是这些偏好集合的公约数；这也就意味着为了达成一致，许多具有重要价值的内容要么被排除在最终共识之外，要么在表述上不得不作出相当程度的妥协和弱化。

① SDG16 要求"创建和平、包容的社会"，"在各级建立有效、负责和包容的机构"。参见《变革我们的世界：2030 年可持续发展议程》，第 23 页。
② Martin S. Edwards and Sthelyn Romero, "Governance and the Sustainable Development Goals: Changing the Game or More of the Same?", SAIS Review of International Affairs, Vol. 34, No. 2, 2014, p.145.
③ Heloise Weber, "When Goals Collide: Politics of the MDGs and the Post-2015 Sustainable Development Goals Agenda", SAIS Review of International Affairs, Vol. 34, No. 2, 2014, p.129.
④ Rolph van der Hoeven, "The inclusion of Full Employment in MDG1, What Lessons for a Post-2015 Development Agenda?", p.27.
⑤ United Nations ESCAP, Economic and Social Survey of Asia and the Pacific 2015: Year-end Update 2015, Bangkok: United Nations ESCAP, 2016, pp.23—31.

具体到 2030 年议程,一方面,它的变革性潜力可能为发展中国家带来更友善的外部环境。新议程明确提出"确保发展中国家在国际经济和金融机构决策过程中有更大的代表性和发言权"[①]等一般意义上的赋权目标,还包含了许多发展中国家尤为关注的具体事项,如基础设施、可持续工业化、促贸援助、确保国际粮食市场正常运行等。其中,基础设施的增建和升级、工业部门的技术创新与研发等目标,与中国下一阶段国内经济转型及国际经济合作的重点有着相当程度的契合或一致。另一方面,作为新议程的核心内容,SDG 存在着许多缺陷或薄弱环节,而这些环节对发展中国家来说往往更加利害攸关。例如,SDG 的草案曾经把通过全球合作手段遏制逃税列为一项单独的具体目标,但这部分内容及其力度随后被大幅弱化处理;[②]诸如金融交易税、碳排放税等创新性发展筹资手段也未被新议程提及。[③]更重要的是,SDG 不能解决发展中国家面临的结构性约束,即世界经济深层次的权力失衡,[④]国际机制与秩序变革等关键问题在新议程中仅被泛泛提及甚至处于缺失状态;[⑤]导致全球治理绩效不尽人意的另一症结——国际公共产品的提供问题,在议程中也没有得到充分重视和有力应对。[⑥]可以预见,在许多由来已久的南北分歧点上,未来很可能继续处于各据一端的僵持状态。中国能否以创造性、建设性的方式突破这一僵局,推动甚至引领南北、南南之间更广泛深入的国际合作,是决定新时期中国发展转型成效的关键因素之一。

二、2030 年议程进展中的中国话语及实践

中国主动参与了 2030 年议程从咨询、讨论到设定、启动的各个阶段,并且正在国内与国际层面采取多重举措予以落实。国外一些研究者认为,新

---

① 联合国大会 A/RES/70/1 号决议,《变革我们的世界:2030 年可持续发展议程》,第 19 页。
② Thomas Pogge and Mitu Sengupta, "The Sustainable Development Goals(SDGs) as Drafted: Nice Idea, Poor Execution", *Washington International Law Journal*, Vol.24, No.3, 2015, pp.574—575.
③ Debapriya Bhattacharya, Towfiqul Islam Khan and Umme Salma, "A Commentary on the Final Outcome Document of the Open Working Group on SDGs", *SAIS Review of International Affairs*, Vol.34, No., 2014, p.171.
④ Sakiko Fukuda-Parr and Desmond McNeill, "Post 2015: a New Era of Accountability?", *Journal of Global Ethics*, Vol.11, Iss.1, 2015, pp.10—11.
⑤ Thomas Pogge and Mitu Sengupta, "The Sustainable Development Goals(SDGs) as Drafted: Nice Idea, Poor Execution", p.573.
⑥ Sakiko Fukuda-Parr and Desmond McNeill, "Post 2015: a New Era of Accountability?", p.16.

议程不是中国政府和学界关注的重点,中国并不希望在相关进程中发挥领导作用。①事实上,这一看法在很大程度上是一种误读。我们的回顾与梳理表明,中国近年来在新议程方面的话语决非一成不变的宽泛表态或单方宣示,相反,它包含着丰富、多层面的内涵。不仅如此,与之相应的实质性举措也在不断提出和实施,从而构成了彼此呼应、相互支持的"话语—实践"反馈。

(一) 中国的可持续发展话语

从 2013 年至 2016 年,中国先后发布了三份关于新发展议程的中方立场文件,详尽系统地阐明了中国在相关问题上的态度与主张。作为立场文件的关键内容,每份文件都包含总体原则、重点领域和优先方向、执行手段(落实途径)等几个部分。它们在许多方面保持着高度一致和延续性,又因应国内外形势的变化而呈现出某些调整和变化。正是这些不变与变化,构成了中国可持续发展话语的核心要义。

第一,在总体原则方面,中国对议程范畴、国家自主权、国际发展合作之权责分担等问题的态度基本保持不变。首先,在新议程的授权或职能范畴上,中国认为议程应以消除贫困、促进经济增长为核心;其背后的逻辑在于,"贫困是当前国际社会面临的首要挑战和实现可持续发展的主要障碍",而"经济增长是消除贫困、改善民生的根本出路"。②与此同时,中国也认识到必须"应对新的全球性挑战",③如气候变化、能源资源安全、经济增长乏力等。④其次,中国多次强调各国对自身发展道路、发展战略的自主权,这意味着中国并不认可某种整齐划一、普遍适用、凌驾于国家之上的发展模式;更具体地说,这反映出中国对主要发达国家以"华盛顿共识"之名行干预之实的警惕。再次,在权责分担问题上,中国一方面坚持"共同但有区别的责任"

---

① Thomas Wheeler, "A Reluctant Leader? China and Post-2015", November 14, 2013, http://www.saferworld. org.uk/news-and-views/comment/117-a-reluctant-leader-china-and-post-2015. Kenneth King, "China's Engagement with the Post-2015 Development Agenda: The Case of Education and Training", *International Journal of Educational Development*, Vol.39, 2014, p.74.

② 《落实 2030 年可持续发展议程中方立场文件》,2016 年 4 月 21 日,资料来源:中华人民共和国常驻联合国代表团,https://www.fmprc.gov.cn/ce/ceun/chn/gdxw/t1357604.htm。

③ 《2015 年后发展议程中方立场文件》,2013 年 9 月 22 日,资料来源:中华人民共和国外交部,http://www.fmprc.gov.cn/ce/cepl/chn/xwdt/t1079336.htm。访问时间:2014 年 7 月 24 日。

④ 《2015 年后发展议程中方立场文件》,2015 年 5 月 18 日,资料来源:中华人民共和国外交部,http://www.fmprc.gov.cn/ce/ceun/chn/hyyfy/t1264863.htm。访问时间:2016 年 2 月 3 日。

原则,认为这是整个国际发展领域展开合作的基础,而不仅仅是应对气候变化的合作原则;①另一方面则始终呼吁提升发展中国家在国际机制中的代表性和发言权,保障其平等参与。

在上述主张保持基本稳定之余,中国的态度也呈现出某些调整,其中最关键的是对合作共赢原则的愈发重视和强调。对比来看,三份立场文件都表达了对合作共赢精神的提倡,但最初的重心是"合作共赢的全球发展伙伴关系",②此后则扩展为"以合作共赢为核心的新型国际关系"。③这意味着它已不仅是中国在国际发展合作领域的指导准则,更是上升为全局性的纲领。相应地,起初对"共同利益"的强调,随后也发展为更进一步的"树立利益共同体意识"与"合力打造人类命运共同体"——与前者相比,后两者以共同利益为基础、兼具规范内涵,无疑是层次更高的愿景。

第二,在重点领域和优先方向上,综观三份文件,中国对可持续发展三大核心维度——经济增长、社会进步、环境保护的重视始终如一。不过,因应于国际与国内形势的变化,中国对优先事项的关注也在与时俱进。一些新的全球性挑战以及对中国等发展中国家意义格外重大的主题,如工业化、气候变化、能源资源利用、国家治理等,近年来受到决策层的日益重视。其中,改进国家治理成为优先要务,既反映了中国改革对国家治理体系、治理能力现代化的内在要求,也是对 SDG 16 可能带来潜在风险与挑战的主动回应和应对。

第三,在实施手段或落实途径方面,中国的态度亦可谓稳中有变。这主要体现于三个方面,即联合国机制、全球发展伙伴关系、全球经济治理。首先,中国支持联合国在 2030 年议程中充分发挥作用,认为有必要加强其政策指导和统筹协调职能,以便整合联合国系统内相关机构与其他多边机制的发展努力,共同推进可持续发展目标的实现。总体来看,中国的这一立场相当稳固;但在具体途径及环节上则出现若干重要的增补和细化。例如,联

---

① 这一态度在三份立场文件之外的其他许多场合亦有体现。例如,国家统计局副局长郑京平在出席联合国统计委员会第 47 届会议、审议 2030 年议程的数据和指标等议题时,就提出建议,指出应将"共同但有区别的责任"原则写入会议最终报告。参见《郑京平率团出席联合国统计委员会第 47 届会议》,2016 年 3 月 15 日,资料来源:国家统计局,http://www.stats.gov.cn/tjgz/tjdt/201603/t20160315_1331303.html.访问时间:2016 年 5 月 28 日。

② 《2015 年后发展议程中方立场文件》,2013 年 9 月 22 日,资料来源:中华人民共和国外交部,http://www.fmprc.gov.cn/ce/cepl/chn/xwdt/t1079336.htm。

③ 《2015 年后发展议程中方立场文件》,2015 年 5 月 18 日。《落实 2030 年可持续发展议程中方立场文件》,2016 年 4 月 21 日。

合国可持续发展高级别政治论坛(HLPF)在后续评估中的核心作用、①联合国统计委员会的技术支持工作以及联合国发展系统在更广泛意义上帮助成员国落实议程的功能,②均得以进一步凸显。另外,G20 被赋予新的关键职责,即制定落实发展议程的行动计划,发挥表率作用,并且与联合国主导进程有机统一。

其次,关于发展伙伴关系,中国一直以来的基调是推动建立更加平等均衡的全球发展伙伴关系。更具体地说,它包括坚持南北合作的主渠道作用,加强南南合作,发达国家应履行官方发展援助承诺,加大对发展中国家的支持等。在可预见的相当一段时期,这些仍将是中国在全球发展伙伴关系上的基本态度。不过,某些细微的调整或补充也值得重视。例如,除南北、南南合作之外,三方合作的形式得以提及;多利益攸关方如私营部门、民间社会、慈善团体的参与得到鼓励;基础设施互联互通建设、国际产能合作的重要性也被提升至新高度。

再次,关于全球经济治理,中国一贯的立场是通过国际经济金融治理体系改革来提升治理成效、改善国际发展环境。具体而言,其中包括对多边贸易体制、贸易投资自由化与便利化的维护,以及消除贸易和投资壁垒、反对各种形式的保护主义等。除此之外,近年来也出现了某些新趋势。其一是对国际规则的重视度逐步提高,从“完善全球投资规则”③到推动形成“公正、合理、透明的国际经贸、投资规则体系”。其二是对区域经济一体化的重视,即“加快区域一体化进程,提升区域整体竞争力”。其三是对发展协调机制的强调,即“将发展问题纳入全球宏观经济政策协调范围,推动经济、金融、贸易、投资等各项政策服务发展事业”。其四是对发展中国家融入国际经济体系之良性途径的展望,即“积极参与全球供应链、产业链、价值链”,其目的是确保“深度参与全球经济,共享发展红利”。④

(二) 中国的可持续发展实践

与可持续发展进程中缜密、全面的话语相比,中国在行动方面的表现毫不逊色。尽管 2030 年议程刚刚启动,但中国已经制定和提出许多具有实质性内容的政策和举措,并且逐一付诸实施。总的来看,这些措施基本可以划

①④ 《落实 2030 年可持续发展议程中方立场文件》,2016 年 4 月 21 日。
②③ 《2015 年后发展议程中方立场文件》,2015 年 5 月 18 日。

分为两类,即国内和国际层面。

在国内层面,中国对 2030 年议程进行了选择性的内化。继"十三五"规划纲要明确提出"积极落实 2030 年可持续发展议程"、①将新议程与国家中长期发展规划结合起来之后,中国进一步制定了落实议程的国别方案,以此作为落实工作的行动指南。②诸如《国家创新驱动发展战略纲要》《全国农业可持续发展规划(2015—2030 年)》《"健康中国 2030"规划纲要》等一系列发展战略,都体现出议程与中国改革事业的有机结合。③为促进 SDG 的实现,中国建立了国内协调机制,将任务分解至 43 家政府部门,使之各司其职、各负其责。相关法律法规的调整也即将展开,以提供法治保障。④不仅如此,中国将未来 5 年作为落实 2030 年议程的早期关键阶段,确定了一系列发展目标,包括到 2020 年帮助 5 500 万农村人口全部脱贫,国内生产总值与城乡居民人均收入比 2010 年翻一番,单位 GDP 能耗降低 15％,单位GDP 二氧化碳排放量降低 18％等。⑤其中许多目标如单位能耗、碳排放量的降低,不仅是中国发展理念的体现,也是具有国际公共产品性质的重要贡献,为应对全球气候变化、环境退化发挥着正面的外部效应。

在国际层面,中国以资金、技术、能力建设等多种形式发起和参与国际发展合作,推进 2030 年议程落实。具体而言:

第一,中国直接发起、设立了相关基金。中国国家主席习近平在第七十届联大宣布设立为期 10 年、总额 10 亿美元的中国—联合国和平与发展基金;⑥该基金将于 2016 年年内启动运作。根据中国与联合国签署的协议,其中 2 亿美元由联合国托管,下设两个基金,即秘书长和平与安全基金、落实 2030 年可持续发展议程基金。⑦习近平在联合国发展峰会上还宣布,中国将设立南南合作援助基金以支持发展中国家落实 2030 年议程,首期提供20 亿美元。⑧该基金已开始筹建并将启动运行。中国国务院总理李克强在

---

① 《中华人民共和国国民经济和社会发展第十三个五年规划纲要》,《人民日报》2016 年 3 月 18 日。
② 李克强:《在"可持续发展目标:共同努力改造我们的世界——中国主张"座谈会上的讲话》,《人民日报》2016 年 9 月 21 日。
③ 《中国在联合国做国别陈述:可持续发展是中国的基本国策》,2016 年 7 月 20 日,联合国新闻,http://www.un.org/chinese/News/story.asp?NewsID=26523.访问时间:2016 年 8 月 5 日。
④ 《落实 2030 年可持续发展议程中方立场文件》,2016 年 4 月 21 日。
⑤ 《中国在联合国做国别陈述:可持续发展是中国的基本国策》,2016 年 7 月 20 日。
⑥ 习近平:《携手构建合作共赢新伙伴　同心打造人类命运共同体》,《人民日报》2015 年 9 月 29 日。
⑦ 殷淼、李秉新:《中国与联合国签署设立中国—联合国和平与发展基金协议》,《人民日报》2016 年 5 月 8 日。
⑧ 习近平:《谋共同永续发展　做合作共赢伙伴》,《人民日报》2015 年 9 月 27 日。

澜湄合作首次领导人会议上表示,中方将在湄公河国家优先使用 2 亿美元南南合作援助基金,帮助 5 国落实 2030 年议程的各项目标。①

第二,中国以项目形式在多个领域向发展中国家提供支持。习近平在 2015 年南南合作圆桌会上表示,未来 5 年中国将面向发展中国家提供"6 个 100"项目支持,即 100 个减贫项目、100 个农业合作项目、100 个促贸援助项目、100 个生态保护和应对气候变化项目、100 所医院和诊所、100 所学校和职业培训中心。②这些项目现已开始实施。未来 5 年中国还将以澜湄合作专项基金为依托,对该区域各国的中小型合作项目予以总计 3 亿美元的支持。③

第三,中国以培训、办学、研发等多种形式,为发展中国家落实 2030 年议程提供智力支持。习近平在联合国发展峰会上表示,中国将设立国际发展知识中心,与各国共同研究、交流发展理论和实践。④中国设立的南南合作发展学院已经正式挂牌并启动招生,向其他发展中国家提供博士、硕士学位教育和短期培训,交流和分享发展经验。⑤未来 5 年,中国将向其他发展中国家提供 12 万个来华培训和 15 万个奖学金名额,为其培养 50 万名职业技术人员。⑥

第四,对国际社会中处境最为困难的成员如最不发达国家等,中国也尽己所能地给予帮助和支持。例如,中国承诺继续增加对最不发达国家的投资,争取在 2030 年达到 120 亿美元;中国还承诺免除对有关最不发达国家、内陆发展中国家、小岛屿发展中国家截至 2015 年底到期未还的政府间无息贷款债务。⑦

三、中国参与 2030 年议程的经济外交思路

中国落实 2030 年议程的工作已经全面启动。迄今,中国的话语和实践充分表明:它对该议程的参与同时涉及内政和外交,是统筹国内国外两个大

①③ 李克强:《在澜沧江—湄公河合作首次领导人会议上的讲话》,《人民日报》2016 年 3 月 24 日。
②⑥ 杜尚泽、李秉新:《习近平在南南合作圆桌会上发表讲话》,《人民日报》2015 年 9 月 28 日。
④ 习近平:《谋共同永续发展 做合作共赢伙伴》,《人民日报》2015 年 9 月 27 日。
⑤ 《中国在联合国做国别陈述:可持续发展是中国的基本国策》,2016 年 7 月 20 日,联合国新闻,http://www.un.org/chinese/News/story.asp?NewsID=26523。访问时间:2016 年 8 月 5 日。
⑦ 习近平:《谋共同永续发展 做合作共赢伙伴》,《人民日报》2015 年 9 月 27 日,第 2 版。

局的结果,而决非孤立、单一的进程。①以整体性视角来看,中国对 2030 年议程的参与和落实,折射出它在新时期的经济外交思路,后者至少包含目标、方案与特征等三个层面。

(一) 新时期中国经济外交的总体目标

一国从事经济外交的核心目标,与它对国际经济秩序的基本看法之间有着不可分割的内在联系。换言之,前者往往蕴含于后者之中。以中国而论,其国际秩序观或全球治理观是理解经济外交目标的一个恰当视角。根据习近平主席在 G20 工商峰会上关于全球经济治理的阐述,中国主张的是以平等为基础、以开放为导向、以合作为动力、以共享为目标,重点构建全球金融、贸易和投资、能源、发展治理的国际经济格局。②从这一系统表述来看,中国现阶段经济外交的总体目标应该是:通过与其他国家的经济交往,寻求和创造更多的利益汇合点,在此基础上,一方面推进全球经济治理体系及其绩效的改善,另一方面在既有国际经济体系中为自身开辟更为广阔的发展空间。

这一目标并非无的放矢或泛泛之论,相反,它旨在应对与化解当前中国在国际经济体系中面临的现实风险甚至威胁。

首先,中国之所以倡导平等的全球经济治理,针对的是长期以来主要国际经济组织尤其是布雷顿森林机制内发达国家把持过多比例投票权与决策权的不合理局面,用意在于推动国际货币基金组织(IMF)、世界银行等机构的渐进改革,逐步增加发展中国家的代表性和发言权,提升这些机构的正当性与运作效率。

其次,中国之所以倡导开放的全球经济治理,针对的是近年来世界各地保护主义、排外主义风险的上升,意在通过提倡开放、非排他的地区主义,重振各国对多边合作机制的信心。全球金融危机爆发至今已近十年,但余波

---

① 国外有学者认为,中国对 SDG 的参与并不是其国内政策规划的一部分,而只是外交事务。(参见 Jennifer Constantine and Marcio Pontual, "Understanding the Rising Powers' Contribution to the Sustainable Development Goals", Rapid Response Briefing, Issue 09, *Institute of Development Studies*, 2015, p.3.)这种看法忽视了中国内政与外交之间的密切关联。以 2030 年议程为例,2015 年中国外交部国际经济司主持召开的协调会上,就有包括发改委、财政部、商务部等 30 多家单位的有关负责人出席,共同讨论议程与国内发展规划的对接、协调等问题。(参见《外交部国际经济司主持召开落实 2030 年可持续发展议程协调会》,2015 年 11 月 5 日,资料来源:中华人民共和国外交部, http://www.fmprc.gov.cn/web/wjbxw_673019/t1312600.shtml.访问时间:2016 年 8 月 5 日。)

② 习近平:《中国发展新起点 全球增长新蓝图》,《人民日报》2016 年 9 月 4 日。

仍在产生后续影响。正如福山等学者观察到的,经济民族主义者在各国的呼声渐趋响亮,[①]多边合作的吸引力却黯然失色。[②]一个代表性的例证是,中国加入世界贸易组织(WTO)已有十五年,本应在 2016 年底自动获得市场经济地位,但欧盟、美国等主要经济体至今仍然不愿对此作出明确认可。中国以 2030 年议程为契机,在诸多场合呼吁构建开放型世界经济,正是出于对上述迹象的警惕和回应。

再次,中国之所以倡导合作的全球经济治理,在一定程度上针对的是效果不佳的传统发展伙伴关系——即发达国家与发展中国家之间单向的"捐助—受助"模式,意在通过基础设施互联互通建设、国际产能合作等新形式,突破和拓展此前在国际上占据主导地位、相对狭隘的发展伙伴关系。"一带一路"虽然是中国发起、提出的国际倡议,但从一开始就明确了共商、共享、共建的合作原则,而非由中国单方面设定规则章程。

最后,中国之所以倡导共享的全球经济治理,针对的是此前数十年间全球化进程收益分配的不均尤其是南北国家之间收益分配的失衡。2030 年议程提及的"国家之间的不平等",在很大程度上正是全球化失衡的结果和表现。为此,中国一方面向发展中国家提供资金、项目、技术等支持,另一方面则通过亚投行、金砖国家新开发银行、丝路基金、"一带一路"等新机制和平台加强南南合作,帮助其他发展中国家以共赢方式融入全球经济。毋庸讳言,在此进程中,包括中国在内的新兴经济体也有着切身利益,如更广阔的市场前景、更多样化的合作选择等。事实上,这正是新合作形式的生命力所在,即更为坚实的共同利益。

(二) 新时期中国经济外交的基本方案

从中国近年来在国际层面的举措来看,一个基本可以确定的事实是:中国已将"一带一路"作为新时期经济外交的基本方案。或者说,为了推进总体目标的实现,中国决心以"一带一路"作为展开途径。与此同时,中国围绕 2030 年议程的言行也表明,落实新议程与"一带一路"尽管各有侧重,究其实质却同属一体之两面,都是试图让中国国家利益与国际社会尤其是发展

[①] Francis Fukuyama, "American Political Decay or Renewal?", *Foreign Affairs*, 2016, Vol. 95, No. 4, pp.58—68.

[②] Kristinn Sv. Helgason, "The 2030 Agenda for Sustainable Development: Recharging Multilateral Cooperation for the Post-2015 Era", *Global Policy*, Vol.7, No. 3, 2016, pp.431—440.

中国家集体利益融会贯通、互为依托的尝试和努力。在这一重意义上，正如中国领导人所指出的：中方推动"一带一路"建设、推动 G20 峰会聚焦发展问题，就是旨在助力 2030 年议程。①中国在落实 2030 年议程的立场文件中明确表示，"一带一路"建设将成为中国推进全球发展事业的主要渠道。②亚投行首任行长金立群也指出，亚投行对基础设施建设提供的融资支持，是落实 2030 年议程、实现共同发展的务实行动。③

在上述视角的观照下，就不难理解"一带一路"倡议的公共属性，以及国际行为体对此的认同。联合国副秘书长吴红波认为，"一带一路"与 2030 年议程有着共同的愿景和基本原则，将对包括消除贫困在内的议程实施发挥重要作用。④亚太经社会执行秘书阿赫塔尔也表示，"一带一路"将成为落实 2030 年议程的重要平台。⑤实际上，早在 2030 年议程正式出台之前，就有国际组织官员建议中国将"一带一路"与新议程结合起来，定位为中国提供的国际公共产品与服务。⑥从后续进展来看，这一建议得到了中国决策层的采纳，用外交部长王毅的话说，"一带一路"着眼于各国发展的共同需求和互补优势，是中国向世界提供的最重要公共产品。⑦与之相印证，"一带一路"在实践层面也取得了相当显著的进展，包括合作伙伴、金融支撑、互联互通网络、产能合作等领域。⑧

（三）新时期中国经济外交的主要特征

中国外交近年来更趋奋发有为的态势，已是国际社会公认的事实。中国对国际发展合作尤其是 2030 年议程的参与，是其经济外交的重要组成部分和缩影。就此而言，考察中国在 2030 年议程上的举措，为理解新时期中国经济外交提供了重要的视角。总体来看，这一时期中国经济外交呈现出某些别具一格的特征，它们分别涉及中国与国际组织的关系、南南合作、南北关系、国际公共产品的提供。

首先，中国有意识地根据不同国际组织的比较优势来决定自身与其开

---

① 杜一菲：《习近平会见联合国秘书长潘基文》，《人民日报》2016 年 7 月 8 日。
② 《落实 2030 年可持续发展议程中方立场文件》，2016 年 4 月 21 日。
③ 金立群：《亚投行：国际经济金融合作发展"推进器"》，《人民日报》2016 年 1 月 5 日。
④ 吴红波：《激发全球可持续发展新动力》，《人民日报》2016 年 7 月 27 日。
⑤ 李慧莲：《推进"一带一路"就是落实 2030 年可持续发展议程》，《中国经济时报》2016 年 6 月 23 日。
⑥ 徐浩良：《利用国际机构助力"一带一路"》，《文汇报》2015 年 8 月 28 日。
⑦ 曹元龙：《践行中国特色大国外交理念　服务全面建成小康社会目标》，《光明日报》2016 年 5 月 4 日。
⑧ 《就中国外交政策和对外关系答中外记者问》，《人民日报》2016 年 3 月 9 日。

展互动合作的重点方向,并且努力使之形成合力,共同促进总体目标的实现。以 2030 年议程为例,中国意在促成联合国主导进程与 G20 落实工作的相辅相成,即联合国在早期咨询磋商、后续监督评估中发挥主导作用,而 G20 通过制定落实工作行动计划等举措发挥表率作用。之所以有此构想及安排,主要是考虑到这两种多边机制各自在职能范畴、影响力等方面的强项与弱项。作为规模最大的政府间国际组织,联合国的突出优势在于其普遍性及权威性。联合国机构对评估等环节的领导,满足了国际社会对相关进程合乎程序正义的要求。然而,联合国系统内机构设置的庞杂臃肿和运行效率的低下,则意味着它并不适合事无巨细地承担起 2030 年议程的方方面面。相比之下,由于 G20 在"号召力和集体行动力"上的优势,它能够以确立高级别原则、设定优先领域等方式,对联合国有关进程形成支持和互补。[①]

其次,除联合国与 G20 之外,中国也并未忽视其他国际经济组织。例如,2016 年 7 月,李克强总理就与 IMF、WTO、世界银行、国际劳工组织(ILO)、经济合作与发展组织(OECD)、金融稳定理事会(FSB)等六家主要国际机构领导人展开对话,共同商讨在国际经济金融领域的沟通合作,并且一致同意推动圆桌对话会的常态化、机制化。[②]

值得一提的是,中国并非被动依靠国际组织来推动可持续发展,相反,它在识别、运用这些组织的比较优势之余,还主动采取措施以强化其既有优势。以 G20 为例,该机制在全球金融危机爆发后曾被普遍寄予厚望,期待其承担起全球经济治理改革的重任,但近年来却面临改革势头停滞、影响力趋减的挑战。[③]中国以主办杭州峰会为契机,将包容和联动式发展列为峰会重点议题,开创性地就 2030 年议程落实制定行动计划,将发展问题放在全球宏观政策框架的突出位置,发起倡议支持非洲和最不发达国家实现工业化,其根本用意就是巩固 G20 作为全球经济治理首要平台的地位,重振国际发展合作的活力。

再次,在与发达国家的关系上,中国一方面就南北之间的某些分歧坚持发展中国家的整体立场与原则,另一方面也同北方国家开展务实合作。诸

①《二十国集团落实 2030 年可持续发展议程行动计划》,《人民日报》2016 年 9 月 6 日。

②《"1+6"圆桌对话会联合新闻稿》,《人民日报》2016 年 7 月 23 日。

③ Peter Knaack and Saori N. Katada, "Fault Lines and Issue Linkages at the G20: New Challenges for Global Economic Governance", *Global Policy*, Vol. 4, Iss. 3, 2013, pp. 236—246;王缉思:《全球发展趋势与中国的国际环境》,《当代世界》2013 年第 1 期,第 4 页。

如共同但有区别的责任原则、技术转让、发展权、官方发展援助的承诺与兑现等，历来就是南北国家之间争论的焦点，许多分歧至今悬而未决。在这些问题上，中国始终站在发展中国家一边，坚持南方的整体立场。例如，中国牵头起草了金砖国家在人权理事会高级别专题讨论会上的发言稿，其中明确提出：金砖国家重申应将发展权置于 2030 年议程的核心，呼吁尊重各国在发展问题上的政策空间。[①]与此同时，中国继续以开放、务实的态度与发达国家合作。李克强总理在 OECD 总部演讲时举例指出，中国向拉丁美洲出口渡轮的动力系统，就是从发达国家采购的环保型发电机；中国倡导的国际产能合作，既采用发达国家的先进技术设备，也面向发展中国家就地生产装配，其目标在于三方共赢。[②]

最后，在国际公共产品的提供上，中国采取了国家与市场两种手段相互结合、各有侧重的方式。对于公共产品属性较强、难以由企业等私营部门提供的领域，中国充分发挥国家政府、国际机构的能动性，以促成其运作。例如，在刚刚闭幕的 G20 杭州峰会上，中国提出设立国际税收政策研究中心、二十国集团创业研究中心、二十国集团反腐败追逃追赃研究中心，为国际税收、创业、反腐等合作领域作出贡献。对于兼具公共与私人产品属性、不宜由政府或企业单独承担提供成本的领域，如基础设施的跨国互联互通等，中国采取了国家与市场相互促进的方式。这方面最为典型的例证就是"一带一路"：在国家层面，中国以发起国际合作倡议、创建亚投行等支持性金融机制的方式凝聚各国的政治意愿和共识；在企业层面，各国企业均可根据自身实力和对盈利前景的判断，按照市场原则自行参与其中。

小　结

继联合国发展峰会之后，G20 杭州峰会又一次让 2030 年议程成为举世瞩目的焦点。可以预见，它将是今后十余年间国际发展合作的重心所在。作为新时期中国经济外交的基本方案，"一带一路"既关系到中国参与及落实 2030 年议程的成效，也关系到中国自身经济转型的前景。值得注意的是，"一带一路"体现着国家与市场两种手段的结合；其成功关键也恰恰在于

---

① 何农：《金砖国家在人权理事会上共同发言》，《光明日报》2016 年 3 月 3 日。
② 李克强：《聚焦发展　共创繁荣》，《人民日报》2015 年 7 月 3 日。

两种手段能否以及如何相得益彰。对此,中国近年来在许多场合提及的"义利并举、以义为先"提供了重要解答。我们完全可以将这一义利原则理解为国家与企业分别在宏观、微观层面参与国际合作的指导原则。其中,义即规范,利即利益;唯有遵循各方共同认可的规范,方有长远利益可言。迄今,"一带一路"在国家层面的进展基本顺利——这当然与中国对国际规范的遵守和尊重有关。接下来更为具体、深入的展开则在相当程度上取决于企业层面的表现。中国企业"走出去"的成功,同样需要遵循上述义利原则。这并不是说企业要放弃对利润的追求,而是说企业要在国际市场取得成功、实现利益,一个必要前提仍然是尊重、遵守该市场所在国家的社会规范。就此而言,未来中国企业海外运作经营的规范程度及其成效,正是中国经济外交战略的微观基础之所在。

第二章
习近平全球经济治理思想
的内涵与实践举措

杭州共识作为中国提出的新发展共识思想,既是中国推进全球经济治理的重要主张,也体现了习近平全球经济治理思想的主要内涵。探讨杭州共识的作用和意义,需要从习近平全球经济治理思想的渊源、内涵出发,进而深入理解这一主张的实践意义和理论意义。

一、习近平全球经济治理思想的理论渊源

习近平的全球经济治理思想是对中华人民共和国成立以来中国历代领导人国际战略思想的继承、发展和创新,具有鲜明的时代特色和丰富的理论内涵,是指导中国沉着应对经济全球化新形势、厘清中国在全球经济治理中地位和作用的金钥匙。

(一) 习近平全球经济治理思想的历史渊源

1949年9月21日,毛泽东在中国人民政治协商会议第一届全体会议上郑重宣告,"中国人民站起来了"。中华民族经历了百余年的屈辱和磨难,重新站立起来,需要做的最重要的事情,是在现代世界中重新确认自身生存发展的意义和价值,这是中华民族生存发展和实现现代化梦想的逻辑起点。1956年,毛泽东在《纪念孙中山先生》一文中指出:"辛亥革命,到今年,不过四十五年,中国的面目完全变了。再过四十五年,就是二千零一年,也就是进到二十一世纪的时候,中国的面目更要大变。中国将变为一个强大的社会主义工业国。中国应当这样。因为中国是一个具有九百六十万平方公里土地和六万万人口的国家,中国应当对人类有较大的贡献。而这种贡献,在过去一个长时期内,则是太少了。这使我们感到惭愧。"①毛泽东把中国要

---

① 毛泽东:《纪念孙中山先生》,《人民日报》1956年11月12日。

对人类有较大的贡献作为中华民族应当自觉承担的责任,而实现这种责任的路径是建设一个强大的社会主义工业国。毛泽东的"中国应当对人类有较大的贡献"思想构成了习近平全球经济治理思想的理论渊源与逻辑起点。

十一届三中全会之后,经济建设逐渐成为党和国家的工作重点,中国的国际经济战略得以发展起来。20世纪80年代,邓小平通过认真总结中国和世界社会主义运动的经验和教训,冷静分析世界形势和时代特征,得出了"世界大战打不起来""和平与发展成为当今时代主题"的伟大论断,确立了"对内搞活经济、对外开放"的基本方针,开启了改革开放的伟大历程。此后,中国改革开放的广度和深度逐渐增强,形成了由"经济特区—沿海开放城市—沿海开放地区—内地"的对外开放格局,中国与世界经济的联系不断加深。20世纪90年代初期,江泽民准确把握刚刚兴起新一轮经济全球化的浪潮,提出了"引进来"和"走出去"战略,要求"充分利用国内国外两个市场、两种资源",开始了积极"入世"的进程。[1]2005年9月,胡锦涛在联合国成立60周年首脑会议上全面阐述了建设持久和平、共同繁荣的和谐世界的理念。和谐世界思想向世界宣告,中国坚持和平发展绝非仅仅着眼于自身利益,而是以实现世界持久和平与共同繁荣为己任。在和谐世界思想指引下,中国积极引导二十国集团(G20)机制建设和世界银行、国际货币基金组织(IMF)改革,成为全球经济治理体系改革的建设性参与者;中国积极参与应对国际金融危机的国际合作,对世界经济增长的贡献率居全球首位,成为各国共同发展的推动者。

中共"十八大"以来,以习近平为核心的新一届中央领导集体准确把握国际大势,着眼总体外交战略布局,在继承和发扬中国传统文化和外交经验的基础上,提出了"和平、发展、合作、共赢"的时代主题,为中国和平发展道路增添了新内涵。构建人类命运共同体,是习近平为新时代中国外交和全球治理作出的顶层设计。自2012年正式提出以来,习近平通过重要国际组织、系列主场外交、多边峰会等不同层面,在全球范围内积极倡导构建人类命运共同体。2015年9月,习近平在联合国成立70周年纪念大会上发表了题为《携手构建合作共赢新伙伴 同心打造人类命运共同体》的演讲,系统阐述了构建人类命运共同体的主要内涵——建立平等相待、互商互谅的伙伴关系,营造公道正义、共建共享的安全格局,谋求开放创新、包容互惠的

---

[1]　关昊:《习近平全球经济治理战略思想研究》,辽宁大学硕士学位论文,2016年5月。

发展前景,促进和而不同、兼收并蓄的文明交流,构筑尊崇自然、绿色发展的生态体系。习近平从政治、安全、经济、文化、生态文明"五位一体"的视角,深刻揭示了构建人类命运共同体的努力方向、总体布局、实践路径。2017年1月,习近平在联合国日内瓦总部发表了题为《共同构建人类命运共同体》的主旨演讲,主张共同推进构建人类命运共同体,坚持对话协商、共建共享、合作共赢、交流互鉴、绿色低碳,建设一个持久和平、普遍安全、共同繁荣、开放包容、清洁美丽的世界。

　　构建人类命运共同体是习近平基于对世界大势的准确把握,对人类命运的深刻思考而提出的,具有极强的现实针对性。一方面,当今世界已经进入到全球化时代,"这个世界,各国相互联系、相互依存的程度空前加深,人类生活在同一个地球村里,生活在历史和现实交汇的同一个时空里,越来越成为你中有我、我中有你的命运共同体"。①利益交融、安危与共、一荣俱荣、一损俱损,是习近平提出构建人类命运共同体目标的客观基础和时代命题。另一方面,当今世界依然面临着三大"赤字"的严峻挑战——和平赤字,地区热点持续动荡,兵戎相见时有发生,冷战思维和强权政治阴魂不散;发展赤字,世界经济增长乏力,发展鸿沟日益突出,非传统安全威胁持续蔓延;治理赤字,由美国等少数发达国家主导的全球治理机制弊端丛生,治理失灵,严重缺乏公正性、公平性和代表性。有效应对并化解这三大"赤字"的挑战,是习近平提出构建人类命运共同体目标的根本动力。②正是在推动构建人类命运共同体的理念指引下,习近平的全球经济治理思想逐渐形成与完善。

　　习近平的全球经济治理思想是从毛泽东的"中国应当对人类有较大的贡献"思想、邓小平的"改革开放"与"和平与发展的时代主题"思想、江泽民的"引进来、走出去"思想、胡锦涛的"和谐世界"思想发展而来的,具有鲜明的历史继承性。而构建人类命运共同体、积极参与和推动全球经济治理等战略思想则是对中国历代领导人国际战略思想的创新和发展。将历史继承与改革创新结合起来,就是要坚持实事求是、与时俱进,根据已经变化的世情、国情,作出新判断、提出新方案、采取新措施、创造新发展。习近平的全球经济治理思想是第五代中央领导集体根据世情、国情作出的一系列关于全球经济治理的正确判断和决策,系统回答了关于中国参与全球经济治理

---

① 习近平:《顺应时代前进潮流　促进世界和平发展》,《人民日报》2013年3月24日。
② 赵晓春:《人类命运共同体引领下的中国外交创新》,《人民论坛·学术前沿》2017年6月下。

的方方面面,是全党和全国人民的智慧结晶。作为一个较为完整的思想体系,习近平的全球经济治理思想对中国当前和今后一个时期全面深入参与全球经济治理具有十分重要的指导意义,同时也为发展中国的对外开放理论作出了贡献。随着这一思想的成熟和实践,必将在全球经济治理领域产生广泛而深入的影响。

(二)习近平全球经济治理思想的时代背景

近年来,经济全球化进入深度调整期,以"美国优先"为代表的单边主义、保护主义愈演愈烈,多边贸易体制受到严重冲击,全球经济治理改革存在陷入僵局的危险。与此同时,中国经济的世界地位发生了历史性变化,提高对外开放水平、发展更高层次的开放型经济要求中国积极参与和推动全球经济治理体系变革。

1. 经济全球化进入深度调整期

2008 年国际金融危机的爆发,标志着冷战后高歌猛进的经济全球化进入调整期。全球贸易增速明显放缓,已经连续多年低于世界经济增速,打破了过去几十年来贸易增长一直高于经济增长的发展格局。跨国投资持续低迷,回暖势头较为脆弱,迄今尚未恢复到危机前的水平。多边贸易谈判步履维艰,双边和区域自贸协定层出不穷,并出现碎片化、封闭化趋势。各国保护主义有所抬头,对外来投资的监管力度更趋严格。国际投资领域被数量众多的双边协定所分割,不利于开展跨境投资合作。主要经济体经济复苏进程不一,货币政策分化日趋明显,美国进入加息周期,而欧洲、日本继续实施宽松货币政策。英国脱欧、美元加息预期等事件加剧了国际资本的流动,引发了新兴市场经济体的金融脆弱性以及对爆发"货币战争"的担忧。世界经济增长复苏乏力导致危机的政治后果进一步显现,贫富分化、党派分歧、难民危机、族群冲突、恐怖主义等内外矛盾交织,致使西方国家的民粹主义、保护主义思潮泛滥,并上升到国家最高政治层面,政策取向向保守化、内向化转变。经济全球化进程遭受重大挫折,进入深度调整期,同时也对全球经济治理改革提出了更加紧迫的要求。习近平认为:"小智治事,大智治制。全球经济治理体系变革紧迫性越来越突出,国际社会呼声越来越高。全球治理体系只有适应国际经济格局新要求,才能为全球经济提供有力保障。"[1]

---

[1] 习近平:《共担时代责任　共促全球发展》,《人民日报》2017 年 1 月 18 日。

2. 全球经济治理改革存在陷入僵局的危险

以 IMF、世界银行、GATT/WTO 的为代表的国际经济体制均是在"二战"之后由西方发达国家主导建立的,其治理结构反映了当时的权力分布状况。冷战结束后,一个新的全球性现象出现了,就是新兴经济体的群体性崛起并逐渐融入西方主导的国际经济体制。在这种情形下,国际经济体制中权力分布与治理结构的矛盾越来越突出。因此,全球经济治理改革的一大主题就是顺应新兴经济体群体性崛起的大趋势,增强它们在国际经济体制中的代表性和发言权。2008 年国际金融危机爆发后,西方发达国家为了借助新兴经济体的力量来应对危机,同意了 IMF2010 年份额和治理改革方案。尽管该方案并未触及美国的一票否决权,但美国仍拖延改革进程,直至 2015 年底才批准这一方案。在治理结构相对民主的 WTO 中,美国无法顺利推进其贸易议程,日益诉诸区域贸易协定、诸边贸易协定甚至双边贸易协定,出现将多边贸易体制边缘化的趋向。以美国特朗普政府为代表的单边主义、保护主义愈演愈烈,多边主义和多边贸易体制受到严重冲击,全球经济治理改革存在陷入僵局的危险。对此,习近平深刻指出:"以西方国家为主导的全球治理体系出现变革迹象,但争夺全球治理和国际规则制定主导权的较量十分激烈,西方发达国家在经济、科技、政治、军事上的优势地位尚未改变,更加公正合理的国际政治经济秩序的形成依然任重道远。"[1]

3. 中国对参与和推动全球治理体系变革的态度更加积极

当今世界正在经历百年未有之大变局。习近平指出,国际社会普遍认为,全球治理体制变革正处在历史转折点上。国际力量对比发生深刻变化,新兴市场国家和一大批发展中国家快速发展,国际影响力不断增强,是近代以来国际力量对比中最具革命性的变化。数百年来各大强国从通过战争、殖民、划分势力范围等方式争夺利益和霸权,逐步转向以制度规则协调关系和利益的方式演进。随着全球性挑战增多,加强全球治理、推进全球治理体制变革已是大势所趋。这不仅事关应对各种全球性挑战,而且事关给国际秩序和国际体系定规则、定方向;不仅事关对发展制高点的争夺,而且事关各国在国际秩序和国际体系长远制度性安排中的地位和作用。[2]中共"十八

① 习近平:《在省部级主要领导干部学习贯彻党的十八届五中全会精神专题研讨班上的讲话》,《人民日报》2016 年 5 月 10 日。
② 习近平:《推动全球治理体制更加公正更加合理 为中国发展和世界和平创造有利条件》,《人民日报》2015 年 10 月 14 日。

大"以来,中国开始更加主动推动全球治理体系变革,积极提出主张、倡议和行动方案,开始由全球治理的融入者、参与者,转变为主动的推动者和引领者。2015 年 10 月召开的十八届五中全会提出,要积极参与全球经济治理和公共产品供给,提高中国在全球经济治理中的制度性话语权,构建广泛的利益共同体。2015 年 10 月及 2016 年 9 月,中共中央政治局两次就全球治理格局和全球治理体系变革进行集体学习,强调要抓住机遇、顺势而为,推动国际秩序朝着更加公正合理的方向发展,更好维护中国和广大发展中国家共同利益,为实现"两个一百年"奋斗目标、实现中华民族伟大复兴的中国梦营造更加有利的外部条件,为促进人类和平与发展的崇高事业作出更大贡献。①

4. 积极参与全球经济治理是提高对外开放的质量和发展的内外联动性的必然要求

中共"十八大"以来,中国经济的世界地位发生了历史性的变化,按购买力平价(PPP)计算,中国 2014 年 GDP 达到 7.6 万亿美元,已经超过美国跃居世界第一,中国也早已成为世界第一大制造业国家(2010 年)、第一大货物贸易国(2013 年),国际影响力日益扩大,国际地位不断提升。中国与世界经济的联系正发生着历史性变革,出现市场、资源能源、投资"三头"对外深度融合的新局面,无论从市场规模、经济总量、贸易总额还是投资总量来看,中国已经前所未有地走进了世界经济舞台的中心。②正如习近平所指出的,中国对外开放局面正面临着新的转折点,过去是招商引资为主,现在是引进来和走出去并重;过去主要是扩大出口换取外汇,现在是市场、资源能源、投资都离不开国际市场;过去只是被动适应国际经贸规则,现在则要主动参与和影响全球经济治理。③但与中国在世界经济中的总体地位相比,中国对外开放的质量和发展的内外联动性还有待提高,"我国对外开放水平总体上还不够高,用好国际国内两个市场、两种资源的能力还不够强,应对国际经贸摩擦、争取国际经济话语权的能力还比较弱,运用国际经贸规则的本领也不够强,需要加快弥补"④。那么该怎样提高对外开放的质量和发展的

---

① 习近平:《加强合作推动全球治理体系变革 共同促进人类和平与发展崇高事业》,《人民日报》2016 年 9 月 29 日。
② 清华大学国情研究院课题组:《习近平经济思想的全球治理行动框架》,《学术前沿》2017 年 10 月下。
③ 《习近平在中央经济工作会议上的讲话(2014 年 12 月 9 日)》,《习近平关于社会主义经济建设论述摘编》,中央文献出版社 2017 年版,第 295 页。
④ 习近平:《在党的十八届五中全会第二次全体会议上的讲话(节选)》,《求是》2016 年第 1 期。

内外联动性呢？习近平认为，必须坚持对外开放的基本国策，奉行互利共赢的开放战略，形成对外开放新体制，发展更高层次的开放型经济，积极参与全球经济治理。他明确提出："要推动全球经济治理体系改革完善，引导全球经济议程，维护多边贸易体制，加快实施自由贸易区战略，积极承担与中国能力和地位相适应的国际责任和义务。"①

二、习近平全球经济治理思想的理论内涵

在参与和推动全球经济治理体系变革的实践中，习近平直面时代命题，阐释中国理念，提出中国方案，勇担国际责任。在推动构建人类命运共同体的理念指引下，习近平的全球经济治理思想不断发展完善并逐渐成形，成为习近平新时代中国特色社会主义思想的有机组成部分。

（一）秉持共商共建共享的全球治理观

全球治理体制变革离不开理念的引领。2015年10月，习近平在主持十八届中共中央政治局第二十七次集体学习时指出，"要推动全球治理理念创新发展"，"弘扬共商共建共享的全球治理理念"。②此后，他在多个场合反复论述、深入阐发了这一理念的重要意义及实践价值。在中共"十九大"报告中，他进一步明确提出"中国秉持共商共建共享的全球治理观"。"共商共建共享"的新型全球治理观回答了"谁来治理""怎样治理"和"为什么治理"的重大问题，强调了全球治理的多元主体、开放包容和公平公正，旨在推动建设新型国际关系、构建人类命运共同体。2017年9月11日，第71届联合国大会在"联合国系统在全球治理中的核心作用"议题下通过关于"联合国与全球经济治理"决议，要求"各方本着'共商、共建、共享'原则改善全球经济治理，加强联合国作用"，同时重申"联合国应本着合作共赢精神，继续发挥核心作用，寻求应对全球性挑战的共同之策，构建人类命运共同体"。这表明共商共建共享理念正在为国际社会所广泛接受，成为全球治理的一项重要共识。

全球治理不是少数国家关起门来讨论决定其他国家事务，也不是由少

---

① 习近平：《在党的十八届五中全会第二次全体会议上的讲话（节选）》，《求是》2016年第1期。
② 习近平：《推动全球治理体制更加公正更加合理　为中国发展和世界和平创造有利条件》，《人民日报》2015年10月14日。

数国家来治理其他国家,更不是少数国家排他性地享受全球治理成果。"共商"即各国共同协商、深化交流,加强各国之间的互信,共同协商解决国际政治纷争与经济矛盾。"各国体量有大小、国力有强弱、发展有先后,但都是国际社会平等一员,都有平等参与地区和国际事务的权利。涉及大家的事情要由各国共同商量来办。"[①]"共建"即各国共同参与、合作共建,分享发展机遇,扩大共同利益,从而形成互利共赢的利益共同体。经济全球化将世界市场融为一体,形成了你中有我、我中有你,一荣俱荣、一损俱损的利益格局。面对世界经济困境与挑战,任何国家都不可能独善其身,只有加强互利合作、共同面对挑战,才能实现共同发展。"共享"即各国平等发展、共同分享,让世界上每个国家及其人民都享有平等的发展机会,共同分享世界经济发展成果。一言以蔽之,"世界命运应该由各国共同掌握,国际规则应该由各国共同书写,全球事务应该由各国共同治理,发展成果应该由各国共同分享"[②]。

(二) 提出平等、开放、合作、共享的全球经济治理观

习近平在 2016 年 G20 工商峰会的主旨演讲中系统阐释了以平等为基础、以开放为导向、以合作为动力、以共享为目标的全球经济治理观。全球经济治理应该以平等为基础,更好反映世界经济格局新现实,增加新兴市场国家和发展中国家代表性和发言权,确保各国在国际经济合作中权利平等、机会平等、规则平等。全球经济治理应该以开放为导向,坚持理念、政策、机制开放,适应形势变化,广纳良言,充分听取社会各界建议和诉求,鼓励各方积极参与和融入,不搞排他性安排,防止治理机制封闭化和规则碎片化。全球经济治理应该以合作为动力。全球性挑战需要全球性应对。合作是必然选择。各国要加强沟通和协调,照顾彼此利益关切,共商规则,共建机制,共迎挑战。全球经济治理应该以共享为目标,提倡所有人参与,所有人受益,不搞一家独大或者赢者通吃,而是寻求利益共享,实现共赢目标。[③]

习近平认为,全球经济治理滞后,难以适应世界经济新变化。过去数十年,国际经济力量对比深刻演变,而全球治理体系未能反映新格局,代表性和包容性很不够。全球产业布局在不断调整,新的产业链、价值链、供应链日益形成,而贸易和投资规则未能跟上新形势,机制封闭化、规则碎片化十

---

① 习近平:《迈向命运共同体　开创亚洲新未来》,《人民日报》2015 年 3 月 29 日。
② 习近平:《共同构建人类命运共同体》,《人民日报》2017 年 1 月 20 日。
③ 习近平:《中国发展新起点　全球增长新蓝图》,《人民日报》2016 年 9 月 4 日。

分突出。全球金融市场需要增强抗风险能力,而全球金融治理机制未能适应新需求,难以有效化解国际金融市场频繁动荡、资产泡沫积聚等问题。[①]对此,习近平指出,全球经济治理在当前形势下特别要抓住以下重点:一是共同构建公正高效的全球金融治理格局,维护世界经济稳定大局;二是共同构建开放透明的全球贸易和投资治理格局,巩固多边贸易体制,释放全球经贸合作潜力;三是共同构建绿色低碳的全球能源治理格局,推动全球绿色发展合作;四是共同构建包容联动的全球发展治理格局,以落实联合国 2030年可持续发展议程为目标,共同增进全人类福祉。[②]秉持这一思路,中国围绕这四个领域设置杭州峰会相关议题,求同存异、聚同化异,取得了丰硕的成果,丰富了全球经济治理的内涵。这充分证明中国的国际议程设置能力大幅提升,中国对世界经济面临的矛盾和问题有着系统性的思考。

(三) 积极引导经济全球化发展方向

2008 年国际金融危机之后,西方资本主义主导的经济全球化的矛盾和弊端集中爆发,经济全球化遇到波折,民粹主义、保护主义有所抬头,"逆全球化"思潮暗流涌动,尤其是 2016 年发生的英国脱欧和特朗普当选两大事件对国际社会造成了强烈的心理冲击,国际社会对经济全球化的前景普遍感到困惑和迷茫。在这一重要关头,习近平在世界经济论坛 2017 年年会开幕式上发表了《共担时代责任　共促全球发展》的主旨演讲,系统阐述了中国对经济全球化的认识,回应了国际社会对经济全球化的关切,反映了中国共产党和中国人民对人类命运和世界走向的深刻思考,为引导经济全球化健康发展,推动建设开放、包容、普惠、平衡、共赢的经济全球化提供了中国方案,贡献了中国智慧。

坚持正确认识经济全球化。总体而言,经济全球化符合经济规律,符合各方利益。习近平认为:"历史地看,经济全球化是社会生产力发展的客观要求和科技进步的必然结果,不是哪些人、哪些国家人为造出来的。经济全球化为世界经济增长提供了强劲动力,促进了商品和资本流动、科技和文明进步、各国人民交往。"[③]针对经济全球化进程中产生的发展失衡、治理困境、数字鸿沟、公平赤字等问题,习近平认为这些是前进中的问题,要正视并

---

①③　习近平:《共担时代责任　共促全球发展》,《人民日报》2017 年 1 月 18 日。
②　习近平:《中国发展新起点　全球增长新蓝图》,《人民日报》2016 年 9 月 4 日。

设法解决,但不能因噎废食,他指出:"经济全球化是一把'双刃剑'。当世界经济处于下行期的时候,全球经济'蛋糕'不容易做大,甚至变小了,增长和分配、资本和劳动、效率和公平的矛盾就会更加突出,发达国家和发展中国家都会感受到压力和冲击。反全球化的呼声,反映了经济全球化进程的不足,值得我们重视和深思。"[①]

积极引导经济全球化发展方向,推动建设开放、包容、普惠、平衡、共赢的经济全球化。习近平指出:"经济全球化确实带来了新问题,但我们不能就此把经济全球化一棍子打死,而是要适应和引导好经济全球化,消解经济全球化的负面影响,让它更好惠及每个国家、每个民族。"[②]面对经济全球化带来的机遇和挑战,习近平认为正确的选择是推动国际社会共担时代责任,充分利用一切机遇,合作应对一切挑战,引导经济全球化健康发展,着力解决公平公正问题,让经济全球化进程更有活力、更加包容、更可持续,推动建设一个开放、包容、普惠、平衡、共赢的经济全球化。要主动作为、适度管理,让经济全球化的正面效应更多释放出来,实现经济全球化进程再平衡;要顺应大势、结合国情,正确选择融入经济全球化的路径和节奏;要讲求效率、注重公平,让不同国家、不同阶层、不同人群共享经济全球化的好处。[③]

(四)秉持正确义利观参与全球经济治理

2013年3月,习近平访非期间,首次提出正确义利观。当年10月,中华人民共和国成立以来的首次周边外交工作座谈会举行。习近平强调,要找到利益的共同点和交汇点,坚持正确义利观,有原则、讲情谊、讲道义,多向发展中国家提供力所能及的帮助。[④]之后,不论会晤国际友人还是面对中国的外交工作人员,习近平都会经常提及"坚持正确义利观"。"坚持正确义利观,永远做发展中国家的可靠朋友和真诚伙伴。""坚持正确义利观,义利并举、以义为先。""坚持正确义利观,做到义利兼顾,要讲信义、重情义、扬正义、树道义。"[⑤]习近平关于坚持正确义利观的重要思想,符合中国特色社会主义内在要求,顺应时代发展潮流及中国与世界关系发展大势,对新时期中国外交具有重要指导意义。

---

①②③ 习近平:《共担时代责任 共促全球发展》,《人民日报》2017年1月18日。
④ 《习近平在周边外交工作座谈会上发表重要讲话》,《人民日报》2013年10月26日。
⑤ 柴逸扉:《正确义利观:中国外交的一面旗帜》,《人民日报(海外版)》2016年8月11日。

正确认识"义"与"利"之间的关系。2013 年 9 月,外交部长王毅在《人民日报》发表《坚持正确义利观 积极发挥负责任大国作用》一文时引述了习近平对"正确义利观"的重要阐述:"义,反映的是我们的一个理念,共产党人、社会主义国家的理念。这个世界上一部分人过得很好,一部分人过得很不好,不是个好现象。真正的快乐幸福是大家共同快乐、共同幸福。我们希望全世界共同发展,特别是希望广大发展中国家加快发展。利,就是要恪守互利共赢原则,不搞我赢你输,要实现双赢。我们有义务对贫穷的国家给予力所能及的帮助,有时甚至要重义轻利、舍利取义,绝不能唯利是图、斤斤计较。"①

在参与全球经济治理时秉持以义为先、先义后利、义利兼顾、义利平衡的正确义利观。2014 年 7 月,习近平在韩国国立首尔大学演讲时指出,中国"倡导合作发展理念,在国际关系中践行正确义利观"。"在国际合作中,我们要注重利,更要注重义……当前,经济全球化、区域一体化快速发展,不同国家和地区结成了你中有我、我中有你、一荣俱荣、一损俱损的关系。这就决定了我们在处理国际关系时必须摒弃过时的零和思维,不能只追求你少我多、损人利己,更不能搞你输我赢、一家通吃。只有义利兼顾才能义利兼得,只有义利平衡才能义利共赢。"②正确义利观指导了新时期中国参与全球经济治理的实践,与习近平提出的共商共建共享的全球治理观一脉相承。

(五)构建伙伴关系推动全球经济治理

全球经济治理的有效推进离不开各国之间的协调与合作,而这恰恰是伙伴关系的本质特征。2014 年 11 月,习近平在中央外事工作会议上正式提出,"要在坚持不结盟原则的前提下广交朋友,形成遍布全球的伙伴关系网络"。③伙伴关系是冷战结束后国家间交往中的新模式,是一种既非对抗又非结盟,以协调与合作为主要手段的新型国际关系。建立平等相待、互商互谅的伙伴关系,是全球化发展的必然要求,也是中国基于对传统国家间关系反思而做出的选择。因为各国之间只有形成同舟共济、合作共赢的伙伴关系,才能携手应对全球化时代的诸多困难与挑战。近年来,中国把建立伙

① 王毅:《坚持正确义利观 积极发挥负责任大国作用》,《人民日报》2013 年 9 月 10 日。
② 习近平:《共创中韩合作未来 同襄亚洲振兴繁荣》,《人民日报》2014 年 7 月 5 日。
③ 《中央外事工作会议在京举行》,《人民日报》2014 年 11 月 30 日。

伴关系作为国家间交往的努力方向,积极展开与各国各地区在不同领域各个层级的友好往来,逐步建立健全全球伙伴关系网络,成为新时期中国特色大国外交的主要特征。到目前为止,中国已同约 100 个国家和国际组织建立了不同形式的伙伴关系,努力走出一条"对话而不对抗,结伴而不结盟"的国与国交往新路。

构建不同形式的伙伴关系成为中国参与和推动全球经济治理的重要内容和抓手。习近平在各个多边场合大力倡导构建不同形式的伙伴关系,推动全球经济治理取得积极进展。在 2015 年金砖国家领导人第七次会晤上,习近平发表了题为《共建伙伴关系 共创美好未来》的主旨讲话,倡导金砖国家共同构建维护世界和平、促进共同发展、弘扬多元文明、加强全球经济治理的伙伴关系。[1]在 2016 年二十国集团工商峰会开幕式上,习近平倡导二十国集团成员共同构建合作共赢的全球伙伴关系,他指出:"在经济全球化的今天,没有与世隔绝的孤岛。同为地球村居民,我们要树立人类命运共同体意识。伙伴精神是二十国集团最宝贵的财富,也是各国共同应对全球性挑战的选择。"[2]在 2017 年亚太经合组织(APEC)工商领导人峰会上,习近平强调:"互信、包容、合作、共赢的伙伴关系,是亚太大家庭的精神纽带,是确保亚太合作处在正确轨道上的重要保障。"[3]形式多样的伙伴关系增进了各国之间的协调与合作,形成了中国在全球经济治理领域的独特贡献。

(六) 推动建设开放型世界经济

面对单边主义、保护主义日渐上升的势头,习近平在各个多边场合坚定维护开放型世界经济体制,旗帜鲜明地反对保护主义。习近平指出:"开放带来进步,封闭必然落后。国际贸易和投资等经贸往来,植根于各国优势互补、互通有无的需要。纵观国际经贸发展史,深刻验证了'相通则共进,相闭则各退'的规律。各国削减壁垒、扩大开放,国际经贸就能打通血脉;如果以邻为壑、孤立封闭,国际经贸就会气滞血瘀,世界经济也难以健康发展。各国应该坚持开放的政策取向,旗帜鲜明反对保护主义、单边主义,提升多边和双边开放水平,推动各国经济联动融通,共同建设开放型世界经济。"[4]对

---

① 习近平:《共建伙伴关系 共创美好未来》,《人民日报》2015 年 7 月 10 日。
② 习近平:《中国发展新起点 全球增长新蓝图》,《人民日报》2016 年 9 月 4 日。
③ 习近平:《抓住世界经济转型机遇 谋求亚太更大发展》,《人民日报》2017 年 11 月 11 日。
④ 习近平:《共建创新包容的开放型世界经济》,《人民日报》2018 年 11 月 6 日。

于保护主义的危害,习近平深刻地指出:"打贸易战的结果只能是两败俱伤,搞保护主义如同把自己关进黑屋子,看似躲过了风吹雨打,但也隔绝了阳光和空气"①,"重回以邻为壑的老路,不仅无法摆脱自身危机和衰退,而且会收窄世界经济共同空间,导致'双输'局面",②"把自己因于自我封闭的孤岛没有前途"③。

维护以 WTO 为核心的多边贸易体制。习近平十分关注全球贸易治理体系碎片化的危险,认为要维护自由、开放、非歧视的多边贸易体制,不搞排他性贸易标准、规则、体系,避免造成全球市场分割和贸易体系分化。他强调指出:"当前的多边贸易体制以世界贸易组织为核心,其生命力在于普惠性和非歧视性。参与区域自由贸易合作时,要坚持开放、包容、透明原则,使之既有利于参与方,又能体现对多边贸易体系和规则的支持,避免全球贸易治理体系碎片化。"④特朗普政府上台后,对 WTO 的态度更加消极,多次在公开场合抨击 WTO 规则及其运行机制,猛烈抨击 WTO 上诉机构,数次阻挠上诉机构启动甄选程序,导致 WTO 上诉机构人员不足,争端解决机制濒临瘫痪。此外,美国还试图借 WTO 改革之名,为中国量身定制一套规则来约束和排斥中国。对此,习近平指出:"我们应该坚定维护自由贸易和基于规则的多边贸易体制。中方赞成对世界贸易组织进行必要改革,关键是要维护开放、包容、非歧视等世界贸易组织核心价值和基本原则,保障发展中国家发展权益和政策空间。"⑤

(七) 高度重视全球发展治理

当今世界仍有 8 亿人生活在极端贫困之中,每年近 600 万孩子在 5 岁前夭折,近 6 000 万儿童未能接受教育。⑥发展不平衡、不充分问题是各国面临的共同挑战,习近平将其形象地归纳为"发展赤字"问题。一方面,新兴市场国家和发展中国家同发达国家的南北差距仍很明显。另一方面,在各国内部,也都不同程度地存在发展差距。据有关统计,现在世界基尼系数已经达到 0.7 左右,超过了公认的 0.6"危险线"。全球最富有的 1% 人口拥有的

---

① 习近平:《共担时代责任 共促全球发展》,《人民日报》2017 年 1 月 18 日。
② 习近平:《中国发展新起点 全球增长新蓝图》,《人民日报》2016 年 9 月 4 日。
③ 习近平:《携手共命运 同心促发展》,《人民日报》2018 年 9 月 4 日。
④ 《习近平出席二十国集团领导人第八次峰会就贸易等议题发表讲话》,《人民日报》2013 年 9 月 7 日。
⑤ 习近平:《登高望远,牢牢把握世界经济正确方向》,《人民日报》2018 年 12 月 1 日。
⑥ 习近平:《携手构建合作共赢新伙伴 同心打造人类命运共同体》,《人民日报》2015 年 9 月 29 日。

财富量超过其余 99％人口财富的总和，收入分配不平等、发展空间不平衡令人担忧。对很多家庭而言，拥有温暖住房、充足食物、稳定工作还是一种奢望。①习近平认为，"发展赤字"问题是当今世界面临的最大挑战，也是一些国家社会动荡的重要原因。他指出："唯有发展，才能消除冲突的根源。唯有发展，才能保障人民的基本权利。唯有发展，才能满足人民对美好生活的热切向往。"②

针对"发展赤字"问题，习近平在 2015 年联合国发展峰会上提出了公平、开放、全面、创新的发展观，推动各国实现共同发展。一是要争取公平的发展，让发展机会更加均等。各国都应成为全球发展的参与者、贡献者、受益者。不能一个国家发展，其他国家不发展；一部分国家发展，另一部分国家不发展。各国能力和水平有差异，在同一目标下，应该承担共同但有区别的责任。要完善全球经济治理，提高发展中国家的代表性和发言权，给予各国平等参与规则制定的权利。二是要坚持开放的发展，让发展成果惠及各方。在经济全球化时代，各国要打开大门搞建设，促进生产要素在全球范围更加自由便捷地流动。各国要共同维护多边贸易体制，构建开放型经济，实现共商、共建、共享。要尊重彼此的发展选择，相互借鉴发展经验，让不同发展道路交汇在成功的彼岸，让发展成果为各国人民共享。三是要追求全面的发展，让发展基础更加坚实。在消除贫困、保障民生的同时，要维护社会公平正义，保证人人享有发展机遇、享有发展成果。要努力实现经济、社会、环境协调发展，实现人与社会、人与自然和谐相处。四是要促进创新的发展，让发展潜力充分释放。各国要以改革创新激发发展潜力、增强增长动力，培育新的核心竞争力。③

中国是国际发展体系的积极参与者和受益者，也是建设性的贡献者。1950 年至 2016 年，中国在自身长期发展水平和人民生活水平不高的情况下，累计对外提供援款 4 000 多亿元人民币，实施各类援外项目 5 000 多个，其中成套项目近 3 000 个，举办 11 000 多期培训班，为发展中国家在华培训各类人员 26 万多名。改革开放以来，中国累计吸引外资超过 1.7 万亿美元，累计对外直接投资超过 1.2 万亿美元，为世界经济发展作出了巨大贡献。国际金融危机爆发以来，中国经济增长对世界经济增长的贡献率年均

① 习近平：《共担时代责任　共促全球发展》，《人民日报》2017 年 1 月 18 日。
②③ 习近平：《谋共同永续发展　做合作共赢伙伴》，《人民日报》2015 年 9 月 27 日。

在30%以上。①正是基于上述客观事实,习近平指出:"中国的发展是世界的机遇,中国是世界经济全球化的受益者,更是贡献者。中国经济快速增长,为全球经济稳定和增长提供了持续强大的推动。中国同一大批国家的联动发展,使全球经济发展更加平衡。中国减贫事业的巨大成就,使全球经济增长更加包容。中国改革开放持续推进,为开放型世界经济发展提供了重要动力。"②面向未来,习近平强调:"中国将始终做全球发展的贡献者,坚持走共同发展道路,继续奉行互利共赢的开放战略,将自身发展经验和机遇同世界各国分享,欢迎各国搭乘中国发展'顺风车',一起来实现共同发展。"③

三、习近平全球经济治理思想的实践举措

中共"十八大"以来,中国更加积极主动地推动全球经济治理体系改革完善,日益走近全球治理舞台的中央,正在从全球经济治理的融入者、参与者逐渐转变为引领者、推动者,引领全球经济治理体系向着维护新兴市场国家和发展中国家发展空间的方向发展,推动国际经济秩序朝着公平公正、合作共赢的方向发展。

(一) 推动全球经济治理体系改革完善

随着综合国力的不断提升,国际社会在全球经济治理中更加关注中国的立场,更加注重对中国的借重与合作。与此同时,中国被加速推向世界舞台中央,一些发达经济体在全球经济再平衡、应对气候变化、知识产权保护、市场开放等方面对中国的要求越来越高,一些发展中国家对中国的期待也越来越多。如何更好地发挥中国在全球经济治理中的作用,需要中国积极主动作为。对此,习近平指出:"我们不能当旁观者、跟随者,而是要做参与者、引领者。"④中国抓住机遇、主动作为,发起成立了亚洲基础设施投资银行、金砖国家新开发银行、丝路基金、南南合作援助基金、国际发展知识中心等,提出了构建人类命运共同体、"一带一路"倡议,提出了共商共建共享的全球治理观及平等、开放、合作、共享的全球经济治理观,丰富了全球经济治

---

①② 习近平:《共担时代责任 共促全球发展》,《人民日报》2017年1月18日。
③ 习近平:《携手构建合作共赢新伙伴 同心打造人类命运共同体》,《人民日报》2015年9月29日。
④ 习近平:《加快实施自由贸易区战略 加快构建开放型经济新体制》,《人民日报》2014年12月7日。

理的体制机制理念。此外,中国还利用主办北京 APEC 会议、G20 杭州峰会、"一带一路"国际合作高峰论坛、金砖国家领导人厦门会晤等主场外交的机会,积极推动上述全球治理方案机制化。关于全球经济治理的中国理念开始具体化为中国方案,中国方案逐渐转化为中国行动及全球共识。

中国是现行国际体系的参与者、建设者、贡献者,同时也是受益者。中国积极参与全球经济治理并不是将其推倒重来,也不是另起炉灶,而是与时俱进、改革完善。亚洲基础设施投资银行和丝路基金同其他全球和区域多边开发银行的关系是相互补充而不是相互替代的,它们将在现行国际经济金融秩序下运行。正如习近平所指出的:"改革和完善现行国际体系,不意味着另起炉灶,而是要推动它朝着更加公正合理的方向发展。中国提出的'一带一路'、亚洲基础设施投资银行倡议,都是开放、透明、包容的,有利于有关国家发展经济,增加就业,减少贫困,欢迎包括美方在内的有关各方积极参与。"①"中国倡导的新机制新倡议,不是为了另起炉灶,更不是为了针对谁,而是对现有国际机制的有益补充和完善,目标是实现合作共赢、共同发展。中国对外开放,不是要一家唱独角戏,而是要欢迎各方共同参与;不是要谋求势力范围,而是要支持各国共同发展;不是要营造自己的后花园,而是要建设各国共享的百花园。"②

(二) 推动 G20 从危机应对向长效治理机制转型

2008 年国际金融危机发生后,G20 确立了其作为"国际经济合作主要论坛"的定位,推动国际社会加强宏观经济政策协调,出台一系列重大举措,推动世界经济逐步走出国际金融危机的阴影。尽管 G20 机制发展过程中,不无来自亚洲金融风暴、国际金融危机等突发性问题的影响,但如果长期保持头痛医头、脚痛医脚的合作模式,其定位将难以明晰,其效用也将难以最大化。为解决世界经济的深层次矛盾和问题,适应后危机时代全球经济治理的客观需要,G20 亟须与时俱进,调整自身发展方向,进一步从危机应对向长效治理机制转型。习近平十分重视 G20 在全球经济治理中的作用和未来发展走向,先后指出,"要把二十国集团建设成稳定世界经济、构建国际金融安全网、改善全球经济治理的重要力量"③,"让二十国集团走

---

① 《习近平同奥巴马会晤时强调增强中美战略互信》,《人民日报》2015 年 9 月 26 日。
② 习近平:《中国发展新起点　全球增长新蓝图》,《人民日报》2016 年 9 月 4 日。
③ 习近平:《共同维护和发展开放型世界经济》,《人民日报》2013 年 9 月 6 日。

得更好更远，真正成为世界经济的稳定器、全球增长的催化器、全球经济治理的推进者"①，"巩固和发挥好二十国集团全球经济治理主平台作用，推动二十国集团向长效治理机制转型"②。中国主办杭州峰会的主要目标之一，就是要推动 G20 从侧重短期政策向短中长期政策并重，从危机应对机制向长效治理机制转型，巩固其作为全球经济治理重要平台的地位，让 G20 从杭州再出发。

为推动各方就相关领域开展务实合作，落实杭州峰会承诺，中国从多个方面完善 G20 机制建设，推动 G20 向长效治理机制转型。一是成立创新增长专题工作组，为 G20 落实创新增长共识，推动持续关注创新议题创造条件；二是推动贸易部长会议机制化，成立 G20 贸易投资工作组，推动 G20 在贸易投资领域发挥更大作用；三是重启国际金融架构工作组，围绕扩大特别提款权（SDR）的使用、增强全球金融安全网、推进 IMF 份额和治理改革、完善主权债重组机制和改进对资本流动的监测与管理等取得一系列成果；四是在华成立 G20 反腐败追逃追赃研究中心、国际税收政策研究中心、G20 创业研究中心等实体机制，为在相关领域的国际合作提供智力支持。这些举措有助于完善 G20 机制建设，保持 G20 相关议程的延续性，提升中国在全球经济治理中的影响力。

作为一种非正式的国际机制，G20 对所达成的承诺缺乏强有力的监督和执行机制，特别是随着危机影响的逐渐消退，各成员方的危机感和紧迫感随之消退，同舟共济的伙伴精神有所减退，"议而不决、决而不行"的现象日渐突出。执行力问题影响到 G20 的信誉及长远发展，对此习近平在杭州峰会的演讲中反复指出，"行胜于言"，"一个行动胜过一打纲领"，"承诺一千，不如落实一件"，"二十国集团应该成为行动队，而不是清谈馆"。在习近平的努力推动下，杭州峰会重申了 G20 创始精神是主要经济体平等合作并共同采取行动，"凡所承诺，定将落实"。为此，杭州峰会明确了衡量结构性改革进展和成效的指标体系，制定了一系列务实行动计划，涵盖发展、贸易投资、就业、金融、能源等多个领域，以确保峰会达成的各项共识和成果能够落地实施。

---

① 习近平：《推动创新发展　实现联动增长》，《人民日报》2014 年 11 月 16 日。
② 习近平：《加强合作推动全球治理体系变革　共同促进人类和平与发展崇高事业》，《人民日报》2016 年 9 月 29 日。

(三) 加强宏观经济政策协调

宏观经济政策协调是指各国政府或国际经济组织,在承认世界经济相互依存的前提下,就汇率政策、货币政策和财政政策等宏观经济政策在有关国家之间展开的磋商和协调,以维持和促进各国经济的稳定发展。宏观经济政策协调向来是全球经济治理的主要议题,其目的在于增强各国宏观经济政策的协调性,减少各自政策的负面溢出效应。由于世界经济增长动力不足、需求不振、国际贸易和投资持续低迷,一些发达经济体便采取了刺激本国和本地区经济发展的政策,却没有顾及对其他经济体产生的负面影响,结果既危害了全球经济的复苏,也反过来伤害了自身经济的发展。习近平始终高度重视宏观经济政策协调议题,对于宏观经济政策协调的必要性和主要经济体的责任,他强调:"经济全球化背景下各经济体一荣俱荣、一损俱损,应该争取通过宏观经济政策协调,放大正面联动效应,防止和减少负面外溢效应。我们要秉持开放包容、合作共赢精神,不能互相踩脚,甚至互相抵消。主要储备货币发行经济体要实施负责任的宏观经济政策,对有关政策特别是货币政策调整尤其需要慎重,不管是进入还是退出,都要考虑对本地区的影响,加强同其他经济体的沟通和协调。"[①]

G20 已经成为宏观经济政策协调的主要平台,在习近平的努力推动下,杭州峰会承诺将仔细制定、清晰沟通各自在宏观经济和结构性改革方面的政策措施,以减少政策的不确定性,将负面溢出效应降至最低,并增加透明度。这一承诺将向国际社会传递 G20 成员加强宏观经济政策协调的积极信号,有助于提振市场信心,维护全球金融市场稳定。杭州峰会在加强宏观经济政策协调方面的成果主要体现在以下三个方面:一是首次将结构性改革同财政政策、货币政策并列为三大宏观经济政策工具,并通过《二十国集团深化结构性改革议程》,在深化结构性改革方面取得重要进展;二是首次对各成员国的财政和货币政策空间进行了全面评估;三是首次承诺"就外汇市场密切讨论沟通"以及重申"将避免竞争性贬值和不以竞争性目的来盯住汇率",向外界释放了明确而强烈的信号,有利于消除对爆发"货币战争"的担忧。[②]在 G20 布宜诺斯艾利斯峰会上,习近平进一步指出:"各方应该坚持

---

① 习近平:《发挥亚太引领作用,维护和发展开放型世界经济》,《人民日报》2013 年 10 月 8 日。
② 易纲:《为全球经济金融治理贡献中国智慧、中国方案、中国力量》,《求是》2016 年第 19 期。

财政、货币、结构性改革'三位一体'的政策工具,努力推动世界经济强劲、平衡、可持续、包容增长。加强政策协调,既是世界经济增长的客观需要,也是主要经济体理应担负的责任。发达经济体在采取货币和财政政策时,应该更加关注并努力减少对新兴市场国家和发展中国家的冲击。"[1]

(四) 推动国际金融体系改革创新

2008 年国际金融危机爆发,凸显了国际货币体系的内在缺陷和完善全球金融架构的必要性。尽管 G20 在完善全球金融架构方面取得了一定进展,但由于 IMF 2010 年份额和治理结构改革方案迟迟无法落实,相关改革进程陷入停顿。习近平在 G20 领导人峰会、金砖国家领导人会晤等场合,呼吁推动 IMF、世界银行等国际经济金融组织切实反映国际格局的变化,特别是要增加新兴市场国家和发展中国家的代表性和发言权,敦促美国尽快批准该改革方案。在习近平的努力推动下,美国最终在 2015 年底批准了这一改革方案。2016 年 10 月 1 日,人民币正式纳入 IMF 特别提款权(SDR)货币篮子,成为全球五大储备货币之一,这是新兴市场国家在国际货币体系中代表性和发言权提升的标志性事件。中国接任 G20 主席国后与各主要大国就全球金融架构问题进行了深入沟通,各国普遍期待中国在这一重要议题上继续发挥领导力。[2]中国将完善国际金融架构作为杭州峰会的重点议题,重启了沉寂多年的国际金融架构工作组,推动杭州峰会核准了《二十国集团迈向更稳定、更有韧性的国际金融架构的议程》,在增强全球金融安全网、改进对资本流动的监测与管理、继续推动 IMF 份额和治理结构改革、支持研究扩大 SDR 的使用、完善国际主权债务重组机制等方面达成共识。

推动国际发展融资机制创新。资金匮乏、投资不足一直是制约发展中国家经济腾飞的主要原因。原有国际发展融资体系在资金规模和贷款能力上明显不足,另外其业务的狭隘界定和严苛条件也一直受到诟病。[3]习近平先后推动成立金砖国家开发银行和亚洲基础设施建设投资银行,开创了发展中国家牵头组建国际发展融资机构的先河。2015 年 7 月 21 日,金砖国家开发银行正式开业。作为多边开发机构,金砖国家开发银行主要资助金砖国家以及其他发展中国家的基础设施建设,这不仅有利于推动金砖国家

① 习近平:《登高望远,牢牢把握世界经济正确方向》,《人民日报》2018 年 12 月 1 日。
② 易纲:《为全球经济金融治理贡献中国智慧、中国方案、中国力量》,《求是》2016 年第 19 期。
③ 梁国勇:《中国方案推动全球经济治理变革》,《经济参考报》2018 年 2 月 14 日。

基础设施建设,也将极大推动金砖国家间的互联互通与金融合作。2016 年 1 月 16 日,亚洲基础设施投资银行在北京正式开业,这是全球首个由中国倡议设立的多边金融机构。习近平在开业仪式上指出:"亚投行正式成立并开业,对全球经济治理体系改革完善具有重大意义,顺应了世界经济格局调整演变的趋势,有助于推动全球经济治理体系朝着更加公正合理有效的方向发展。"①目前,亚投行"朋友圈"不断扩大,成员已达 93 个,并成功吸引英国、德国、法国等发达国家加入,不仅扩大了亚投行作为多边发展融资机制的影响力,也为全球金融治理与改革注入了新活力,是对国际金融体系的有益补充和发展完善。②

(五)加快实施自由贸易区建设

加快实施自由贸易区战略,是中国新一轮对外开放的重要内容。习近平深刻阐释了加快实施自由贸易区战略的重大意义,"加快实施自由贸易区战略,是适应经济全球化新趋势的客观要求,是全面深化改革、构建开放型经济新体制的必然选择,也是中国积极运筹对外关系、实现对外战略目标的重要手段。我们要加快实施自由贸易区战略,发挥自由贸易区对贸易投资的促进作用,更好帮助中国企业开拓国际市场,为中国经济发展注入新动力、增添新活力、拓展新空间。加快实施自由贸易区战略,是中国积极参与国际经贸规则制定、争取全球经济治理制度性权力的重要平台,我们不能当旁观者、跟随者,而是要做参与者、引领者,善于通过自由贸易区建设增强中国国际竞争力,在国际规则制定中发出更多中国声音、注入更多中国元素,维护和拓展中国发展利益"③。习近平提出要逐步构筑起立足周边、辐射"一带一路"、面向全球的自由贸易区网络,积极同"一带一路"沿线国家和地区商建自由贸易区,使中国与沿线国家合作更加紧密,往来更加便利,利益更加融合。

在习近平思想的指引下,中国的自由贸易区战略取得了积极进展。自贸区布局逐步完善——中国已与 24 个国家和地区签订了 16 个自由贸易协定,自贸伙伴遍及亚洲、大洋洲、南美洲和欧洲。正在进行的自贸区谈判有 13 个,并与 10 个国家开展自贸协定联合可行性研究或升级联合研究。自

---

① 习近平:《在亚洲基础设施投资银行开业仪式上的致辞》,《人民日报》2016 年 1 月 17 日。
② 王德蓉:《十八大以来习近平对中国积极参与全球经济治理的战略谋划》,《党的文献》2016 年第 5 期。
③ 习近平:《加快实施自由贸易区战略 加快构建开放型经济新体制》,《人民日报》2014 年 12 月 7 日。

由化水平不断提高——在货物贸易领域，中国已签署自贸协定平均零关税比例达到90％以上，中国—新西兰、中国—智利、中国—澳大利亚自贸协定的零关税比例均达到97％；在服务贸易领域，在世贸组织承诺约100个服务部门的基础上扩大至近120个，原有承诺部门的开放水平也进一步深化；在投资领域，在《区域全面经济伙伴关系协定》（RCEP）框架中，中日韩自贸区谈判中开始以"准入前国民待遇加负面清单"模式开展谈判，实质性改善双向投资准入，与国内外商投资管理体制改革形成联动。谈判议题日益扩展——中国—冰岛自贸协定首次设立竞争章节，中国—瑞士自贸协定首次设立环境章节，中国—韩国、中国—澳大利亚自贸协定首次设立电子商务章节。正在推进的自贸区谈判和联合研究中，规则议题成为重要内容。在磋商中，中方主动发出中国声音，贡献中国方案，为未来在更大范围内参与和引领国际规则制定奠定了坚实基础。①

（六）旗帜鲜明地反对保护主义

旗帜鲜明地反对保护主义、推动建设开放型世界经济、坚定维护多边贸易体制权威是中国的一贯立场。中国主办北京APEC会议、G20杭州峰会、金砖国家领导人厦门会晤期间，加强与各方协调，推动将反对贸易保护主义写入会议成果文件。习近平在出席"一带一路"国际合作高峰论坛、博鳌亚洲论坛、世界经济论坛等多边会议期间，多次阐明支持多边贸易体制、推动建设开放型世界经济的坚定立场。中国在WTO内部积极倡议，与多数成员发出反对单边主义和保护主义的共同声音。2018年11月5日至10日，首届中国国际进口博览会在上海举行。这是迄今世界上第一个以进口为主题的国家级展会，是国际贸易发展史上一大创举。举办中国国际进口博览会，是中国着眼于推动新一轮高水平对外开放作出的重大决策，是中国主动向世界开放市场的重大举措。这体现了中国支持多边贸易体制、推动发展自由贸易的一贯立场，是中国推动建设开放型世界经济、支持经济全球化的实际行动。②

面对特朗普政府的贸易保护主义，中国主张要坚持多边主义，维护多边体制权威性和有效性；坚定不移发展全球自由贸易和投资，在开放中推动贸

---

① 于佳欣、王攀：《迈向高标准　提升自由化——自贸区战略助推全面开放新格局》，新华社北京2018年8月10日电。
② 习近平：《共建创新包容的开放型世界经济》，《人民日报》2018年11月6日。

易和投资自由化便利化,旗帜鲜明地反对保护主义。在中国的努力推动下,WTO 第十届部长级会议在 2015 年 12 月最终达成全面取消农产品出口补贴的协议,并成功结束《信息技术协定》扩围谈判,使备受挑战的多边贸易体制获得提振。2016 年中国担任 G20 主席国期间,提出反对贸易保护主义,推动尽快实施 WTO《贸易便利化协定》的建议,为促进协定完成各国国内审批程序,尽早生效发挥了积极作用。此外,中国还积极参与诸边协定谈判,推动 WTO 适应全球经贸发展新形势对多边贸易规则创新的需求,推动投资便利化、电子商务等新议题的谈判。WTO 是各成员解决贸易争端的重要场所。中国遵守 WTO 的规定,维护 WTO 争端解决机制的权威。中国积极响应 WTO"促贸援助"等倡议,推动经济全球化朝着更加开放、包容、普惠、平衡、共赢的方向发展。[1]

① 东艳:《开放的中国积极维护多边贸易体制》,《光明日报》2018 年 6 月 30 日。

第三章
G20 杭州共识对全球发展治理的影响

  G20 领导人杭州峰会召开前夕,中国国家主席习近平在 G20 工商峰会开幕式发表主旨演讲,并且着重指出:当前全球经济治理应当特别关注公正高效的全球金融治理格局、开放透明的全球贸易和投资治理格局、绿色低碳的全球能源治理格局、包容联动的全球发展治理格局等重点领域。[①]随后,这一看法在《二十国集团领导人杭州峰会公报》中得到了明确而具体的体现,[②]正式成为 G20 杭州共识的关键组成部分。

  作为 G20 杭州共识的关键原则之一,"包容发展"由此成为 G20 关于全球发展议题的核心理念,并将持续对全球发展治理领域产生深远影响。作为全球发展治理新格局的重要提倡者,中国已经身体力行,并将继续在该领域作出具有重大意义的探索和贡献。从当前形势来看,联合国在中国推进全球发展治理的进程中有着不可或缺的关键地位。[③]

  在此背景下,探讨中国如何与联合国合作、共同推进全球发展治理,就成为兼具理论与实际意义的重大问题。本章拟从新时期联合国在全球发展治理中的主导地位入手,重点考察中国与联合国全球发展治理合作的新态势及其基本动因;在此基础上,就如何进一步推动中国与联合国之间的全球发展治理合作提出相关政策建议。我们的基本判断是:全球发展治理已成为中国与联合国合作的重点领域。在国家领导人、相关部委、企业及社会组织等三个层次,中国与联合国的合作均呈现出不同于以往的新态势和鲜明的时代特征。中国与联合国合作深化拓展的根本动因,在于双方核心目标

---

* 本章的主要内容发表于《现代国际关系》2017 年第 9 期。
① 习近平:《中国发展新起点　全球增长新蓝图——在二十国集团工商峰会开幕式上的主旨演讲》,《人民日报》2016 年 9 月 4 日。
② 公报在《序言》中开宗明义地指出:"我们决心构建创新、活力、联动、包容的世界经济,并结合 2030 年可持续发展议程、亚的斯亚贝巴行动议程和《巴黎协定》,开创全球经济增长和可持续发展的新时代";并且将"包容发展"列为"杭州共识"的四大原则之一。参见《二十国集团领导人杭州峰会公报》,《人民日报》2016 年 9 月 6 日。
③ 公报在"推动包容和联动式发展"一节明确提出,"承认联合国在全球落实和审议 2030 年可持续发展议程方面的领导作用"。参见《二十国集团领导人杭州峰会公报》,《人民日报》2016 年 9 月 6 日。

的一致性,以及关键能力的互补性。这种一致性与互补性同时体现在规范与实践层面,成为合作的坚实基础。中国籍公民在联合国的任职状况、联合国系统驻华机构的设置、中国国际发展相关工作的整合性、企业与社会组织在联合国的角色、企业对联合国平台所提供机遇的利用等,都可成为提升合作绩效的着力点。

一、全球发展治理:新时期联合国主导作用的凸显

"全球发展治理"已经愈来愈多地见诸多种正式、非正式场合。但是,对这一用语的清晰界定尚不多见。以联合国文件关于"全球经济治理""国际发展合作""发展方面业务活动"等术语的定义为基础,[①]本章对"全球发展治理"作出如下界定,即多边机制、进程以促进发展中国家发展与福祉、加强发展中国家自主权为主要目标,在塑造全球发展理念、规则、政策等方面所起到的作用。从分析的角度看,这一界定明确了治理主体、治理目标和治理进程,基本涵盖了政界、学界在提及"全球发展治理"时所指的核心要素。

如果以 2008 年全球金融危机为界,在此之后的近十年间,全球发展治理中意义最为深远的变化趋势可能就是联合国主导作用的凸显。这一变化始于金融危机对布雷顿森林机构地位的冲击,以及对"华盛顿共识"所代表之发展理念的削弱,随后历经可持续发展里约峰会、可持续发展目标磋商及谈判等进程,最终凝聚为 2030 年可持续发展议程,获得国际层面的一致认可与通过。联合国秘书长在报告中指出,《2030 年可持续发展议程》《第三次发展筹资问题国际会议亚的斯亚贝巴行动议程》《联合国气候变化框架公约》下《巴黎协定》等成果文件的通过,是联合国在全球经济治理领域核心作用得以加强的重要标志。其原因就在于:这些成果文件为当前乃至未来

---

① 其中,"全球经济治理"指的是"多边机制和进程在塑造全球经济政策、规则、条例方面起到的作用",UN Document, A/66/506, "Global Economic Governance and Development", 10 October 2011, p.2。"国际发展合作"指的是"旨在明确支持国家或国际发展优先事项的活动,并非主要由利润驱动,优待发展中国家,基于力求加强发展中国家自主权的合作关系",UN Document, E/2016/65, "Trends and Progress in International Development Cooperation", 10 May 2016, p.3。"发展方面业务活动"指的是"以促进发展中国家发展与福祉为主要目标而开展的活动",它涵盖"带有长期发展目标的活动以及带有短期人道主义援助重点的活动",UN Document, A/71/63-E/2016/8, "Implementation of General Assembly Resolution 67/226 on the Quadrennial Comprehensive Policy Review of Operational Activities for Development of the United Nations System", 31 December 2015, p.6。

相当一段时期内的国际发展指明了路线,"搭建了总括全球框架",并且"体现了最高政治级别的共同承诺"。

联合国对全球发展治理的主导作用不仅体现在构建共识、形塑规范等层面,同时也在操作及业务层面深刻影响着其他主要多边机构等国际行为体的工作方向。自 2015 年成果文件通过后,包括世界银行、经济合作与发展组织(OECD)在内的诸多发展行为体都按照联合国主导达成的共识,对各自的业务活动进行了相应调整。这一"前所未有的情况"[1]可谓联合国系统在全球发展治理中主导地位的又一明证。2015 年以各成员国政府为对象的调查显示:共有 84% 的国家认为,联合国在过去三年中对本国发展需求的帮助作用有所增强;共有 89% 的国家认为,联合国发展系统在相当程度上促进了本国的发展;共有 86% 的国家认为,联合国发展系统的活动与本国发展需求、优先事项相契合。[2]恰如《亚的斯亚贝巴行动议程》所指出的,联合国的主导地位,从根本上源于其在帮助各国实现可持续发展方面的"重要作用和比较优势"。[3]

联合国在发展治理中的主导作用是通过相应机制架构来实现的。概括而言,这一架构包含两个层次:首先是联合国六大主要机关之中的联合国大会与联合国经济及社会理事会,它们主要在规范塑造、议程设定、政策导向等方面发挥总体意义上的引领作用;其次是联合国系统内从事发展方面业务活动的基金、方案、专门机构,以及其他实体,它们被统称为"联合国发展系统",[4]主要在发展实践、业务操作等方面,运用资金、技术、专业资源来促进和实施国际发展合作。

就第一层次来看,作为主要的审议、决策与代表机关,联大在全球性事务中拥有不可替代的权威与中心地位。[5]联大对收入不平等、经济欠发达等议题的关注由来已久,而发展治理至今仍是其发挥影响力的主要领域之一。与联大相似,经社理事会是应对和处理全球发展问题的另一个联合国主要

---

[1] UN Document, A/71/378, "The United Nations in Global Economic Governance", 14 September 2016, p.2, 3.

[2] UN Document, A/71/63-E/2016/8, pp.84—85.

[3] UN Document, A/RES/69/313, 27 July 2015, "Addis Ababa Action Agenda of the Third International Conference on Financing for Development(Addis Ababa Action Agenda)", p.22.

[4] 具体而言,联合国发展系统包含 12 个基金与方案,如联合国开发计划署(开发署)、世界粮食计划署(粮食署)、联合国贸发会议(贸发会议)、联合国儿童基金会会等;13 个专门机构,如联合国粮食及农业组织(粮农组织)、联合国工业发展组织(工发组织)、联合国教科文组织、世界卫生组织等;以及 9 个其他实体,如联合国各区域经济委员会、国际农业发展基金等。参见 UN Document, A/71/63-E/2016/8, p.6.

[5] UN Document, A/RES/66/288, "The Future We Want", 27 July 2012, p.15.

机构。①它在全球发展治理中的地位自 20 世纪 90 年代以来逐渐得以巩固和提升。在 2012 年里约峰会上，各国领导人更是明确承诺加强经社理事会，并且认可其对可持续发展的关键作用。②随着联大与经社理事会框架下的"可持续问题高级别政治论坛"于 2013 年正式启动，两大主要机关的全球发展治理职能无疑得到了进一步的支持和强化。

就第二层次来看，包括众多基金、专门机构与实体在内的联合国发展系统，凭借其管理的资源和相应的业务能力，成为全球发展治理多个议题领域的重要平台和关键行为体。根据最新数据，2015 年联合国发展系统的业务活动资金为 267 亿美元，几乎占到联合国全系统活动资金总额的 60%。③2014 年这一数字为 287 亿美元，同样占到联合国全系统业务活动资金总额的 60% 左右。④联合国助理秘书长在公开演讲中曾指出：仅开发计划署每年就提供 5 亿美元的无偿援助；如果将不同机构的支出加总，那么联合国发展系统的贡献度与世界银行相比也并不逊色。⑤

联合国发展系统各机构的专业能力是其在全球发展治理中发挥关键作用的另一支柱。2015 年，以 128 个成员国为咨询对象的调查表明：联合国发展系统在绝大多数具体领域内，均被各国视为首选合作伙伴与外部支助提供方；更值得注意的是，在这些具体领域内，联合国发展系统的排名明显高于其他可能的合作伙伴，如世界银行、国际货币基金组织、OECD 等。⑥鉴于联合国发展系统在各自业务领域内的专业能力和比较优势，⑦上述结果其实并不令人意外。

---

① Katherine Marshall, "Global Development Governance", in Thomas G. Weiss and Rorden Wilkinson eds., *International Organization and Global Governance*, p.576, 571.

② UN Document, A/67/769, "Global Economic Governance and Development", 1 March 2013, p.15.

③ UN Document, A/72/61-E/2017/4, "Implementation of General Assembly Resolution 67/226 on the Quadrennial Comprehensive Policy Review of Operational Activities for Development of the United Nations System: Funding Analysis", 28 December, 2016, p.3.

④ UN Document, A/71/63-E/2016/8, p.8.值得注意的是，由于各币种之间的汇率波动，2015 年资金数额少于 2014 年；但若考虑到通货膨胀和汇率差异因素，那么 2015 年资金总额比 2014 年增加了 3.9%，参见 A/72/61-E/2017/4, p.5。

⑤ 徐浩良：《全球治理与中国的责任和贡献》，载张贵洪主编《联合国研究（总第三期）》，社会科学文献出版社 2014 年版，第 15 页。

⑥ UN Document, A/71/63-E/2016/8, pp.80—82.

⑦ 以粮食署为例，全球多边粮食援助的 99% 是通过该机构实施的。参见《世界粮食计划署》，来源：中国外交部官方网站，更新时间：2017 年 1 月，http://www.fmprc.gov.cn/web/gjhdq_676201/gjhdqzz_681964/lhg_681966/jbqk_681968/t311651.shtml。上网时间：2017 年 4 月 18 日。

二、中国与联合国全球发展治理合作的新态势

随着联合国在全球发展治理中主导地位的凸显,中国与联合国在该领域的合作呈现出明显的深化、拓展之势。两者之间的共时性并非偶然。从中国的角度来看,联合国发展治理角色的巩固与提升,恰逢中国在新一代领导人引领下,以更加积极进取、奋发有为的姿态参与国际事务。考虑到发展问题愈发具有系统重要性和全局性,通过联合国这一多边外交的核心平台开展治理合作,自然就成为新时期中国与联合国系统互动的重点所在。从联合国的角度来看,作为世界第二大经济体、新兴发展中大国,中国的参与和支持对于全球发展治理显然也有着无可替代的关键作用。

总体而言,中国与联合国全球发展治理合作的新态势主要展现在三个彼此关联、重点各异的层次,即国家领导人层次、部委层次以及企业和社会组织层次。

(一) 领导人层次的合作

中国领导人在联合国大会、G20 领导人峰会等重大场合,以及与联合国秘书长等主要国际组织首脑会晤中,作出的相关宣示、提出的相关举措,构成了中国与联合国全球发展治理合作的第一层次。中国就国际发展全局性问题阐述本国立场与态度的以国家名义发布的官方文件,如落实 2030 年可持续发展议程的国别方案、关于 2015 年后可持续发展议程的中方立场文件等,也应归属于这一层次。尽管几代中国领导人对联合国的地位、作用以及与联合国之间的合作均高度重视,[1]但与此前相比,近年来领导人层次的合作无论在理念、实践,还是重点方面,都表现出具有鲜明时代特征的新态势。

第一,中国在明确支持联合国发展治理观念及相关议程的同时,也通过联合国等多边机制平台向国际社会宣介和推广"一带一路"、互联互通、产能合作等重要倡议,使中国特色的理念、方案和倡议同联合国的理念、议程有机融合。一方面,中国高度认同 2030 年可持续发展议程,称之为"国际发展领域的核心工作"。[2]中国国家主席习近平在发展峰会上指出,该议程"为全

---

[1]　杨洁篪:《70 年风雨兼程　70 载春华秋实——纪念联合国成立 70 周年》,《人民日报》2015 年 9 月 18 日。

[2]　《中国落实 2030 年可持续发展议程国别方案》,来源:中国外交部官方网站,2016 年 9 月,第 1 页,http://www.fmprc.gov.cn/web/zyxw/W020161012709956344295.pdf。上网时间:2016 年 10 月 27 日。

球发展描绘了新愿景,为国际发展合作提供了新机遇",理应成为各国共同发展的新起点。①另一方面,中国领导人在 G20 领导人峰会、南南合作圆桌会议等正式场合频频提及"一带一路"、亚洲基础设施投资银行、金砖国家新开发银行等国际发展合作新机制,表明了中国愿意通过多种途径为全球发展治理发挥更大作用、做出更多贡献的积极姿态。

第二,中国在全球发展治理合作中对联合国的支持力度明显加大,相应举措更趋具体。习近平主席在第 70 届联大宣布设立为期 10 年、总额 10 亿美元的"中国—联合国和平与发展基金",②其中 2 亿美元由联合国托管,下设两个基金,即秘书长和平与安全基金、落实 2030 年可持续发展议程基金。③在 2030 年可持续发展议程的后续落实方面,中国拟定了实施该议程的国别方案,为国际社会做出表率;中国积极推动 G20 峰会将发展问题置于全球宏观政策框架的突出位置,并且首次就 2030 年可持续发展议程的落实制定了行动计划;中国还将推动"一带一路"建设与沿线国家落实可持续发展议程实现对接与相互促进,增进国际协同效应。④

第三,合作在性质上以南南合作为重点,在形式上则以"超越援助"或者说不局限于援助为重要特征。中国虽然站在发展中国家的整体立场上,坚持南北合作主渠道,要求发达国家履行承诺,加大对发展中国家的支持力度,但与此同时,中国更以发展中大国的身份,积极参与和推动南南合作。诸如南南合作援助基金、应对气候变化南南合作基金等,均是中国主动履行国际责任、为全球发展贡献更多公共产品的实质性举措。⑤从具体形式来看,中国除了提供资金援助之外,还以技术支持、能力建设等多种形式参与全球发展治理,推进落实 2030 年议程。⑥在联合国发展峰会上,习近平主席不仅宣布将设立首期 20 亿美元的南南合作援助基金,还表示将设立国际发展知识中心,与各国共同研究、交流发展理论和实践。⑦在中国与联合国共同主办的南南合作圆桌会议上,习近平主席宣布,未来五年中国将向发展中国家提供"6 个 100 项目"支持,其中包括减贫、农业合作、经贸援助、生态保

①⑦ 习近平:《谋共同永续发展 做合作共赢伙伴》,《人民日报》2015 年 9 月 27 日。
② 习近平:《携手构建合作共赢新伙伴 同心打造人类命运共同体》,《人民日报》2015 年 9 月 29 日。
③ 殷淼、李秉新:《中国与联合国签署设立中国—联合国和平与发展基金协议》,《人民日报》2016 年 5 月 8 日。
④ 《中国落实 2030 年可持续发展议程国别方案》,第 13 页。来源:中国外交部官方网站,2016 年 9 月,http://www.fmprc.gov.cn/web/zyxw/W020161012709956344295.pdf。上网时间:2016 年 10 月 27 日。
⑤ 《中国落实 2030 年可持续发展议程国别方案》,第 17 页。来源:中国外交部官方网站,2016 年 9 月,http://www.fmprc.gov.cn/web/zyxw/W020161012709956344295.pdf。上网时间:2016 年 10 月 27 日。
⑥ 孙伊然:《2030 年可持续发展议程与中国特色的经济外交》,《当代世界与社会主义》2017 年第 1 期,第 144 页。

护与应对气候变化,建立医院与诊所、学校和职业培训中心等多个方面;将向其他发展中国家提供 12 万个来华培训和 15 万个奖学金名额,为其培养50 万名职业技术人员;还将设立南南合作与发展学院。①如今,"6 个 100 项目"已进入实施阶段,南南合作与发展学院也已正式挂牌并启动招生,向其他发展中国家提供博士、硕士学位教育和短期培训,交流和分享发展经验。②

(二) 部委层次的合作

中国各部委依照其职能定位、权限范畴,与联合国从事发展方面业务的各专门机构或实体开展的磋商、谈判,以及签署的协议等,构成了中国与联合国全球发展治理合作的第二层次。从既往合作情况来看,中国对该层次合作基本采取的是窗口管理方式,即根据议题、事务属性,主要由相关部委负责与联合国机构的对口协商及互动合作。具体而言,商务部通常负责与开发署等机构相关的事宜,教育部负责与教科文组织相关的事宜,农业部负责与粮农组织、粮食署相关的事宜,卫生部负责世卫组织相关事宜,环保部负责环境署相关事宜,等等。与领导人层次的合作相似,部委层次的发展治理合作也在理念、实践以及重点方面呈现出某些不同于以往的重要特征。

第一,在与联合国相关机构展开合作时,中国各部委均表现出将"一带一路"倡议与 2030 年议程相衔接的明确意识,并且通过谅解备忘录、联合声明等方式,使双方发展理念的融合正式化、机制化。经过领导人层次的充分沟通,形成共识之后,③部委层次的落实跟进是自然而然的后续进程。2016 年6 月,中国—联合国粮农三机构南南合作圆桌会议发表了关于加强和拓展南南合作伙伴关系的联合声明。联合国粮农三机构对"一带一路"倡议表示欢迎,并指出其与粮农三机构的使命及战略相契合,为相关合作提供了机遇。④

---

① 杜尚泽、李秉新:《习近平在南南合作圆桌会议上发表讲话》,《人民日报》2015 年 9 月 28 日。
② 《中国在联合国作国别陈述:可持续发展是中国的基本国策》,来源:联合国新闻,2016 年 7 月 20 日,http://www.un.org/chinese/News/story.asp?NewsID=26523。上网时间:2017 年 5 月 21 日。
③ 习近平主席在会见联合国秘书长时指出:中方推动"一带一路"建设、推动 G20 峰会聚焦发展问题,就是旨在助力 2030 年议程。参见杜一菲:《习近平会见联合国秘书长潘基文》,《人民日报》2016 年 7 月 8 日。另外,中方立场文件也明确表示:"一带一路"建设将成为中国推进全球发展事业的主渠道。参见《落实 2030年可持续发展议程中方立场文件》,来源:中国外交部官方网站,2016 年 4 月 21 日,http://www.fmprc.gov.cn/ce/ceun/chn/gdxw/t1357604.htm。上网时间:2016 年 11 月 13 日。
④ 魏登峰:《中国—联合国粮农三机构南南合作圆桌会议在西安召开》,《农村工作通讯》2016 年第 12 期,第15 页。

2016 年 9 月,中国国家发改委与联合国开发署签署了共同推进"一带一路"建设的谅解备忘录。该文件将作为合作框架,加强中国与开发署的合作,共同落实"一带一路"倡议和 2030 年议程。①2016 年 12 月,中国国家发改委根据早先与联合国欧洲经济委员会签署的合作谅解备忘录,共同召开"一带一路"政府和社会资本合作(PPP)工作机制洽谈会,为业务培训、实际操作等方面的全方位合作奠定基础。②

第二,中国各部委与联合国相关机构合作的深度、广度以及支持力度均有明显提升。这主要表现在机构高层任职状况、机构合作的制度化程度、对机构运作的财政贡献等三个方面。从任职状况来看,中国籍公民出任联合国专门机构最高职位的情况经历了从无到有的实质性改观。有学者统计后指出:2005 年之前,中国籍公民虽然就任过非竞选的联合国副秘书长等职位,但未曾参加过联合国及其专门机构的高层职位竞选。2005 年之后,每年都有中国籍公民出任联合国专门机构最高决策职位:如 2005 年时任中国教育部副部长章新胜就任联合国教科文组织执行局主席;2006 年中国香港地区的陈冯富珍女士出任世界卫生组织总干事;③2013 年,中国籍候选人李勇以明显优势在总共七名候选人之中脱颖而出,当选联合国工业发展组织新任总干事,在他之前,已有两位中国籍公民获任副秘书长级的联合国实体首脑。④

从机制化水平来看,中国与联合国机构合作的制度化程度迅速提升。一方面,原本就设有驻华代表处的组织,其代表处经历了升级。如工发组织的驻华代表处于 2006 年升级为驻中国、蒙古、朝鲜、韩国的区域代表处;⑤教科文组织北京办事处于 2002 年升级为东亚地区 5 国办事处,覆盖区域包括中国、朝鲜、日本、蒙古和韩国。⑥原本未设驻华办事机构的组织,则多在近

---

① 《联合国开发计划署与中国签署共建"一带一路"谅解备忘录》,来源:联合国开发计划署,2016 年 9 月 19 日,http://www.cn.undp.org/content/china/zh/home/presscenter/pressreleases/2016/09/19/undp-and-china-to-cooperate-on-belt-and-road-initiative.html. 上网时间:2016 年 11 月 13 日。

② 方学:《"一带一路"PPP 工作机制扎实有效推进》,《中国经济导报》2016 年 12 月 14 日。

③ 张贵洪:《联合国面临的主要挑战和发展方向》,载中国联合国协会编:《中国的联合国外交》,世界知识出版社 2009 年版,第 62 页。

④ Stephen Browne and Thomas G. Weiss, "Emerging Powers and the UN Development System: Canvassing Global Views", *Third World Quarterly*, Vol. 35, Iss. 10, 2014, p. 1895.

⑤ 《联合国工业发展组织》,来源:中国外交部官方网站,更新时间:2017 年 1 月,http://www.fmprc.gov.cn/web/gjhdq_676201/gjhdqzz_681964/lhg_681966/jbqk_681968/t1068146.shtml. 上网时间:2017 年 4 月 18 日。

⑥ 阿比曼纽·辛格:《承前启后 继往开来——联合国教科文组织与中国合作 30 年的回顾与展望》,《世界教育信息》2010 年第 2 期,第 32 页。

年间增设了相应机构,如联合国环境署于 2013 年在北京设立驻华代表处;①农发基金于 2005 年在华设立联络办公室;②等等。另一方面,中国相关部委与联合国机构之间的伙伴关系出现显著进展。例如,2016 年中国农业部与联合国粮农组织共同签署关于建立全面战略合作伙伴关系的谅解备忘录,中国农业部、财政部则与国际农业发展基金共同签署关于建立合作伙伴关系的谅解备忘录。③

从资源提供来看,中国对联合国发展机构的财政贡献迅速增长。其中既包括通过相关部委对联合国机构缴纳会费,也包括用于国际发展合作的各种捐赠和捐款。以工发组织为例,2004—2005 年中国会费分摊比例为 2.177 88%,到 2006—2007 年即上升至 2.987%,在 171 个成员国中位居第 7,每年缴纳会费超过 300 万美元。④再以开发署为例,2011 年中国向该机构捐款 460 万美元和 260 万元人民币,⑤2013 年中国对开发署贡献创下新高,达 600 万美元。⑥在财政贡献持续增长的同时,中国从"受助者"向"施助者"转变的趋势愈发明显。2006 年起,粮食署结束其在华常规援助项目,中国从该署的受援国转为捐赠国。⑦在停止接受粮食援助的当年,中国一举成为世界上仅次于美国、欧盟的第三大粮食捐助方。⑧粮食署驻华代表指出:在粮食署历史上,像中国这样从受援国变为捐助国的例子实不多见。⑨2013 年,中国还向该署紧急食物援助计划捐赠 200 万美元,为叙利亚境内受

---

① 《联合国环境规划署》,来源:中国外交部官方网站,更新时间:2017 年 1 月,http://www.fmprc.gov.cn/web/gjhdq_676201/gjhdqzz_681964/lhg_681966/jbqk_681968/t311660.shtml。上网时间:2017 年 4 月 18 日。

② 《国际农业发展基金》,来源:中国外交部官方网站,更新时间:2017 年 1 月,http://www.fmprc.gov.cn/web/gjhdq_676201/gjhdqzz_681964/lhg_681966/jbqk_681968/t1068143.shtml。上网时间:2017 年 4 月 18 日。

③ 魏登峰:《中国—联合国粮农三机构南南合作圆桌会议在西安召开》,《农村工作通讯》2016 年第 12 期,第 15 页。

④ 《中国籍职员和中国的贡献》,来源:中国常驻联合国工业发展组织代表处,2006 年 1 月 19 日,http://vienna.mofcom.gov.cn/article/ddgk/200508/20050800255539.shtml。上网时间:2017 年 4 月 23 日。

⑤ 《联合国开发计划署》,来源:中国外交部官方网站,更新时间:2017 年 1 月,http://www.fmprc.gov.cn/web/gjhdq_676201/gjhdqzz_681964/lhg_681966/jbqk_681968/t1056351.shtml。上网时间:2017 年 4 月 18 日。

⑥ 徐浩良:《全球治理与中国的责任和贡献》,《联合国研究》2014 年第 1 期,第 14 页。

⑦ 《世界粮食计划署》,来源:中国外交部官方网站,更新时间:2017 年 1 月,http://www.fmprc.gov.cn/web/gjhdq_676201/gjhdqzz_681964/lhg_681966/jbqk_681968/t311651.shtml。上网时间:2017 年 4 月 18 日。

⑧ 方茜:《回顾过去　展望未来——联合国世界粮食计划署(WFP)与中国政府互助合作 30 年》,《粮油仓储科技通讯》2014 年第 5 期,第 13 页。

⑨ 李铁城:《走近联合国》,人民出版社 2008 年版。转引自欣佳:《中国在联合国中的角色定位》,《黑河学刊》2010 年第 3 期,第 58 页。

冲突影响的 400 万人提供援助。[①]

第三，中国越来越多地以联合国专门机构为平台或渠道，通过共同设立合作中心、信托基金、培训项目等多种方式，重点推进南南合作。以合作中心为例，2005 年，中国国务院扶贫办、商务部与联合国开发计划署正式签署"建立中国国际扶贫中心项目议定书"；[②]该中心随即成为中国开展南南合作的重要渠道。2008 年，根据商务部与工发组织的协议，中国南南工业合作中心正式启动，成为推动中国与其他发展中国家在工业化等领域合作的重要平台。[③]以信托基金为例，2006 年中国与粮农组织签署合作意向书，结成南南合作战略伙伴，[④]随后分别在 2009 年和 2015 年提供了 3 000 万美元和 5 000 万美元的两笔信托基金，支持农业领域的南南合作项目。作为最早参与粮农组织框架下南南合作的国家之一，中国迄今已经实施 20 个南南合作项目，共向 24 个发展中国家派送 1 000 多名农业专家和技术人员，约占粮农组织"南南合作"项目派出总人数的 60%。[⑤]2012 年，中国—联合国教科文组织教育信托基金项目在首届全球全民教育会议上启动。中国政府向该基金提供 800 万美元资助，用于对坦桑尼亚等八个非洲国家的教育援助，加强对非洲教师的培训。[⑥]再以合作培训为例，商务部自 2006 年就开始与贸发会议合作，启动面向发展中国家的国际人力资源合作培训项目，具体方式是由中国政府出资、贸发会议派出专家，共同为发展中国家培训经济领域的官员和专门人才。仅数年间，该项目已向 77 个发展中国家的 400 多名官员提供了培训。[⑦]

（三）企业、社会组织层次的合作

中国企业、社会组织与联合国机构、实体开展的合作，构成了中国与联

---

① 《中国向联合国粮食计划署捐赠 200 万美元》，《中国粮食经济》2013 年第 12 期，第 10 页。
② 《发展历程》，来源：中国国际扶贫中心网站，2005 年 5 月 16 日，http://dsj.iprcc.org.cn/2005-05.html。上网时间：2017 年 5 月 7 日。
③ 陆乔夫：《国际形势与南南合作——专访联合国工业发展组织中国南南工业合作中心主任谭伟文先生》，《大陆桥视野》2009 年第 2 期，第 42 页。
④ 《粮农组织与中国结成南南合作战略联盟》，来源：联合国新闻，2006 年 5 月 18 日，http://www.un.org/chinese/News/story.asp?newsID=5690。上网时间：2017 年 5 月 9 日。
⑤ 韩秉宸：《中国连获两项联合国大奖》，《人民日报》2015 年 6 月 13 日。
⑥ 薛莲：《教师教育机构的转型：非洲的经验——来自中国—联合国教科文组织教育信托基金专题研讨会的观点》，《世界教育信息》2016 年第 1 期，第 16 页。
⑦ 《联合国贸易和发展会议十分重视与中国共同开展国际人力资源的合作培训》，《对外经贸实务》2012 年第 3 期，第 2 页。

合国全球发展治理合作的第三层次。与领导人层次、部委层次相比，这一层次的合作刚刚起步，但发展势头、成长空间均不容低估。从现有情况来看，合作呈现出政府引领、社会参与、企业发挥关键作用的基本态势。其中，"政府引领"并不是指国家直接介入甚至干预，而是指国家关于发展治理的总体理念、大政方针，对包括部委、企业、社会组织在内的其他行为体形成指引作用。企业与社会组织在遵循总体理念的同时，根据自身具体情况，自主作出寻求合作机遇、开拓发展空间的决策。例如，习近平主席在联合国发展峰会上提出"构建全球能源互联网，推动以清洁和绿色方式满足全球电力需求"的倡议之后，[1]中国国家电网公司作为联合国"关注气候倡议"的合作伙伴，于2016年发起成立了全球能源互联网合作组织，将全球能源互联网推进战略实施阶段。[2]此后不久，联合国新任秘书长古特雷斯在会见合作组织主席刘振亚时，明确指出全球能源互联网这一"中国方案"应纳入2030年可持续发展议程，并现场指派联合国经济与社会事务部牵头与合作组织沟通对接。[3]

在该层次的合作中，社会组织起到了宣介推广、促进政府与企业之间沟通联系的重要作用。这方面的代表性案例是中国国际经济交流中心、新华社瞭望周刊社与联合国开发计划署共同发起的"一带一路"可持续发展合作平台。用开发署驻华代表处国别主任文蔼洁的话说，该平台能够让企业更好地参与"一带一路"建设，促进政企之间的知识分享，为"一带一路"的实施提供支持。[4]与之性质相似的还有2015年中国国际贸易促进会与工发组织签署的谅解备忘录，后者就如何促进中国企业"走出去"达成诸多共识，作出相应规定。[5]另一个典型案例是开发署与盖茨基金会主办、中国社会化媒体与公益联盟协办的"2015年全球新媒体与公益峰会北京论坛"。该论坛通过社会化媒体平台向中国公众推广可持续发展目标，使中国成为第一个全面启动全球目标推广活动的国家。[6]

---

[1] 习近平：《谋共同永续发展 做合作共赢伙伴》，《人民日报》2015年9月27日。
[2] 郭纪文：《构建全球能源互联网 共同推动绿色低碳发展》，《国家电网报》2016年4月25日。
[3] 朱怡：《联合国秘书长安东尼奥·古特雷斯会见刘振亚》，《中国电力报》2017年1月12日。
[4] 《"一带一路"可持续发展合作平台》，来源：联合国开发计划署，2016年11月11日，http://www.cn.undp.org/content/china/zh/home/presscenter/articles/2016/11/11/the-belt-and-road-sustainable-development-cooperation-platform.html. 上网时间：2016年11月23日。
[5] 范丽敏、马珂珂：《中国贸促会与联合国工业发展组织签署谅解备忘录》，《中国贸易报》2015年12月8日。
[6] 《2015年全球新媒体与社会公益峰会》，来源：联合国开发计划署，2015年9月16日，http://www.cn.undp.org/content/china/zh/home/ourwork/our_campaigns/social-good-summit0/social-good-summit/。上网时间：2016年4月26日。

企业作为该层次合作的参与者、贡献者和受益者,更是不可或缺的关键主体。除前文提及的中国国家电网公司之外,国内各行业部门的企业都已开始关注乃至推进与联合国机构的合作。2016 年,联合国开发计划署"可持续发展顾问委员会"在华正式成立。委员会的宗旨是借助中国企业的知识、经验及资源,支持全球可持续发展目标的落实,其成员均为具有广泛影响力的中国知名企业领袖。[①]至于各企业的合作案例更是不一而足。如中国银行与工发组织签署的《联合伙伴关系宣言》,确认了双方将在绿色金融、能源效率等领域合作,特别是为发展中国家的中小企业创造机遇。[②]再如中国互联网企业百度公司与联合国开发计划署合作研发的"百度回收站"智能手机应用,该项目旨在解决电子垃圾的有效处理问题,不仅有助于环境保护,还创造了新的市场和就业机会。[③]

三、中国与联合国全球发展治理合作的基本动因

中国与联合国在全球发展领域合作的深化和拓展,有其深层原因。21 世纪以来,从行为主体的多元化到发展合作方式的多样化,种种迹象无不表明:国际发展格局正处在持续且深刻的变化甚至转型当中。面对新格局带来的挑战,联合国必须与时俱进,以实际举措及成效来证明自身在全球治理中的核心位置。中国也必须审慎谋划,为本国下一阶段发展创造有利的外部环境。

正是在这一宏观背景下,中国与联合国相向而行,共同致力于全球发展治理领域的合作。从核心目标、关键能力来看,中国与联合国之间存在着相当程度的一致性与互补性。更具体地说,这种一致性和互补性既体现在理念层面,同时又体现在利益层面。

---

① 《联合国开发计划署"可持续发展顾问委员会"正式在华成立》,来源:联合国开发计划署,2016 年 1 月 12 日,http://www.cn.undp.org/content/china/zh/home/presscenter/pressreleases/2016/01/12/undp-engages-the-private-sector-to-become-the-driving-force-for-sustainable-development-in-china/。上网时间:2016 年 4 月 9 日。
② 冯雪珺:《寻找工业化的可持续发展之路》,《人民日报》2016 年 11 月 23 日。
③ 徐浩良:《在乔治城大学关于"亚太地区落实 2030 年可持续发展目标"的讲话》,来源:联合国开发计划署,2016 年 2 月 3 日,http://www.cn.undp.org/content/china/zh/home/presscenter/speeches/2016/02/03/haoliang-xu-remarks-at-the-2030-agenda-implementation-in-asia-and-the-pacific-event-at-georgetown-university/。上网时间:2017 年 1 月 1 日。

(一) 核心目标的一致性

无论中国还是联合国,在参与、介入全球发展治理时,都有各自所重视的目标或需求。其中,一些目标更接近于规范、理念层面,另一些则更接近于利益、实际层面。中国与联合国在这两个层面的核心需求上均表现出高度一致,为双方合作奠定了坚实基础。

第一,规范层面目标的一致性集中体现在2030年议程、国际发展合作范式以及中国的角色定位等三方面。对联合国而言,2030年议程无疑具有至关重要的意义。可持续发展本身即是在联合国倡导之下逐渐被国际社会接受的理念和共识。[①]2030年议程更是对此前数十年间联合国重大会议和成果的继承与巩固,[②]可谓联合国发展理念的集大成者。对中国而言,2030年议程同样凝聚、反映了本国的诸多重大关切。《国别方案》明确指出:2030年议程的落实,事关全面建成小康社会、实现"两个一百年"奋斗目标和中华民族伟大复兴的中国梦。[③]其所以如此,正是因为中国主动积极地参与了该议程从咨询、讨论到设定、启动的各阶段,使中国与其他发展中国家的主张、见解能够在议程中得到相对充分的体现。在中国籍联合国副秘书长吴红波的带领下,经社事务部500多名工作人员历时近两年半,支持各国完成了关于制定2030年议程的讨论与谈判工作。[④]与之前的千年发展目标(MDG)相比,2030年议程更多地吸收了包括中国在内的众多发展中国家的呼声与关切。

关于国际发展合作的范式及途径,中国与联合国之间的共性远较它们与发达国家之间的共性为多。正如有学者观察到的,中国尽管积极投身于和其他国家的发展合作,但相当一部分支持措施是以出口信贷等并不完全符合OECD关于官方发展援助定义的形式提供的;显然,这些"有中国特色的"发展合作不宜归属于OECD设定的框架与标准之下。[⑤]与其他许多发展

---

①④　郑青亭:《联合国副秘书长吴红波:全球化不可逆转,中国的作用将日益重要》,《21世纪经济报道》2017年3月27日。

②　UN Document, A/RES/70/1, "Transforming Our World: the 2030 Agenda for Sustainable Development", 25 September 2015, pp.4—5.

③　《中国落实2030年可持续发展议程国别方案》,来源:中国外交部官方网站,2016年9月,第9页,http://www.fmprc.gov.cn/web/zyxw/W020161012709956344295.pdf.上网时间:2016年10月27日。

⑤　Deborah Brautigam, "Aid 'With Chinese Characteristics': Chinese Foreign Aid and Development Finance Meet the OECD-DAC Aid Regime", *Journal of International Development*, Vol.23, Iss.5, 2011, pp.752—764.

中国家相似,中国对联合国框架下、定位于国际发展合作协调中心的"发展合作论坛"则旗帜鲜明地予以认同和支持。①中国派代表出席了发展合作论坛的多次全球筹备会议和部长级会议,表现出相当积极的姿态。另一方面,联合国的发展观历来有别于 OECD、布雷顿森林机构所奉行的传统援助范式,对中国等新兴援助国通常持相对宽容、开放的态度。②以中非贸易投资为例,面对这种新型援助方式,联合国报告给予积极正面的评价,认为其有效带动了非洲的经济增长。③

关于中国在全球治理特别是发展治理中的角色定位,中国与联合国之间同样有着较高程度的共识或默契。随着中国整体国力的提升,一些国际行为体,尤其是发达国家越来越多地要求中国承担更多责任,有时甚至是远超过合理范畴的责任。例如在联合国会费比例谈判时,欧盟代表提出的"多重梯度人均收入宽减"方案,以及 2010 年初联合国秘书长报告中关于协助最不发达国家提高卫生状况的筹资模式,等等。④面对大国与发展中国家的双重身份,以及由此产生的"角色张力",中国的应对之策是坚持"负责任的发展中大国"身份定位。这一策略之所以能够奏效,很大程度上是因为联合国对此的认可。⑤通过"负责任的发展中大国"定位,中国在提供更多国际公共产品的同时,获得了相对宽松的外部环境,得以在发展中化解"身份冲突"。另一方面,联合国成功地为国际发展事业争取到了更多资源,同时也因为中国的参与而提升了自身作为全球治理核心平台的正当性。

第二,利益层面目标的一致性集中体现在可持续发展目标(SDG)、南南合作两方面。作为 2030 年议程的核心组成部分,17 项 SDG 对具体各议题领域作出了详细规划,以保障其逐一落实。对联合国而言,实现 SDG 是今后 15 年间的重点事项与优先要务,中国作为发展中大国的认同与支持显然不可或缺;不仅如此,中国在 SDG 各个具体目标上的推进,将为其他发展中国家发挥重要的引领、表率作用。与 MDG 相比,增长与就业、技术创新、包

---

① Paulo Esteves and Manaira Assuncao, "South-South Cooperation and the International Development Battlefield: between the OECD and the UN", *Third World Quarterly*, Vol.35, Iss.10, 2014, pp.1783—1789.

② Silke Weinlich, "Emerging Powers at the UN: Ducking for Cover? " *Third World Quarterly*, Vol.35, Iss.10, 2014, p.1831.

③ 张效民:《联合国 2013 年"人类发展报告"对中国对外援助的启示》,《当代世界与社会主义》2014 年第 2 期,第 129 页。

④ 刘玉印:《联合国定制"中国捐款标准"始末》,《财经国家周刊》2010 年 9 月 14 日。

⑤ 罗斯玛丽·芙特:《中国在联合国中的责任与担当》,《复旦学报(社会科学版)》2014 年第 5 期,朱耿华译,第 134—135 页。

容性发展等目标在SDG中的地位显著提升。[①]对中国而言,SDG的实现既是其国内发展需求外化的要求,亦是中国海外利益稳步扩展的必由之路。诸如中等收入陷阱、经济社会发展转型等问题是中国等发展中国家亟需妥善应对的挑战;与联合国的合作有助于群策群力、共同提出可行的解决思路和方案。[②]另外,中国海外利益扩展的成败,在很大程度上取决于如何寻找、培育与其他国家的利益汇合点,而SDG为此提供了良好的参照与借鉴。例如,《中国—拉丁美洲与加勒比地区国家合作规划(2015—2019)》载明:力争10年内双方贸易额达5 000亿美元,双边投资存量至少达2 500亿美元;其中就有6处提及可持续或可持续发展。[③]

南南合作是中国与联合国具有共同利益的又一重要领域。2013年,南南合作总值已超过200亿美元。在OECD国家提供的官方发展援助常常陷入停滞的背景下,这一数字彰显的南南合作增长无疑具有强烈的对比效果和象征意义。不仅如此,2030年议程、《亚的斯亚贝巴行动议程》《巴黎协定》的通过,更是让南南合作的势头得到进一步提振。[④]国际发展领域内南南合作地位的上升,给中国和联合国均带来了新的机遇和挑战。对联合国而言,南南合作规模、重要性以及参与行为体数量的迅速增长,给联合国发展系统带来了日益增多的需求和相应压力。作为回应,联合国已出台多项举措,如联合国发展集团南南合作和三角合作任务小组的设立等;另外,2015年调查的25个联合国机构中,绝大多数都已将南南合作纳入各自的战略规划,且在年度报告中对此进行阐述。[⑤]对中国而言,一方面,国家利益的向外延伸势必意味着与其他国家尤其是发展中国家的更多交集,进而使得南南合作在中国外交布局中的关键意义日趋明显。当前,中国海外资产积累已达数万亿美元,有3万家中国企业遍布世界各地,[⑥]其中仅在非洲就有2 000多家,且在其他发展中国家的中国企业正在迅速拓展业务。[⑦]另一方面,妥善应对南南合作的机遇和挑战,需要中国在外交层面提

① Richard Heeks, "From the MDGs to the Post-2015 Agenda: Analysing Changing Development Priorities", Centre for Development Informatics Working Paper No. 56, University of Manchester, 2014, pp.16—29.

② 徐浩良:《全球治理与中国的责任和贡献》,《联合国研究》2014年第1期,第18页。

③ 《中国与拉丁美洲和加勒比国家合作规划(2015—2019)》,《人民日报》2015年1月10日。

④ UN Document, E/2016/65, p.11, 4.

⑤ UN Document, A/71/63-E/2016/8, p.43.

⑥ 《就中国外交政策和对外关系答中外记者问》,《人民日报》2016年3月9日。

⑦ "China's South-South and Global Cooperation," UNDP Fast Facts, http://www.cn.undp.org/content/dam/china/docs/Publications/UNDP-CH-Fast%20Facts%20on%20South-South.pdf. 上网时间:2017年4月23日。

出创造性的合作思路与方案。正如外交部长王毅所言,中国国际地位与影响力的提升,不仅取决于经济发展,也需要依靠周详的外交运筹。[①]具体到南南合作来说,与联合国合作推进相关事业,就是新时期中国外交需要善加运筹的重要课题。许多发展中国家已经表示出希望中国在南南合作框架下与联合国机构建立合作伙伴关系的愿望。[②]中国政、学两界有影响力的多位人士也提出了通过联合国等多边组织开展南南合作和对外援助的建议和构想。[③]

(二) 关键能力的互补性

上述目标的实现,归根结底取决于如何运用相应的关键能力或者资源。就此而言,在规范与实践两个层面,中国和联合国都拥有各自的优势资源。其中,联合国在规范层面的优势资源相对更加明显,中国在实践层面的优势资源更为突出。正是这种各有所长的能力结构,形成了强烈的互补效应,成为双方合作的另一坚实支柱。

第一,从规范层面来看,联合国的优势资源主要在于其作为思想库的地位,以及影响、塑造乃至设定相关规范或标准的能力。自创建以来,联合国一直是国际规范的重要来源地。与联合国有关的诺贝尔奖获得者多达 25 位,这一数字超过了其他任何国际组织。[④]许多学者指出,诸如规范、标准、政策等方面的工作,是联合国最明显的比较优势和最出色的贡献所在。[⑤]具体到发展议题领域,联合国更是相关规范得以成型、标准得以制定的主要场所。[⑥]正由于此,联合国机构往往在自身业务范围内拥有其他国际组织难以比拟的道义权威、号召力,以及作为发展合作伙伴的合法性;[⑦]另外,联合国

---

① 曹元龙:《践行中国特色大国外交理念 服务全面建成小康社会目标——访外交部部长王毅》,《光明日报》2016 年 5 月 4 日。

② 殷淼:《中国不断为南南合作注入新内涵——访联合国南南合作办公室主任周一平》,《管理观察》2015 年第 27 期,第 23 页。

③ 龙永图:《中国与联合国合作的战略抉择》,《管理观察》2015 年第 5 期,第 10 页。张贵洪:《中国联合国外交的转型》,《中国发展观察》2016 年第 11 期,第 18—20 页。

④ Anoulak Kittikhoun and Thomas G. Weiss, "The Myth of Scholarly Irrelevance for the United Nations", *International Studies Review*, Vol. 13, Iss. 1, 2011, p. 18.

⑤ Thomas G. Weiss, "The United Nations: before, during and after 1945," *International Affairs*, Vol. 91, No. 6, 2015, p. 1229.

⑥ Silke Weinlich, "Emerging Powers at the UN: Ducking for Cover?" p. 1837.

⑦ UN Document, A/71/63-E/2016/8, p. 86. UN Document, A/RES/71/243, "Quadrennial Comprehensive Policy Review of Operational Activities for Development of the United Nations System", 21 December 2016, p. 4.

对特定议题领域基本规范予以正当化的职能,在当今国际发展格局深刻变迁的背景下,尤为显得意义重大。[1]

对于中国来说,联合国的上述优势资源至少可以在两方面发挥关键助益。其一,面对发达国家有意无意歪曲和"污名化"中国发展进程的现象,[2]联合国能够起到至关重要的"正名"和"纠偏"之用。以近年来时有所闻的"中国粮食威胁论"为例,来自粮农组织、粮食署等联合国机构的回应,有力地澄清、驳斥了此类不实之词。[3]其二,面对发展中国家的顾虑或误解,联合国的参与和介入能够有效起到加强沟通、增信释疑的作用,从而促进中国与其他发展中国家的良性互动。迄今,中国对外援助仍以双边形式为主。这些努力给发展中国家带来的帮助无疑是巨大且卓有成效的;但类似信息不完全等因素,有时也会导致东道国合作伙伴的误解甚至猜疑。[4]例如,一些以基础设施工程形式出现的双边援助,就容易被误认为忽视当地民众的需求。[5]对此,联合国中立客观的地位,有助于淡化政治色彩,避免无谓争议,[6]让发展合作项目更好地发挥实效。与联合国这一多边机构、平台的合作,可成为化解此类问题的有效途径。

中国近年来软实力的逐渐提升,使其在受益于联合国资源的同时,也能够以颇具特色的方式对联合国做出贡献。在与发展相关的规范层面,中国提倡或提出的"人类命运共同体""新型国际关系"等理念,正在成为联合国发展观的有力支持和重要补充。[7]中国等新兴大国对发展权的重视和强调,[8]也有助于联合国在 2030 年议程落实中,更加注重发展中国家的呼吁和诉求。

第二,从实践层面来看,中国的优势资源体现在资金、技术、经验等多个

---

① Michael N.Barnett, "Bringing in the New World Order: Liberalism, Legitimacy, and the United Nations", *World Politics*, Vol.49, Iss.4, 1997, p.548.

② 例如,关于中国对非洲发展之影响的种种流行偏见。参见 Deborah Brautigam, *Will Africa Feed China*? Oxford University Press, 2015, pp.151—152。

③ 参见丁声俊:《为何老调重弹——再驳"中国粮食威胁论"》,《中国粮食经济》2014 年第 8 期,第 39 页。《联合国粮农组织:中国粮食威胁论不负责任》,《农家之友》2008 年第 6 期,第 4 页。

④ 徐浩良:《全球治理与中国的责任和贡献》,《联合国研究》2014 年第 1 期,第 16 页。

⑤ 张效民:《联合国 2013 年"人类发展报告"对中国对外援助的启示》,《当代世界与社会主义》2014 年第 2 期,第 129 页。

⑥ 龙永图:《中国与联合国合作的战略抉择》,《管理观察》2015 年第 5 期,第 10 页。

⑦ 2017 年,"人类命运共同体"理念先后被联合国社会经济委员会、安理会等机构写入决议,并且得到联合国秘书长的高度赞même。参见刘峣、卢泽华:《中国理念获国际广泛认同》,《人民日报(海外版)》2017 年 3 月 27 日。

⑧ 何农:《金砖国家在人权理事会上共同发言》,《光明日报》2016 年 3 月 3 日。

方面,且这些优势随着中国整体实力的提升而愈发明显。中国已经是国际发展合作中相当重要的新兴捐助方:2010—2012 年,中国向 120 多个国家和区域组织提供了援助,对外援助金额达 893.4 亿元人民币。[1]2012 年,中国在开发署所有捐款国中居第 21 位,已经超过了奥地利、意大利、葡萄牙等发达国家。[2]与此同时,中国对外援助资金的多边性质也在逐渐加强,近年来设立的中国—联合国和平与发展基金、南南合作援助基金等即属此列。[3]对于迫切需要扩大捐助方群体、解决供资结构失衡及"双边化"问题的联合国来说,[4]中国的支持无疑是及时而必要的。

除资金外,中国的技术、经验对联合国来说同样具有重要价值。以技术为例,中国不仅表现出支持的意愿,也拥有相对更为适用的技术资源。与发达国家相比,中国的一些技术在非洲等发展中国家和地区更有市场,前景更为广阔。[5]中国落实 2030 年议程的《国别方案》明确指出:中国将加强与工发组织等联合国机构的合作,积极参与全球技术促进机制,在南南合作框架下向其他发展中国家转移先进技术;还将在中国研发技术的基础上,探讨建立技术银行,形成技术库,为发展中国家提供支持。[6]这与许多发达国家回避技术转移问题、轻视联合国发展机构的态度形成了鲜明对比。[7]再以经验传授及培训为例,中国的许多成功经验和做法,正在成为国际发展领域的宝贵资源。工发组织总干事指出,像建设工业园区、经济特区,引进和利用外资以推动发展等"中国经验",尤其值得欠发达国家借鉴。[8]中国还越来越多地与联合国机构合作,共同向发展中国家提供技能培训和经验分享,如商务部、南开大学与贸发会议合办的国际投资协定培训班,以及商务部与贸发会

[1] 中华人民共和国国务院新闻办公室:《中国的对外援助(2014)》,来源:国务院新闻办公室,2014 年 7 月 10 日,http://www.scio.gov.cn/zxbd/tt/Document/1374895/1374895.htm.上网时间:2017 年 5 月 19 日。

[2] UNDP, *Annual Report 2012/2013*, New York: UNDP, 2013, p.40.

[3] 关于中国—联合国和平与发展基金,参见殷淼、李秉新:《中国与联合国签署设立中国—联合国和平与发展基金协议》;关于南南合作援助基金,参见"商务部关于《南南合作援助基金项目申报与实施管理办法(试行)》(征求意见稿)公开征求意见",来源:中国商务部官方网站,2016 年 9 月 9 日,http://tfs.mofcom.gov.cn/article/as/201609/20160901387579.shtml.上网时间:2017 年 5 月 1 日。

[4] UN Document, A/71/63-E/2016/8, p.19, 26.

[5][8] 冯雪珺:《寻找工业化的可持续发展之路》,《人民日报》2016 年 11 月 23 日。

[6]《中国落实 2030 年可持续发展议程国别方案》,来源:中国外交部官方网站,2016 年 9 月,第 45—46 页,http://www.fmprc.gov.cn/web/zyxw/W020161012709956344295.pdf.上网时间:2016 年 10 月 27 日。

[7] 20 世纪 90 年代后期,美英等发达国家相继退出了工发组织。关于技术转让,美国更是直言不讳:"在那些能创造新的就业机会、振兴新产业的技术上,我们不应向其他国家让步;我们必须牢牢把握它能带来的益处"。参见"Inaugural Address by President Barack Obama", January 21, 2013, https://obamawhitehouse.archives.gov/the-press-office/2013/01/21/inaugural-address-president-barack-obama.上网时间:2017 年 5 月 21 日。

议共同主办的贸易能力建设研修班等。①

　　有别于中国在资金、技术、本土化经验等方面的资源优势，联合国的优势主要表现在相关机构的专业能力上。联合国发展系统被众多成员国视为机构能力建设的首选伙伴；其在卫生保健、环境资源、人道主义援助、农业发展、粮食安全、教育、减贫、减灾等专题领域的贡献常常受到各国高度评价。②这就意味着，中国与其他国家尤其是发展中国家开展合作时，如果能以联合国专门机构为平台或合作伙伴，切实汲取其意见和建议中的合理成分，那么援助资金的使用很可能会更加高效，相关方案的制定会更加顺利，项目的推进也更容易被当地政府和民众所接受。

四、中国提升全球发展治理参与度的主要方向

　　中国与联合国的全球发展治理合作正处于前所未有的良性互动之中。不过，从政策分析、建言献策的角度，仍然可以就中国籍公民在联合国的任职、联合国机构地区总部或区域中心的设置、中国国际发展政策的整合性、企业与社会组织在联合国的角色、企业对联合国采购的参与等五个方面，提出参考性建议。其中，前三点主要涉及中国政府与联合国之间的合作，后两点则主要涉及非政府部门与联合国的合作。

　　第一，加强国际公务员人才培养，充实中国籍公民在联合国的中级、初级管理层或技术层任职比重。尽管近年来陆续有中国公民出任联合国机构的领导职位，但中低层工作人员的中国籍员工比例仍然相当薄弱。以联合国秘书处为例，目前中国员工仅有 460 名，占总数的 1.09％；而这 460 人之中，仅 35％ 是管理人员或专员，达到 D1 及以上级别的职员更是寥寥无几。③中国在教科文组织的职员不足 10 人，远低于按地理分配名额的 18—30 人。④中国在粮农组织的应有任职人数为 31—42 人，而实际人数仅为 17 人；在粮

① 参见《发展中国家南南合作与非洲贸易能力建设研修班在京开幕》，来源：中国商务部官方网站，2012 年 10 月 10 日，http://gjs.mofcom.gov.cn/article/al/am/201210/20121008378297.shtml。上网时间：2017 年 5 月 19 日。李新玲、张国：《中国与联合国贸发组织首次合作培养国际投资协定谈判人才》，《中国青年报》2004 年 7 月 20 日。
② UN Document, A/71/63-E/2016/8, p.35, pp.82—83.
③ 徐浩良：《全球治理与中国的责任和贡献》，《联合国研究》2014 年第 1 期，第 17 页。
④ 邢雪：《中国首次有计划地向教科文组织派出专业研习人员》，来源：人民网，2014 年 7 月 3 日，http://world.people.com.cn/n/2014/0704/c1002-25237790.html。上网时间：2017 年 5 月 1 日。

食署任职人数仅 11 人。无论从任职数量还是职员级别构成来看,均远远低于众多发达国家,在某些方面甚至低于肯尼亚等发展中国家。①这一反差,与发达国家对本国在联合国机构职业官员培养的重视不无关系。例如,日本仅在过去 10 年间,就支持了近 300 名初级职业官员(JPO)到联合国各机构任职工作;在该项目的推动下,联合国开发署的日本职员人数显著增长。②

提升中国公民在联合国机构的任职数量和职务级别,关乎中国与联合国合作的总体绩效。正如有学者所言,在国际组织的任职是中国国家权益、政治影响力的重要体现;中国代表性偏低的问题应得到认真对待、及早解决。③从当前一些迹象来看,中国已开始注意到上述问题。④今后的重点应该是确保关注不偏移、具体执行有保障。

第二,加强与联合国各实体的机制化联系,吸引其在华设立地区总部或类似的高级别分支机构。中国领导层在多个场合指出:中国重视且坚定支持联合国,中国与联合国的关系将迎来新起点。⑤在此背景下,争取更多联合国实体在华设立相应分支机构、推动双方之间的机制化联系更趋紧密,是中国外交应予重视的着力点之一。有学者指出,联合国机构总部多设在欧美发达国家,在中国的则相当少见;中国应在做好国内准备工作的同时,争取发展合作、减贫援助、网络治理等领域的机构总部、地区中心或分支机构落户中国。⑥事实上,与机构总部所在地多已是既成事实、难以更改不同,新设地区总部或中心的目标,在政治上与发达国家之间并无直接冲突,对中国、联合国而言实为彼此两利的共赢之举。

第三,提升国际发展合作相关工作,包括与联合国发展系统各机构对口联系工作的整合性。如前所述,在具体规划与执行层面,中国与联合国发展

① 夏敬源、聂闯:《联合国粮农机构人力资源管理体制及增加中国任职人员工作的建议》,《世界农业》2014 年第 11 期,第 13 页。
② 徐浩良:《全球治理与中国的责任和贡献》,《联合国研究》2014 年第 1 期,第 17 页。
③ 夏敬源、聂闯:《联合国粮农机构人力资源管理体制及增加中国任职人员工作的建议》,《世界农业》2014 年第 11 期,第 14 页。
④ 如商务部与工发组织就派遣 JPO 达成的合作协议、留学基金管理委员会与教科文组织就派出专业研习人员达成的合作协议等。参见邢雪:《中国首次有计划地向教科文组织派出专业研习人员》,来源:人民网,2014 年 7 月 3 日,http://world.people.com.cn/n/2014/0704/c1002-25237790.html。上网时间:2017 年 5 月 1 日。《中国商务部与联合国工发组织签署 JPO 协议》,来源:中国商务部网站,2017 年 1 月 7 日,http://vienna.mofcom.gov.cn/article/jmxw/201701/20170102497658.shtml,上网时间:2017 年 4 月 23 日。
⑤ 杜一菲:《习近平会见联合国秘书长潘基文》,《人民日报》2016 年 7 月 8 日。杨洁篪:《70 年风雨兼程 70 载春华秋实——纪念联合国成立 70 周年》。
⑥ 张贵洪:《中国联合国外交的转型》,《中国发展观察》2016 年第 11 期,第 19 页。

治理合作采取的是国内各部委归口管理的形式。这一形式有助于相应机构、部委根据自身权限范畴,划定分工界限、各展所长。不过,随着新形势下多种发展问题彼此交织、相互关联的特征愈发明显,对原有管理方式作出适当调整、改进,使之更好地适应国际发展合作新格局,已是大势所趋。①联合国的一些机构也表达过类似关切,即中国提供援助的机构为数颇多,彼此间的协调合作有待改进等。②考虑到中国今后很可能更多地通过联合国来推进发展合作或对外援助,在当前归口管理方式的基础上,明确一种更易于监督、操作的统筹协调架构,可能是改进整合性的现实选择。

第四,重视企业、社会组织等非政府部门的潜力,引导其为全球发展治理发挥更多积极作用。尽管 20 世纪 90 年代以来,中国社会组织在联合国的发声逐渐增多,③但整体程度仍然明显偏低。以联合国全球契约为例,目前该组织在世界各地已建立 100 多个地区网络,参与企业近万家;其中,来自中国的企业和机构仅 240 多家,且大多数是国有大型企业。④在全球治理主体渐趋多元化、非政府部门影响力逐步提升的形势下,这一短板某种程度上已经制约了中国对全球发展治理的有效参与。首届联合国环境大会期间,中国代表提出参会非政府组织应具备联合国授予咨商地位的提议,就遭到不少发展中国家的异议,认为过高的资格门槛不利于非政府组织广泛参与。⑤类似地,在联合国发展峰会上,来自中国民间机构的声音也阙如。⑥对此,中国政府部门宜及时制定和调整相应标准、方案,积极引导企业和社会组织,使之成为全球发展治理的有序参与者和贡献者。

第五,鼓励企业充分利用联合国平台提供的机遇,更好地"走出去"。从现有可改进的空间来看,最具代表性的例证之一,可能就是中国企业和政府相关部门对联合国采购重视度的不足。2013 年,联合国系统采购的货物与服务总值达 160 亿美元,其中从中国采购的仅有 1.78 亿美元,占总量的 1.1％。⑦

---

① 2017 年,中央全面深化改革领导小组第 32 次会议指出,要优化援外布局、改进援外资金和项目管理、改革援外管理体制机制、提升对外援助综合效应,并且通过了《关于改革援外工作的实施意见》。参见《党政主要负责同志要亲力亲为抓改革扑下身子抓落实》,《人民日报》2017 年 2 月 7 日。

② 徐浩良:《全球治理与中国的责任和贡献》,《联合国研究》2014 年第 1 期,第 18 页。

③ 赵磊:《中国与联合国:理论框架、演进模型分析》,《新远见》2007 年第 10 期,第 60 页。

④ 林波:《联合国全球契约中国网络在北京成立》,《WTO 经济导刊》2011 年第 12 期,第 94 页。

⑤ 张海滨:《纸上得来终觉浅,绝知此事要躬行——随中国代表团参加首届联合国环境大会有感》,《国际政治研究》2014 年第 6 期,第 121—123 页。

⑥ 周超:《少了中国民间声音的世界交响曲——联合国可持续发展峰会纪实》,《WTO 经济导刊》2015 年第 10 期,第 60 页。

⑦ 魏峰:《联合国要涨中国"份子钱",合理吗?》,《廉政瞭望(上半月)》2015 年第 11 期,第 63 页。

实际上,对于中国企业而言,联合国采购蕴含着相当可观甚至巨大的商机。一方面,进入联合国采购市场的企业可享受免税待遇,避免了日益增多的反倾销、反补贴措施;同时还能以较低成本提升本企业在国际上的声誉,有助于进一步拓展海外市场。①另一方面,联合国近年来明确表示在采购领域应更多考虑发展中国家的产品和服务,确保采购渠道公平惠及发展中国家。②如今,中国企业正处于"走出去"的重要时刻,善用联合国采购提供的市场机遇,无疑是企业竞争力提升、国家利益海外扩展的关键助力。

小 结

中国与联合国在全球发展治理方面合作的深化与拓展并非偶然。事实上,中国比以往任何时候都更加需要以联合国为平台,通过与之合作,在国际发展领域发挥影响力,以此维护自身利益,保障世界经济尤其是发展中国家的稳定增长。对联合国来说,与中国的合作亦是大势所趋。值此发达国家深陷于诸多国内问题,在国际发展合作上日趋保守、退缩之际,来自中国等新兴发展中大国的积极支持愈发显得意义重大。展望未来,中国与联合国的全球发展治理合作方兴未艾、正当其时。

---

① 江保国:《联合国系统采购程序改革及中国企业的应对策略》,《大连海事大学学报(社会科学版)》2015 年第 3 期,第 43 页。
② UN Document, A/71/63-E/2016/8, p.44.

第四章
G20 杭州峰会以来国际发展合作的新进展

贫困和发展不平衡是当今世界面临的最主要问题之一。在中国的努力推动下,杭州峰会将发展议题上升到前所未有的重要地位,开创了二十国集团历史上的三个"第一次"。杭州峰会以来,中国始终高度重视发展议题,广泛构建发展伙伴关系,推动全方位、多层次、宽领域的国际发展合作,不断将国际发展合作引向深入。中国已经成为国际发展合作的重要贡献者。

一、二十国集团逐渐重视发展议题

杭州峰会之前的二十国集团峰会大多讨论发达国家关心的议题,而发展中国家及其关心的发展、基础设施建设等议题大多被边缘化。通过杭州峰会、汉堡峰会对发展议题的重视,关注二十国集团之外的非成员国的贫困和发展问题,显著提升了二十国集团饱受诟病的合法性和包容性。

(一) 杭州峰会将发展议题上升到重要地位

二十国集团虽然很早就将发展议题纳入合作议程中,但它始终未上升到重要地位,而杭州峰会则彻底改变了这一状况。作为最大的发展中国家,中国高举发展旗帜,对发展问题的关注始终贯穿办会全过程。在中国的精心筹备和全力推动下,杭州峰会实现了二十国集团历史上的三个"第一次",改变了以往峰会对发展议题只"唱高调"却开出"空头支票"的现象——第一次把发展问题置于全球宏观政策框架的突出位置,制定《落实〈2030年可持续发展议程〉行动计划》;第一次采取集体行动支持非洲和最不发达国家工业化;第一次发起"全球基础设施互联互通联盟倡议"。这三个"第一次"不仅成为二十国集团发展历史上的首创,还向国际社会释放出一个清晰的信号,即二十国集团不应只关心二十国自身的事情,也要关注世界尤其是广大发展中国家的诉求。杭州峰会通过在"引领世界经济实现强劲、可持续、平衡增长"的核心任务中加入"包容增长",增加了发展的视角和权重,拓展了全球经济治理的新内涵。

1. 第一次制定《落实〈2030 年可持续发展议程〉行动计划》

《2030 年可持续发展议程》是联合国在 2015 年通过的为促进全球社会、经济、环境发展的纲领性文件,共包括 17 项具体目标。2016 年是落实该发展议程的第一年,杭州峰会通过制定《落实〈2030 年可持续发展议程〉行动计划》,率先在落实《2030 年可持续发展议程》上迈出步伐,使得二十国集团成为全球发展治理的主要平台。这份行动计划不仅包括设定"高级别原则",而且承诺通过"国别与集体行动"推进落实,其中还特别明列了集体行动将围绕的具体"可持续发展领域",包括基础设施,农业、粮食安全和营养,人力资源开发和就业,普惠金融和侨汇,国内资源动员、工业化、包容性商业、能源,贸易和投资,反腐败、国际金融架构、增长战略,气候资金和绿色金融,创新、全球卫生,甚至还将行动的详细措施,如何对应实现可持续发展的分项目标都进行了详细的阐述。

2. 第一次就支持非洲和最不发达国家工业化采取集体行动

杭州峰会第一次就支持非洲和最不发达国家工业化采取集体行动,发起《支持非洲和最不发达国家工业化倡议》,助力非洲和最不发达国家减贫和实现可持续发展。它通过自愿政策选项强化包容增长,提升其工业发展潜力,具体包括:促进包容和可持续的结构转型;支持可持续农业、农商业和涉农产业发展;深化、扩大、更新本地知识和生产基础;促进可再生能源和能效在内的可持续和安全能源领域的投资;探索就工业生产力和职业培训开展合作,同时促进可持续和富有韧性的基础设施和产业的投资;支持符合世贸组织规则的贸易工业化;关注妇女和青年,撬动国内和外部资金,支持平等获取资金的机会;将科技和创新作为实现工业化关键手段等。①

3. 第一次发起"全球基础设施互联互通联盟倡议"

为加速全球基础设施互联互通进程,杭州峰会欢迎 11 个多边开发银行共同提出的《支持基础设施投资行动的联合愿景声明》并批准启动"全球基础设施互联互通联盟倡议"。它们旨在最大限度地提高基础设施项目质量、加强项目储备、增进新老多边开发银行的合作、提升发展中国家基础设施投资的有利环境和动员私人投资,同时加强全球基础设施互联互通项目的整体协调与合作。二十国集团将同有关国际组织和多边开发银行一道,采取政策措

---

① 《二十国集团领导人杭州峰会公报》,《人民日报》2016 年 9 月 6 日,第 4 版。

施,通过动员公共和私营部门资金,弥补全球基础设施鸿沟,促进全球基础设施互联互通,帮助低收入和发展中国家建设可持续的、富有韧性的基础设施。

4.其他促进发展的内容

在杭州峰会通过的针对其他议题的共识中,也随处体现了促进发展的重要内容。例如,在《二十国集团创新增长蓝图》中,特别强调了对发展中国家工业化的支持,承诺支持发展中国家利用科技创新、新工业革命和数字经济的机遇,制定相关战略和计划,推动包容性发展,开展国际合作和自愿的技术转让,为建立最不发达国家技术银行采取行动,与发展中国家分享最佳经验和项目。再如,在《二十国集团全球贸易增长战略》中,特别提出帮助发展中国家更好地获取数字技术和发展数字贸易,促进发展中国家获取贸易融资工具的知识技能以及增加对贸易融资的资金安排,推动发展中国家参与全球价值链并向价值链上游攀升,推进和加强贸易促进援助倡议。[①]

(二) 汉堡峰会继续推动发展议题取得进展

尽管受到美国单边主义、保护主义的干扰,在中德两国的共同努力下,汉堡峰会在推动发展议题上仍然取得了一定进展。二十国集团领导人承诺"应对国际社会面临的共同挑战,包括恐怖主义、流离失所、贫困、饥饿、卫生威胁、创造就业、气候变化、能源安全和性别不平等在内的不平等现象,为可持续发展和稳定打下基础……将继续同包括发展中国家在内的其他各方一道努力,在基于规则的国际秩序下应对这些挑战"。[②]

1.继续推进落实《2030 年可持续发展议程》

在杭州峰会成果的基础上,汉堡峰会继续稳步推进《2030 年可持续发展议程》,呼吁各国根据本国国情,同利益攸关方一道,致力于富有雄心和综合协调地落实 2030 年议程并如期完成。汉堡峰会承诺要在国内和国际层面,将 G20 的行动同包括亚的斯亚贝巴发展筹资议程在内的 2030 年议程进一步对接,包括支持发展中国家并提供公共产品。在推进杭州峰会《落实〈2030 年可持续发展议程〉行动计划》的基础上,汉堡峰会强调 G20 的共同和具体承诺,就落实 2030 年议程开展自愿同行学习,呼吁其他各方加入这一重要行动,作为开展自愿国别陈述的补充。《二十国集团发展领域年度进

---

① 盛斌:《习主席在杭州峰会上提出了哪些中国方案》,《人民论坛》2016 年 9 月(上)。
② 《塑造联动世界——二十国集团汉堡峰会公报》,https://www.fmprc.gov.cn/ce/ceuk/chn/zgyw/t1478967. htm。

展评估报告》首次就二十国集团落实 2030 年议程所选择的优先领域报告进展。G20 认识到普惠金融在消除贫困、创造就业、促进性别平等和妇女赋权中发挥乘数效应的重要作用,支持普惠金融全球伙伴关系正在开展的工作,欢迎《2017 年 G20 普惠金融行动计划》。

2. 通过了《G20 非洲伙伴关系倡议》

主办方德国更是把"承担对非洲的责任"列为议题之一。在德国的推动下,汉堡峰会通过了《G20 非洲伙伴关系倡议》,承诺将根据非洲国家的需求和愿望,共同努力促进可持续、包容经济增长和发展,为妇女和青年创造体面就业,从而帮助解决贫困和不平等等移民问题的根源。非洲伙伴关系包括女性数字技能倡议、农村青年就业倡议、非洲可持续能源倡议等相关倡议,并将促进"对非投资倡议"的实施。"对非投资倡议"在相关非洲国家、非洲开发银行、国际货币基金组织、世界银行以及二十国集团和其他伙伴领导下,旨在动员私人投资并促进公共资金有效利用。科特迪瓦、埃塞俄比亚、加纳、摩洛哥、卢旺达、塞内加尔和突尼斯就参与"对非投资倡议"提出了各自的优先领域。汉堡峰会欢迎二十国集团非洲伙伴关系会议所取得的成果,强调有必要共同采取措施,加强可持续的基础设施、改善投资框架并支持教育和能力建设。在平等伙伴关系的基础上,G20 强烈欢迎非洲主导,承诺把 G20 的共同举措与地区战略和重点对接,尤其是要与非盟《2063 年议程》及《非洲基础设施开发计划》对接。

3. 其他推动发展的内容

一是消除数字鸿沟。汉堡峰会承诺要从收入、年龄、地域、性别等多方面缩小数字鸿沟,努力到 2025 年实现所有公民间的数字化联通,特别欢迎低收入国家与此相关的基础设施发展。G20 将通过各种教育和终身学习方式提升民众数字素养和数字技能,同时需要加强协同行动,增强发展中国家和最不发达国家更全面参与数字贸易的能力。二是解决农村青年就业。汉堡峰会面向发展中国家特别是非洲发起 G20 农村青年就业倡议。该倡议将同发展中国家有关战略对接,旨在于 2022 年前创造 110 万个新就业机会,并在未来 5 年为向至少 500 万青年提供创新技能开发项目作出贡献。三是在难民和移民问题上寻求共识、加强合作。汉堡峰会核准了《G20 在常规移民及经认定的难民公平有效融入劳动力市场政策实践》,承诺打击偷运移民和贩运人口,并决心对人口偷运者和贩运者采取行动。汉堡峰会承诺寻求解决导致流离失所的根源,呼吁全球一道努力,采取协调与共同行动,统筹紧急措施与长期举措,特别是针对那些在社会、政治和财政方面面临较大压力的国家与社区。[①]

二、金砖国家在发展议题上的积极作为

近年来,贸易保护主义、单边主义抬头,全球经济发展面临不确定性。部分发达国家内顾倾向加重,参与国际发展合作意愿减退,其政策调整的外溢效应仍在不断发酵。这不仅直接损害了金砖国家的利益,也恶化了广大发展中国家经济发展的外部环境。对此,金砖国家在发展议题上积极作为,共同构建广泛的发展伙伴关系,努力维护发展中国家的发展空间。

(一) 厦门会晤构建"金砖+"合作模式

2017 年 9 月 3—5 日,金砖国家领导人第九次会晤在中国厦门举行。在金砖国家领导人厦门会晤期间,中国国家主席习近平主持召开了新兴市场国家与发展中国家对话会。各国领导人围绕"深化互利合作,促进共同发展"的主题,就"落实可持续发展议程""建设广泛的发展伙伴关系"进行了深入交流,达成广泛共识。"金砖+"合作模式的创立,是对金砖德班会晤开始的金砖国家与其他发展中国家对话安排的创新和发展,有利于进一步提高"金砖合作"代表性、发言权和影响力。此次召开的新兴市场国家与发展中国家对话会,对全球发展问题进行深入讨论,提出方案,受到广大发展中国家和国际社会的普遍关注,开创了南南合作新途径,对推动南北对话具有十分重要的现实意义。[②]

1. 落实《2030 年可持续发展议程》

《2030 年可持续发展议程》规划了国际发展合作的新蓝图。国际社会应切实将政治承诺转化为具体行动,携手走上创新、协调、绿色、开放、共享的可持续发展之路。各国应承担起落实可持续发展议程的首要责任,将可持续发展议程同本国发展战略有机结合,增强发展内生动力,推动经济、社会、环境三大领域协调发展,为自身发展和国际发展合作营造良好政策环

[①] 《塑造联动世界——二十国集团汉堡峰会公报》,https://www.fmprc.gov.cn/ce/ceuk/chn/zgyw/t1478967.htm。

[②] 荣鹰:《金砖国家领导人厦门会晤四大成果成色十足》,http://www.xinhuanet.com//world/2017-09/11/c_129699568.htm。

境。优先做好消除贫困、促进增长、扩大就业等工作,使发展成果惠及全体人民。发达国家应切实履行官方发展援助承诺,加大对发展中国家的支持。

2.建设广泛的发展伙伴关系

新兴市场国家和发展中国家面临相似的发展任务,深化务实合作,发挥互补优势,能产生"一加一大于二"的积极效应。新兴市场国家和发展中国家应加强包括南南合作在内的广泛合作,加强宏观经济政策协调和发展战略对接,努力促进基础设施互联互通、工业化、信息化、城镇化、农业现代化等领域合作,实现联合自强、共同发展。中国提出的"金砖+"合作模式为新兴市场国家和发展中国家合作创造了重要机遇,有助于加强南南合作和国际发展合作,构建更加广泛的伙伴关系网络,建设各国发展共同体、命运共同体,推动实现公平、开放、全面、创新发展。

3.完善全球经济治理

全球经济治理应与时俱进,坚持共商、共建、共享原则,提升新兴市场国家和发展中国家的代表性和发言权。各国应致力于建设开放型经济,维护多边贸易体制及其基本原则,反对保护主义,促进经济全球化向更加开放、包容和普惠的方向发展。各国应支持联合国在国际发展合作中发挥中心作用,对联合国发展系统进行必要改革。改革应以促进发展为核心,以消除贫困为业务重点,坚持成员国主导,广泛听取和回应发展中国家关切。同时,增强联合国协调落实可持续发展议程的效率和能力,加强系统内各机构的协调合作和优势互补,调动更多的发展资源。①

4.中国积极促进国际发展合作

中国高度重视《2030年可持续发展议程》,制定了落实议程的国别方案,建立了可持续发展创新示范区,在经济、环境等领域取得多项早期收获。为推动国际发展合作,中国将利用南南合作援助基金、中国—联合国和平与发展基金、气候变化南南合作基金等机制,积极助力其他发展中国家落实可持续发展议程。中国将在南南合作援助基金项目下提供5亿美元援助,帮助其他发展中国家应对饥荒、难民、公共卫生等挑战。中国还将利用国际发展知识中心、南南合作与发展学院等平台,同各国加强发展经验交流和能力建设合作,并在未来1年为其他发展中国家提供4万个来华培训名额。②

---

① 《新兴市场国家与发展中国家对话会主席声明》,《人民日报》2017年9月6日第3版。
② 习近平:《深化互利合作 促进共同发展——在新兴市场国家与发展中国家对话会上的发言》,《人民日报》2017年9月6日,第3版。

（二）约翰内斯堡会晤构建新工业革命伙伴关系

2018 年 7 月 25—27 日,金砖国家领导人第十次会晤在南非约翰内斯堡举行。此次会晤延续厦门会晤的合作势头,将"金砖国家在非洲:在第四次工业革命中共谋包容增长和共同繁荣"作为主题。从厦门到约翰内斯堡,金砖国家深化伙伴关系,推进务实合作,完善全球治理,携手推动金砖合作的第二个"金色十年"从愿景变为现实。

1. 开创金砖合作第二个"金色十年"

经过十年的发展,金砖合作从一个经济概念成长为具有重要影响力的国际合作机制,展现出勃勃生机和光明前景。未来十年,是金砖国家发展处于关键阶段、面临重大机遇和挑战的十年。金砖国家应紧紧围绕和平与发展的时代主题,牢牢抓住新一轮科技革命和产业变革的机遇,顺应世界多极化、经济全球化潮流,努力开创金砖合作第二个"金色十年":一要秉持金砖精神,深化金砖战略伙伴关系,加强沟通和协调,在国际上发挥金砖作用,推动构建开放型世界经济,维护共同利益和发展空间。二要坚持"三轮驱动",丰富金砖务实合作内涵,继续朝着贸易投资大市场、货币金融大流通、基础设施大联通、人文大交流的方向,打造更多合作亮点,加强协调和指导,确保金砖国家新工业革命伙伴关系取得实实在在的成果。三要拓展"金砖＋"合作,构建广泛伙伴关系,让其他新兴市场国家和发展中国家都参与到金砖合作中来,形成维护共同利益、促进共同发展的强大力量。[①]

2. 构建新工业革命伙伴关系

约翰内斯堡会晤将"金砖国家在非洲:在第四次工业革命中共谋包容增长和共同繁荣"作为主题。这与厦门会晤倡导的"要把握新工业革命的机遇,以创新促增长、促转型"主张一脉相承。约翰内斯堡会晤决定启动新工业革命伙伴关系的全面运作,成立由五国工业部门及有关部门代表组成的咨询小组。作为先期工作,咨询小组将根据第四次工业革命的重点领域,制定伙伴关系任务大纲和工作计划提交主席国。新工业革命伙伴关系旨在深化金砖国家在数字化、工业化、创新、包容、投资等领域合作,最大程度把握第四次工业革命带来的机遇,应对相关挑战。伙伴关系将发挥五国各自比较优势,促进经济增长和转型,增强可持续工业生产能力,建立科技园和技

---

① 《习近平出席纪念金砖国家领导人会晤 10 周年非正式会议》,《人民日报》2018 年 7 月 28 日,第 1 版。

术企业孵化器网络,支持中小技术企业的发展。建立金砖国家科技园、技术企业孵化器和中小企业网络将是落实伙伴关系的积极步骤。金砖国家进一步加强在新工业革命形势下的合作,有助于为金砖国家经济发展开拓新动力,共同应对当前世界经济面临的风险。

3. 旗帜鲜明反对贸易保护主义

当前,经济全球化遭遇逆风,保护主义、单边主义阻碍世界经济发展。在这一形势下,金砖国家坚定支持多边贸易体制,反对单边主义和保护主义。金砖国家重申以世界贸易组织为代表,以规则为基础,强调透明、非歧视、开放、包容的多边贸易体制的核心地位,认识到发展内涵的重要作用,并将尽一切努力加强多边贸易体制。金砖国家认识到多边贸易体制面临前所未有的挑战,强调建设开放型世界经济的重要性,让所有国家和民众分享经济全球化的益处,推动并支持所有国家的可持续发展和繁荣。金砖国家呼吁世贸组织所有成员遵守世贸组织规则,信守在多边贸易体制中的承诺。世贸组织争端解决机制是多边贸易体制的基石,旨在增强国际贸易的安全性和可预见性。世贸组织上诉机构成员遴选进程陷入僵局可能导致争端解决机制瘫痪,损害所有成员的权利与义务。金砖国家敦促世贸组织所有成员将此作为优先事项,以建设性姿态携手解决这一挑战。金砖国家认为需要维护世贸组织的谈判功能,同意进一步建设性地参与,在世贸组织内进一步完善现行多边贸易体制的法律框架,并考虑所有世贸组织成员特别是发展中成员的关切和利益。[1]

三、中国务实推动国际发展合作

除了在二十国集团、金砖国家层面推动发展议题取得进展以外,中国还通过"一带一路"国际合作高峰论坛、中非合作论坛务实推进国际发展合作,逐步将国际发展合作落到实地、引向深入,中国已经成为国际发展合作的重要贡献者。

(一)"一带一路"国际合作高峰论坛搭建国际发展合作平台

"一带一路"倡议已逐渐从规划走向实践,从愿景变为行动,进展和成果

---

[1] 《金砖国家领导人第十次会晤约翰内斯堡宣言》,《人民日报》2018 年 7 月 27 日,第 3 版。

超出预期,朋友圈越来越广,合作伙伴越来越多,各方诉求也越来越多元,需要一个沟通交流的平台,为大家开展合作提供支撑。在这样的背景下,2017年5月14—15日,中国在北京主办首届"一带一路"国际合作高峰论坛。这是各方共商、共建"一带一路",共享互利合作成果的国际盛会,也是加强国际发展合作,对接彼此发展规划的重要合作平台。

1. 首届高峰论坛取得丰硕成果

首届高峰论坛取得了丰硕成果,主要体现在以下几个方面:一是进一步明确了未来"一带一路"的合作方向。习近平主席在高峰论坛上发表重要讲话,指出要牢牢坚持共商、共建、共享,让政策沟通、设施联通、贸易畅通、资金融通、民心相通成为共同努力的目标,将"一带一路"建成和平、繁荣、开放、创新、文明之路。二是规划了"一带一路"建设的具体路线图。高峰论坛期间,中国同与会国家和国际组织进行了全面的政策对接,签署了几十份合作文件,确立了未来一段时间合作的重点领域和路径。"一带一路"的宏伟蓝图正在转化为清晰可见的路线图。三是确定了一批"一带一路"将实施的重点项目。通过高峰论坛这个平台,各国之间形成了一份沉甸甸的成果清单,共5大类、76大项、270多项。与此同时,中国作为"一带一路"的首倡国和论坛主办方,在对接政策和发展战略、推进经济走廊建设、加强重大项目合作、加大资金支持等方面提出了多项新举措,体现了中国共建"一带一路"的担当和决心。①

2. 构建多层次金融支持体系

金融支持是"一带一路"倡议的重中之重,具有引领和主导作用。为切实解决资金缺口、推进"一带一路"建设,中国在前期建设中投入大量"真金白银",积极争取沿线国家的合作与参与,释放出充分的诚意。以设施联通为例,中国与相关国家和地区共同推进了以雅万高铁、中老铁路、亚吉铁路、匈塞铁路、蒙内铁路、瓜达尔港、比雷埃夫斯港等为代表的众多互联互通项目,中国国家开发银行与中国进出口银行为项目建设提供了金融支持。习近平主席在高峰论坛开幕式的演讲中提出:"我们要建立稳定、可持续、风险可控的金融保障体系,创新投资和融资模式,推广政府和社会资本合作,建设多元化融资体系和多层次资本市场,发展普惠金融,完善金融服务网络。"

---

① 《杨洁篪就"一带一路"国际合作高峰论坛接受媒体采访》,http://www.cac.gov.cn/2017-05/18/c_1120995564.htm。

中国政府为进一步解决项目建设中出现的资金缺口，稳步推进"一带一路"建设，构建了多层次的金融支持体系，保障"一带一路"建设行稳致远。

一是充分发挥开发性金融机构和政策性金融机构的先导作用。开发性金融机构和政策性金融机构通过商业贷款、优惠买方信贷、出口信用保险、设立产业基金等方式为"一带一路"的大型建设项目提供低成本融资支持。截至 2017 年底，国家开发银行在"一带一路"沿线国家累计发放贷款超过 1 800 亿美元，余额超过 1 100 亿美元，在"一带一路"沿线国家储备外汇项目 500 余个，涉及基础设施、能源资源、国际产能合作等多个领域。2014—2017 年，中国进出口银行在"一带一路"沿线国家累计签约项目逾 1 200 个，签约金额超 8 000 亿元，发放贷款超过 5 400 亿元，累计支持商务合同金额超过 4 100 亿美元；项目分布于"一带一路"沿线 50 多个国家，以设施联通、经贸合作、产业投资、能源资源合作等为重点领域。

二是主导设立区域投融资机构服务"一带一路"建设。为解决"一带一路"基础设施建设融资瓶颈，中国积极推动建立亚洲基础设施投资银行和丝路基金等区域投融资机构。中国倡议设立的亚洲基础设施投资银行于 2015 年底成立，是中国主导创建的政府间性质的区域多边开发机构，成员总数已达到 87 名。丝路基金总规模 400 亿美元，首期 100 亿美元，由中国出资，于 2014 年底正式启动运作，主要为"一带一路"建设中的基础设施、资源开发、产业合作、金融合作提供资金支持。亚投行运营两年多来已批准项目投资 53 亿多美元，带动各类公共和私营资本 300 多亿美元投入基础设施；丝路基金的投资领域目前主要集中在水电、天然气等能源领域，已签约 19 个项目，承诺投资 70 亿美元，支持项目涉及总金额达 800 亿美元。

三是推动商业性金融机构在"一带一路"沿线布局。近年来，在"一带一路"倡议的鼓励下，为更好地服务"走出去"的中资企业，中国商业银行不断扩展在沿线国家的机构布局。截至 2016 年底，共有 9 家中资银行在 26 个"一带一路"沿线国家设立了 62 家一级机构，其中包括 18 家子行、35 家分行、9 家代表处。截至 2016 年底，"工、农、中、建"四大商业银行对于"一带一路"项目各类授信支持超过 2 000 亿美元。除银行外，中国保险资金也发挥其长期稳定优势，通过债权、股权、股债结合、股权投资计划、资产支持计划和私募基金等方式，积极参与长周期、大规模的"一带一路"基础设施项目。截至 2016 年底，中国已成立总规模 3 000 亿元的保险投资基金，主要投向包括"一带一路"在内的国家战略项目。[①]

四是积极探索资本市场服务"一带一路"建设的作用。中国证监会鼓励优秀企业在A股市场发行上市和再融资,保障"一带一路"重点项目资金需求;充分利用境内、境外两个市场,支持境内企业在境外市场筹集资金投资"一带一路"建设(包括发行H股、D股等)。2016年以来,积极参与"一带一路"建设的中国铁建、中国中车两家公司在境外合计融资达11亿美元。此外,还创新债券品种,积极推动企业发行"一带一路"项目债,启动境外公司在沪深交易所发行人民币债券(俗称"熊猫公司债")试点。2017年3月17日,俄罗斯铝业联合公司在上交所完成100亿元人民币债券发行,这也是首单"一带一路"熊猫债。[②]

正是由于构建了多层次金融支持体系,"一带一路"倡议才能逐渐从蓝图变为现实,得到沿线国家的衷心信赖与支持。从"一带一路"国际合作高峰论坛成果清单可以看出,未来中国对"一带一路"建设的金融支持将"更上一层楼"。中国将向丝路基金新增资金1000亿元人民币,鼓励金融机构开展人民币海外基金业务,规模预计约3000亿元人民币。中国国家开发银行、进出口银行将分别提供2500亿元和1300亿元等值人民币专项贷款,用于支持"一带一路"基础设施建设、产能与金融合作。同时,中国也开始注重调动世界各国参与"一带一路"建设,以多种形式提供资金的积极性,建立和发展更加多元化的金融支持体系。

(二) 中非合作论坛北京峰会实施"八大行动"

2018年9月3—4日,中非合作论坛北京峰会在北京举行。此次峰会以"合作共赢,携手构建更加紧密的中非命运共同体"为主题,通过了《关于构建更加紧密的中非命运共同体的北京宣言》和《中非合作论坛——北京行动计划(2019—2021年)》两个重要成果文件,推出了以实施"八大行动"为核心的上百项全面深化中非合作的新举措。北京峰会进一步凝聚了中非合作论坛框架下55方、26亿人民致力于团结合作的意愿和共识,在重大国际地区问题上发出了中非自己的声音,在探索发展与合作道路上规划了中非自己的路径,对促进南南合作具有重要引领作用和示范效应,有助于更好地

---

① 李若愚:《"一带一路"建设需金融先行》,http://www.china.com.cn/news/2017-05/17/content_40832563.htm。
② 方星海:《用资本市场支持"一带一路"》,《中国金融》2017年第9期。

维护发展中国家的共同利益。

"八大行动"规划了中非共同发展的具体路径。作为中非"十大合作计划"的升级版，习近平主席提出的"八大行动"强调中方将致力于加强中非在产业产能、基础设施、贸易等领域合作，同时拓展双方在绿色发展、能力建设、健康卫生、人文交流、和平安全等领域的合作潜能，特别是推动"一带一路"建设与《非盟 2063 年议程》、联合国《2030 年可持续发展议程》和非洲各国发展战略深入对接，以帮助非洲培育内生增长能力为重点，创新合作理念方式，推动中非合作向更高水平发展。

一是实施产业促进行动。中国决定在华设立中国—非洲经贸博览会；鼓励中国企业扩大对非投资，在非洲新建和升级一批经贸合作区；支持非洲在 2030 年前基本实现粮食安全，同非洲一道制定并实施中非农业现代化合作规划和行动计划，实施 50 个农业援助项目，向非洲受灾国家提供 10 亿元人民币紧急人道主义粮食援助，向非洲派遣 500 名高级农业专家，培养青年农业科研领军人才和农民致富带头人；支持成立中国在非企业社会责任联盟；继续加强和非洲国家本币结算合作，发挥中非发展基金、中非产能合作基金和非洲中小企业发展专项贷款作用。

二是实施设施联通行动。中国决定和非洲联盟启动编制《中非基础设施合作规划》；支持中国企业以投建营一体化等模式参与非洲基础设施建设，重点加强能源、交通、信息通信、跨境水资源等合作，同非方一道实施一批互联互通重点项目；支持非洲单一航空运输市场建设，开通更多中非直航航班；为非洲国家及其金融机构来华发行债券提供便利，在遵循多边规则和程序的前提下，支持非洲国家更好地利用亚洲基础设施投资银行、新开发银行、丝路基金等资源。

三是实施贸易便利行动。中国决定扩大进口非洲商品特别是非资源类产品，支持非洲国家参加中国国际进口博览会，免除非洲最不发达国家参展费用；继续加强市场监管及海关方面交流合作，为非洲实施 50 个贸易畅通项目；定期举办中非品牌面对面活动；支持非洲大陆自由贸易区建设，继续同非洲有意愿的国家和地区开展自贸谈判；推动中非电子商务合作，建立电子商务合作机制。

四是实施绿色发展行动。中国决定为非洲实施 50 个绿色发展和生态环保援助项目，重点加强在应对气候变化、海洋合作、荒漠化防治、野生动物和植物保护等方面的交流合作；推进中非环境合作中心建设，加强环境政策交流对话和环境问题联合研究；开展中非绿色使者计划，在环保管理、污染防治、绿色经济等领域为非洲培养专业人才；建设中非竹子中心，帮助非洲开发竹藤产业；开展环境保护宣传教育合作。

五是实施能力建设行动。中国决定同非洲加强发展经验交流，支持开展经济社会发展规划方面合作；在非洲设立10个鲁班工坊，向非洲青年提供职业技能培训；支持设立旨在推动青年创新创业合作的中非创新合作中心；实施头雁计划，为非洲培训1 000名精英人才；为非洲提供5万个中国政府奖学金名额，为非洲提供5万个研修培训名额，邀请2 000名非洲青年来华交流。

六是实施健康卫生行动。中国决定优化升级50个医疗卫生援非项目，重点建设非洲疾控中心总部、中非友好医院等旗舰项目；开展公共卫生交流和信息合作，实施中非新发再发传染病、疟疾、血吸虫、艾滋病等疾控合作项目，为非洲培养更多专科医生，继续派遣并优化援非医疗队；开展"光明行""爱心行""微笑行"等医疗巡诊活动，实施面向弱势群体的"妇幼心连心工程"。

七是实施人文交流行动。中国决定设立中国非洲研究院，同非方深化文明互鉴，打造中非联合研究交流计划增强版，实施50个文体旅游项目，支持非洲国家加入丝绸之路国际剧院、博物馆、艺术节等联盟，打造中非媒体合作网络，继续推动中非互设文化中心，支持非洲符合条件的教育机构申办孔子学院，支持更多非洲国家成为中国公民组团出境旅游目的地。

八是实施和平安全行动。中国决定设立中非和平安全合作基金，支持中非开展和平安全和维稳合作；继续向非洲联盟提供无偿军事援助，支持萨赫勒、亚丁湾、几内亚湾等地区的国家维护地区安全和反恐努力；设立中非和平安全论坛，为中非在和平安全领域加强交流提供平台；在共建"一带一路"、社会治安、联合国维和、打击海盗、反恐等领域推动实施50个安全援助项目。

为推动"八大行动"顺利实施，中国愿以政府援助、金融机构和企业投融资等方式，向非洲提供600亿美元支持，其中包括：提供150亿美元的无偿援助、无息贷款和优惠贷款；提供200亿美元的信贷资金额度；支持设立100亿美元的中非开发性金融专项资金和50亿美元的自非洲进口贸易融资专项资金；推动中国企业未来3年对非洲投资不少于100亿美元。同时，免除与中国有外交关系的非洲最不发达国家、重债穷国、内陆发展中国家、小岛屿发展中国家截至 2018 年底到期未偿还政府间无息贷款债务。[①]

(三) 中国推动国际发展合作的特点

作为最大的发展中国家,中国从自身经济发展的成功经验出发,全方位、多层次、宽领域推动国际发展合作,不断加强同发展中国家战略对接,深挖合作潜力,推动经济融合、发展联动、成果共享,推动形成携手共进、共同发展的新局面。

1. "一带一路" 创新国际发展合作模式

"一带一路" 倡议坚持 "共商、共建、共享" 原则,是对国际发展合作模式的创新。一是秉持平等的共同体意识。"一带一路" 倡议致力于打造沿线国家政治互信、经济融合、文化包容的利益共同体、责任共同体、命运共同体,彼此之间是平等的发展伙伴关系,坚持共商、共建、共享原则。二是坚持开放合作的模式。"一带一路" 倡议不实行封闭的俱乐部模式,相关的国家基于但不限于古代丝绸之路的范围,各国和国际、地区组织均可参与,让共建成果惠及更广泛的区域。三是倡导和谐包容的理念。"一带一路" 倡导文明宽容,在具体推进过程中注重与各国发展战略的对接,尊重各国发展道路和模式的选择,主张求同存异、兼容并蓄、和平共处、共生共荣。四是实行灵活多样的合作形式。"一带一路" 倡议充分考虑沿线国家的差异性,在具体合作上以目标协调、政策沟通为主,不刻意追求高度的自由化与一体化,合作形式可以灵活多样。五是追求互利共赢的目标。"一带一路" 倡议追求正确的义利观,兼顾各方利益和关切,寻求利益契合点和合作最大公约数,以互利共赢为目标追求,实现与沿线国家的共同发展。

2. 构建全新的国际发展合作平台

为了进一步促进国际发展合作,中国推动构建了 "一带一路" 国际合作高峰论坛、"金砖+" 合作模式两个全新的平台。"一带一路" 国际合作高峰论坛是在 "一带一路" 倡议成功推进、多个合作项目落地的基础上提出召开的,是作为发展中大国的中国发起的新的多边合作平台。众多国家首脑以及国际组织领导人的与会,说明 "一带一路" 倡议所承载的合作理念、"一带

[①] 习近平:《携手共命运　同心促发展——在 2018 年中非合作论坛北京峰会开幕式上的主旨讲话》,《人民日报》2018 年 9 月 4 日第 2 版。

一路"倡议对全球经济发展的关注视角、"一带一路"倡议所体现的中国责任已经获得广泛的国际共识。①"金砖＋"合作模式为新兴市场国家和发展中国家合作提供了新平台，各方对全球发展问题进行深入讨论，发出共同声音，有助于推动南南合作和国际发展合作。这两个合作平台的形成，将构建更加广泛的发展伙伴关系，更加聚焦发展中国家关心的发展议题，让世界更加清晰地听到发展中国家发出的共同呼声，逐步改变国际秩序由发达国家主导而忽视发展中国家利益的局面。

3. 第三方市场合作畅通发达、新兴与发展中国家之间的鸿沟与区隔

2015 年 6 月，中国政府同法国政府发表《中法关于第三方市场合作的联合声明》，首次提出了"第三方市场合作"这一概念。第三方市场合作畅通发达、新兴与发展中国家之间的鸿沟与区隔，将中国的中端制造能力同发达国家的高端技术、先进理念结合起来，为第三国提供高水平、高性价比、更具竞争力的产品和服务，最终实现互利共赢的目标。大多数发展中国家处于工业化初期阶段，对基础设施建设和工业发展有强烈需求，但缺乏技术和资金。第三方市场合作可帮助发展中国家获得更高性价比的装备与工业生产线，也推动了相关技术、管理人才的培养，满足了自身工业化发展的需求，提升了本国经济社会发展水平。发达国家尽管拥有先进的技术和核心装备，但限于国内产能不足成本过高，无法独立开发第三世界市场。中国倡导的第三方市场合作，可以有效衔接世界不同发展阶段国家的供给和需求，推动全球产业链高中低端有机融合，是推动三方实现互利共赢的创新举措。②

4. 主张以发展促和平

针对世界面临的和平赤字、发展赤字，中国主张统筹兼顾，从解决发展赤字出发进而解决和平赤字，以发展促和平。"一带一路"倡议正是中国以发展促和平的具体举措。"一带一路"倡议聚焦发展这个根本性问题，释放各国发展潜力，实现经济大融合、发展大联动、成果大共享。"一带一路"沿线地区连通欧亚非，民族成分复杂，一直是地缘政治热点地区，恐怖袭击、地区冲突、难民危机、粮食问题、宗教冲突、自然灾害等多种风险交汇聚合，加之国家治理能力弱化，许多国家的发展举步维艰。"一带一路"倡议直面沿

---

① 王玉主：《"一带一路"国际合作高峰论坛：一个全新的多边平台》，http://opinion.huanqiu.com/plrd/2017-05/10718526.html。
② 曹文炼：《多方共赢，协力筑梦"一带一路"》，《人民日报》2018 年 1 月 4 日第 23 版。

线国家的现实矛盾与需求,从发展的视角出发,将中国自身的发展与沿线国家的发展结合起来,在不干涉别国内政的前提下促进沿线国家的工业化、现代化进程,并以此带动各类安全难题的逐步解决。"一带一路"建设的重要目标就是打造政治互信、经济融合、文化包容的利益共同体、责任共同体和命运共同体,从而促进和平与发展。

5. 主动积极提供国际公共产品

近年来,一些发达国家不断逃避国际责任,拒绝提供国际公共产品。作为负责任的大国,中国一直主动积极地提供国际公共产品,绝不回避自己的大国责任。中国倡议的"一带一路"建设是区域经济合作、国际自由贸易、基础设施互联互通、国际安全互信等重要国际公共产品的集中体现,由中国倡导建立的亚洲基础设施投资银行也是促进基础设施融资建设新的国际公共产品。[①]中非合作论坛北京峰会达成的产业促进、设施联通、贸易便利、绿色发展、能力建设、健康卫生、人文交流、和平安全"八大行动",正是中国结合非洲国家发展实际和需求,为非洲国家量身定制的国际公共产品。中国将始终做全球发展的贡献者,坚持走共同发展道路,欢迎各国搭乘中国发展的"快车""便车"。这将有效缓解长期困扰国际发展合作的国际公共产品供应不足的难题。

---

① 郑振清:《为世界提供更多国际公共产品》,《人民日报》2018年1月7日第5版。

第五章
G20 机制与新型全球发展伙伴关系的构建 *

　　全球发展伙伴关系是发达国家帮助发展中国家增强其发展能力的一种协作性努力,它既是发展议程的核心内容,也是实现发展议程的重要保障。2015 年联合国发展峰会通过了新的《2030 年可持续发展议程》,一种新的全球发展伙伴关系正得到积极构建。这种新的可持续发展全球伙伴关系与千年发展目标确立的全球发展伙伴关系相比较,更为全面和深入,它是实现《2030 年可持续发展议程》的关键。G20 作为全球经济治理的首要平台,一直关注发展议题,它的发展共识与包容性伙伴关系理念等是促进新型全球发展伙伴关系构建的基础;它的跨年度行动计划尤其是其在动员国内资源和促进私营部门投资等方面的行动推进了新型全球发展伙伴关系的构建。

　　2016 年 G20 杭州峰会召开,此次峰会中国利用主办峰会的契机,将包容和联动式发展列为峰会的 4 个重点议题之一,第一次将发展问题置于全球宏观经济政策框架的突出位置,第一次围绕联合国发展议程制定了集体和国别行动计划。这样,发展问题成为 G20 整体框架中的主要问题,而不再仅仅是 G20 框架下发展工作组的主要议题,同时 G20 杭州峰会还围绕可持续发展议程制定了行动计划,实现了 G20 与联合国主导进程的统一。这些举措一方面有助于增强 G20 的政治合法性、推进 G20 的机制转型;另一方面,推进 G20 参与到联合国可持续发展议程的落实中来,也为可持续发展议程的实现提供了重要的政治动力和资源,将更有力地推进《2030 年可持续发展议程》的落实。中国作为最大的发展中国家和新兴经济体的重要成员,对可持续发展议程及其新型全球发展伙伴关系的构建具有重要影响,中国积极利用举办 2016 年 G20 峰会的时机进一步促进了 G20 在推进全球公共资金、协调多利益攸关方等方面发挥更大作用。

* 本文部分内容发表于《新型全球发展伙伴关系的构建与 G20 机制作用》,《社会主义研究》2015 年第 3 期,
　第 160—167 页。

一、新型全球发展伙伴关系的构建

全球发展伙伴关系主要是指千年发展目标中的第八项"全球合作促进发展",于 2001 年在《执行〈联合国千年宣言〉的路线图》中确立,主要包括官方发展援助、市场准入、债务可持续性、获取负担得起的基本药物和新技术等 5 个方面、16 个量化指标。[①]它是主要针对发达国家的目标,强调发达国家向发展中国家提供官方发展援助、技术支持,给予发展中国家贸易优惠等,但与此同时,发展中国家需要接受发达国家提出的政策建议。因此,本质上来说,全球发展伙伴关系是一种以援助国为中心的国际发展合作关系。全球金融危机后,发达国家经济陷入衰退,全球发展伙伴关系出现发展势头减弱,甚至某些方面倒退的迹象,国际社会正积极推进一种新型全球发展伙伴关系的构建。

(一) 全球发展伙伴关系的形成与发展

目前,"全球发展伙伴关系"这一概念不仅出现在诸多双边和多边发展组织的官方文本中,也出现在几乎每个受援国的文件中,它已普遍存在于各种有关全球治理的争论中,主导了发展词汇,是当前国际发展领域内一个主流话题和主导模式。[②]究其根源,经合组织(OECD)的发展援助委员会将全球发展伙伴关系理念引入到国际发展合作中来,而联合国系统则利用 2000 年峰会的时机,成功地将全球发展伙伴关系纳入《千年宣言》中,使之成为联合国千年发展目标的第八项目标,并获得了国际社会的普遍认同。随后,2002 年的《蒙特雷共识》及 2005 年首脑峰会的《成果文件》则进一步细化了全球发展伙伴关系的内涵。

1. OECD 将"发展伙伴关系"引入国际发展合作

20 世纪 90 年代初,苏联解体和东欧剧变导致冷战期间发展援助作为获取战略优势的政治工具的意义下降。发达国家国内包括政治精英和普通

---

① 具体内容可参见千年发展目标差距工作队 2013 年报告:《全球发展伙伴关系:我们面临的挑战》,第 ix 页,《千年发展目标和目标 8 的具体目标及指标一览表》,http://www.un.org/zh/millenniumgoals/pdf/MDG%20Gap%202013_Chinese.pdf.

② Amy Barnes and Garrett Wallace Brown, "the Idea of Partnership within the Millennium Development Goals: Context, Instrumentality and the Normative Demands of Partnership", *Third World Quarterly*, Vol.32, No.1, 2011, p.165.

公众对发展援助的认知发生变化。对外援助在各主要援助国的议事日程中呈普遍衰落态势,官方发展援助的总体水平急剧下降。到 90 年代中期,国际社会开始批判援助的有效性,一些学术机构和非政府组织批判援助国与受援国之间的关系,指出这种关系是强制性的,是家长式作风,是一种不平等的关系。可以说,在 20 世纪 90 年代,发达国家国内援助机构进入到一个危机时期。它们的财政预算急剧下降,失去了选民的支持,失去了政治地位与合法性。时任 OECD 发展援助委员会主席吉姆·米歇尔(Jim Michel)指出,整个发展援助项目可能处于危险境地。[①]对此,援助机构的一些专家提出,援助行为体迫切需要一个新的故事(story)来建构一个强有力的政策,以重新鼓舞人们对发展援助实践的普遍支持。在这种背景下,"发展伙伴关系"理念成为援助机构重新证明援助的重要性以及游说国内选民支持的重要框架。

1995 年,OECD 发展援助委员会召开高级别会议,通过了《新全球背景下的发展伙伴关系》。该报告同意将减贫作为国际发展合作的主要目标,认为发展合作是一种投资,而不是一种开支;指出贫困国家缺乏资源推进增长和社会发展,富裕国家需要增加援助,使其更加有效。[②]"发展伙伴关系"清晰地作为该报告的标题,成为发展援助委员会关于援助的一种指导性概念。

为进一步建构这一关于援助的令人信服、有说服力的框架,获得不同行为体的支持,OECD 发展援助委员会于 1996 年出版了《塑造 21 世纪:发展合作的贡献》。该文件提出了后来成为联合国千年发展目标的 6 项发展目标,虽然全球发展伙伴关系不是其中的一个目标,但文件也对全球发展伙伴关系进行了内容与意义的界定。文件明确提出:"通过全球发展伙伴关系,我们能实现包括减贫、减少儿童和产妇死亡率等有雄心的目标";"伙伴关系必须看成帮助发展中国家增强它们发展能力的一种协作性努力。家长式作风在这种关系中没有立身之处。在真正的伙伴关系中,受援国应当积极发挥领导作用,而外部的伙伴国支持这种努力,以让受援国在自身发展中承担更大的责任"。[③]文件还提出了实施发展伙伴关系的一些具体措施,包括援

① Amy Barnes and Garrett Wallace Brown, "the Idea of Partnership within the Millennium Development Goals: Context, Instrumentality and the Normative Demands of Partnership", *Third World Quarterly*, Vol.32, No.1, 2011, pp.167—169.

② David Hulme, "the Millennium Development Goals (MDGs): A Short History of the World's Biggest Promise," http://www.bwpi.manchester.ac.uk/medialibrary/publications/working_papers/bwpi-wp-10009.pdf, p.13.

③ Development Assistance Committee, "Shaping the 21st Century: the Contribution of Development Co-operation", May 1996, http://www.oecd.org/dac/2508761.pdf, pp.13—14.

助有效性、国际贸易和投资、信息和技术等方面。因此,发展援助委员会框定了伙伴关系的工具性价值,并用这一理念来重新证明援助的重要意义,回应对援助有效性的批判和争取广大选民的支持。①自此,"发展伙伴关系"开始广泛地出现在国际发展的话语中,伙伴关系理念开始被发展领域内不同行为体接受,援助国和受援国也都将这一理念纳入了自己的政策文本中。

2. 联合国将"发展伙伴关系"引入"千年发展目标"

20世纪末,联合国改革处于关键时期,联合国大会和秘书处都在考虑利用2000年峰会的时机来加强联合国的作用。时任联合国秘书长的科菲·安南提出联合国应借此时机构建一个广受认同的国际发展议程,同时联合国对该议程应享有领导权。②"发展伙伴关系"理念开始被联合国接受,并纳入到千年峰会所确立的发展目标中,成为千年发展目标的第八项。

2000年1月,安南在千年峰会召开之前向联大提交了《我们人民:联合国在21世纪的作用》报告。报告在"免于匮乏"一节中,明确提出"要表现全球团结",指出"由于全球化,国际社会对穷国进行援助的承诺应逐渐加强,这不仅是道义上所必然的,而且也是共同利益之所在。"③报告强调了发达国家对发展中国家的责任,并对贸易机会、减免债务和官方发展援助提出了相关建议,成为联合国千年大会谈判的基础。

2000年9月,《千年宣言》得到了联合国大会成员国的一致通过。《千年宣言》提出将饥饿人口比例减半、男女儿童享有平等的教育机会等各项发展目标的同时,强调决心创造一种有助于发展和消除贫困的国际环境,满足最不发达国家的特殊需要和解决中低收入国家的债务问题等。④随后,2001年9月,安南公布了《千年宣言》的实施方案——《执行〈联合国千年宣言〉的行进图》。文件提出了一系列目标,包括8项大目标、18项具体目标和48项量化指标,被称为"千年发展目标"。其中,第八项目标就是建立全球发展伙伴关系。

---

① 当然,"伙伴关系"并非一个新词,它在1969年皮尔森委员会的报告和1970年代联合国国际发展战略被提及,但是DAC以一种更一致的语将"伙伴关系"理念重新框定,使其成为发展领域中的重要词语。参见千年发展目标差距工作队2013年报告:《全球发展伙伴关系:我们面临的挑战》,第5—6页。

② Sakiko Fukuda-Parr, David Hulme, "International Norm Dynamics and 'the end of Poverty': Understanding the Millennium Development Goals(MDGs)", *Global Governance*, Vol.17, No.1, 2011, p.22.

③ 《我们人民:二十一世纪联合国的作用》,A/54/2000,第23页。

④ 《千年宣言》,A/RES/55/2,第4页。

至此,"全球发展伙伴关系"的理念开始脱离 OECD 发展援助委员会的主导,得到了广大发展中国家的认同。但是,也正因为发展伙伴关系是 OECD 发展援助委员会引入国际发展合作当中,发达国家避免使用精确的语言来承担责任,因此,它的含义比较模糊,这也导致第八项目标备受质疑,缺乏强有力的量化指标,也没有时限,实施与承诺之间存在较大的差距,而国际社会难以对它的执行状况进行问责。①

3. 联合国体系下全球发展伙伴关系的发展

2000 年《千年宣言》和千年发展目标的承诺达成后,发达国家的援助资金流并没有反映这些承诺,直到 2002 年《蒙特雷共识》的全球协议达成。《蒙特雷共识》讨论了发展融资的挑战,强调全球发展伙伴关系是将千年发展目标变为现实的国际合作体系的基础,并提出了全球发展伙伴关系概念的不同方面,为其落实奠定了基础。

2005 年 9 月世界首脑峰会作为审议千年发展目标实施进展的会议,对全球发展伙伴关系这一目标进行了多方面的重申,并提出了一些新的具体目标,譬如"到 2006 年通过并开始实施综合国家发展战略,以实现国际商定的发展目标;通过增加发展援助,促进国际贸易以推动发展,按照彼此商定的条件转让技术、增加投资、更加广泛深入地减免债务,支持发展中国家制订和落实国家发展政策和战略;加强非政府组织、民间社会、私营部门和其他利益攸关方在促进全球发展伙伴关系方面的贡献"。②

总的来说,在 OECD 和联合国的推动下,全球发展伙伴关系逐渐成为国际发展合作的核心,它包含一些关键要素:发达国家承诺向发展中国家提供官方发展援助和技术支持,并给予这些国家贸易优惠,受援国需要接受援助国提出的相关政策建议。因此这种发展伙伴关系本质上是援助国推动的,是一种"以援助国为核心"的不平等伙伴关系。

(二) 新型全球发展伙伴关系的积极构建

全球金融危机后,发达国家经济陷入衰退,推动国际发展合作的政治动力减弱,全球发展伙伴关系受到严重影响。与此同时,新兴经济体迅速崛起,开始成为国际发展合作的重要行为体,南南合作、三方合作等新型发展

① 黄超:《理想与现实:千年发展目标的局限与前景》,《外交评论》2013 年第 5 期,第 149 页。
② 《2005 年世界首脑会议成果》,A/RES/60/1,第 9 页。

援助模式的地位日益凸显。国际发展合作出现的重大变化,导致全球发展伙伴关系的转型迫在眉睫。联合国于 2015 年 9 月发展峰会上通过了《2030年可持续发展议程》,"可持续发展全球伙伴关系"成为构建的重点。与此同时,OECD 发展援助委员会也在"援助有效性"的主题下努力推进其自身的"新型全球发展伙伴关系"理念,它们提出的"有效发展合作的全球伙伴关系"(Global Partnership for Effective Development Cooperation)对新型全球发展伙伴关系的构建具有重要意义。

1. 联合国体系下新型全球发展伙伴关系的构建

"当前,国际社会正在确定一个关于发展议程的真正具有普遍性的变革方向。从关于千年发展目标的 2010 年首脑会议,到'里约＋20'大会以及可持续发展目标开放工作组的报告,已经形成了非常一致的愿景。"[1]其中,2015 年后发展议程系统工作组提交的《实现我们共同憧憬的未来》、高级别名人小组提交的《新型全球合作关系》和可持续发展目标开放工作组提交的《成果文件》、联合国发展峰会通过的《变革我们的世界:2030 年可持续发展议程》等文件逐步使联合国构建的新型全球发展伙伴关系目标趋于明确,"可持续发展全球伙伴关系"开始成为重要内容。

2011 年 9 月,潘基文秘书长设立了联合国 2015 年后发展议程系统工作组,以便通过与所有利益攸关方协商,协调整个联合国系统为 2015 年后议程所作的准备工作。系统工作组于 2012 年 6 月提交了报告《实现我们憧憬的未来》,批判了传统的全球发展伙伴关系,并对重构全球发展伙伴关系提出了具体的设想。报告强调在制定 2030 年发展议程的过程中,国际社会应该谨慎对待以援助国为中心的不平等伙伴关系的危险,强调不应当继续认为全球发展伙伴关系在本质上是援助国与受援国的关系,要求通过广泛的协商过程,来确保整个议程的大目标和具体目标的设定,并且为实现这些共同目标,重新定义全球伙伴关系。[2]同时它还提出新的全球发展伙伴关系应该是真正全球性的,并包含对所有利益攸关方设定的目标。全球伙伴关系必须包括在政府和非政府行为体之间建立一切形式的伙伴关系,这些伙伴关系应当涉及弱势群体和国家,特别是为最不发达国家、内陆发展中

---

① 联合国秘书长关于 2015 年后可持续发展议程的综合报告:《2030 年享有尊严之路,消除贫穷,改变所有人的生活,保护地球》,A/69/700,第 12 页。

② 联合国 2015 年后系统工作组:《实现我们共同憧憬的未来》,http://www.un.org/en/development/desa/policy/untaskteam_undf/unttreport_ch.pdf,第 45 页。

国家以及小岛屿发展中国家采取具体行动并提供具体资源。国际社会应当以透明的方式，在与推定受益人的共同协作下，根据一个清晰的监测和相互问责框架建立新的伙伴关系。这种新的伙伴关系包括南北合作、南南合作以及三方合作，是在民间社会组织、私营部门以及慈善事业广泛参与下的伙伴关系。①

2012 年 7 月联合国秘书长指定的 2015 年后发展议程高级别名人小组成立，并于 2013 年 5 月提交了名为《新型全球合作关系：通过可持续发展消除贫困并推动经济转型》的报告。该报告强调 2030 年发展议程是一项普遍性议程，需要由五项重大变革来推动实现，其中一项就是打造新型的全球合作伙伴关系。它强调要将更强大的全球发展伙伴关系视为全新发展议程的核心，并以这种新型全球合作关系为根据制定所有的建议，强调 2030 年发展议程必须包括新型全球伙伴关系的关键目标。②它还指出 2030 年发展议程所强调的改革是将新型全球合作伙伴关系融入国家和国际政策之中，并认为这是最为重要的一点，强调这种合作伙伴关系应建立在相互尊重和互惠互利的基础上。

2013 年 1 月"联合国大会可持续发展目标开放工作组"成立，并于 2014 年 7 月提交了《成果文件》，制定了供后来联合国大会有关 2030 年发展议程政府间谈判参考的 17 项可持续发展目标和一系列具体目标及量化指标体系。《成果文件》申明致力于振兴可持续发展全球伙伴关系，并为落实这一伙伴关系调动必要资源，强调可持续发展目标的落实取决于各国政府以及民间社会组织、私营部门和联合国系统都积极参与的一个可持续发展的全球伙伴关系。③可持续发展全球伙伴关系目标包括筹资、技术、能力建设、贸易、系统性问题等多方面的 19 项具体目标，其中，发展中国家自身能力建设、影响发展中国家发展的宏观层面上的政策和体制等系统性问题成为新的重要内容。

2015 年 9 月 25 日，联大发展峰会通过了《2030 年可持续发展议程》。该议程成为下个 15 年国际发展合作的重要纲领，也是指导各国决定发展优

---

① 联合国 2015 年后系统工作组：《实现我们共同憧憬的未来》，http://www.un.org/en/development/desa/policy/untaskteam_undf/unttreport_ch.pdf，第 48 页。

② 高级别名人小组 2015 年后联合国发展议程报告：《新型全球合作关系：通过可持续发展消除贫困并推动经济转型》，http://www.un.org/zh/sg/management/HLP%20Report_Chinese.pdf，第 9 页。

③ 关于这些目标的具体内容可参见《大会可持续发展目标开放工作组的报告》，A/68/970，第 20—21 页。

先事项的重要蓝图。议程包括了 17 个目标和 169 个具体目标,主要涉及社会、经济、环境、安全和伙伴关系五个方面,[①]其中第 17 项,即"加强执行手段,恢复可持续发展全球伙伴关系的活力"。这种新型的、更强大的全球发展伙伴关系是 2030 年可持续发展议程的核心,是实现议程的关键。《变革我们的世界:2030 年可持续发展议程》指出,变革性的 2015 年后发展议程的顺利实施,取决于振兴全球发展伙伴关系和执行手段。这种伙伴关系应通过援助和贸易、税收和投资,调动各利益攸关方的参与和所需的必要资源(包括国内和国际、公共和私营部门的资源),来支持执行 2015 年后发展议程。[②]这一新型的伙伴关系较之于千年发展目标中的伙伴关系而言,更为全面和深入,是一种可持续发展的全球伙伴关系。

2. OECD 体系下推进的"有效发展合作的全球发展伙伴关系"

为推进"援助有效性",OECD 发展援助委员会召开了一系列高级别会议。会议形成的相关文件界定了援助改革的主要方面,也就援助国与伙伴国之间关系和增强援助有效性提出了很多原则和行动目标。如果这些高级别会议达成的承诺全面实现,将大大提高全球发展伙伴关系向真正的包容性伙伴关系发展的可能性。

2005 年 3 月 OECD 第二届援助有效性高级别会议通过了《关于援助有效性的巴黎宣言》,该宣言确立了一系列关于援助国与伙伴国之间关系的原则,包括受援国自主性原则,即发展中国家自行制定减贫战略,承担发展的责任;联系原则,即援助应当与受援国的发展目标相联系;协调原则,即援助国之间应协调援助计划和行动以简化程序,避免重复和资源浪费;成果导向原则,即发展中国家和援助国应重视援助实效和发展成果,使成果可测量,从而对其进行管理;相互问责原则,即援助国与受援国都应对发展成果负责。[③]这些原则强调了援助国与受援国的合作伙伴关系,并指明了受援国在这一关系中的主体地位。

2011 年 11 月于釜山召开的第四届援助有效性高级别会议通过了《釜山宣言》,产生了一个构建"新的、包容性的、有效发展合作的全球伙伴关

---

① Pamela S. Chasek, Lynn M. Wagner, Faye Leone, Ana-Maria Lebada and Nathalie Risse, "Getting to 2030: Negotiating the Post-2015 Sustainable Development Agenda", *Review of European Community & International Environmental Law*, 25(1), 2016, p.8.
② 《变革我们的世界:2030 年可持续发展议程》,A/69/L.85,第 26 页。
③ 贺文萍:《从援助有效性到发展有效性:援助理念的演变及中国经验的作用》,《西亚非洲》2011 年第 9 期,第 122 页。

系"框架。《釜山宣言》首先确认了由发展中国家和发达国家、多边和双边机构以及不同类型的市民社会组织、私有企业等行为体形成了一个比以前更广泛、更具包容性的新的伙伴关系,这一关系建立在促进有效的国际发展合作的共同原则、共同目标和不同承诺的基础上。[1]其次,它确立了发展中国家的自主权、成果导向、包容性伙伴关系、透明度和问责四个原则,这些原则指导发达行为体推进有效的发展合作。其中"包容性伙伴关系"原则强调"开放、信任、相互尊重和学习处于有效发展伙伴关系的核心,承认所有行为体的不同和补充性作用"。最后,它还强调"新的、包容性、有效发展合作的伙伴关系,对支持和确保承诺在政治层面实施问责有重要意义,认为这一伙伴关系将提供一个开放的平台,一个容纳多样性,为知识交流的平台"。[2]釜山会议第一次表达了国际发展合作中不同利益攸关方的多样性,承认了新兴经济体在国际发展合作中的作用,拓展了伙伴关系范围。[3]

2012 年 6 月有效发展合作的全球伙伴关系建立,成为就有效发展合作开展政治对话、问责和相互学习的特设平台,商业、民间社会代表、援助国、受援国政府以及多边机构都参与到这一进程中。2014 年 4 月"有效发展合作的全球伙伴关系"第一次高级别会议在墨西哥举行,会议就自 2011 年釜山会议形成的"有效发展合作的全球伙伴关系"议程的进展进行了讨论,形成了 39 项具体行动计划。

总的来说,联合国体系推进的 2030 年全球发展伙伴关系与 OECD 体系构建的"有效发展合作的全球伙伴关系",都批判了传统的全球发展伙伴关系,提出拓宽全球发展伙伴关系的主体范围、改变不平等地位的性质和丰富目标内容等重要思想。在主体范围上,它们提出了要将所有利益攸关方纳入新型全球发展伙伴关系中,认为这一伙伴关系应当涵盖发达国家、新兴经济体、民间社会组织和私有部门等多个主体;在性质关系上,它们批判了过去的全球发展伙伴关系的不平等性,强调新的伙伴关系应建立在相互尊重和互惠互利的基础上;在内容范畴上,它们认为新型全球发展伙伴关系应当

---

[1]　The 4th High Level Forum on Aid Effectiveness, "Busan Partnership for Effective Development Co-operation", http://www.oecd.org/dac/effectiveness/49650173.pdf, p.1.

[2]　The 4th High Level Forum on Aid Effectiveness, "Busan Partnership for Effective Development Co-operation", http://www.oecd.org/dac/effectiveness/49650173.pdf, pp.1—12.

[3]　Homi Kharas, "the Global Partnership for Effective Development Cooperation", http://www.brookings.edu/~/media/research/files/papers/2012/6/06-global-partnership-kharas/06-global-partnership-kharas.pdf, p.3.

涵盖发展中国家能力建设、系统性的宏观政策协调和南南合作等新内容。联合国和 OECD 体系推进的两个进程为新型全球发展伙伴关系的构建提供了重要思路。

二、新型全球发展伙伴关系构建困境与 G20 机制作用

不容忽视的是,OECD 的"援助国俱乐部"性质使其合法性受到质疑,而联合国成员广泛也导致其存在"协调性困难"问题,这些问题使得新型全球发展伙伴的构建存在一定的困难。G20 机制作为全球经济治理的核心平台,对 OECD 和联合国体系下构建的新型发展伙伴关系起到了独特的政治补充作用。

(一) 当前新型全球发展伙伴关系构建中存在的一些困难

联合国体系相关发展机构参与不同层次的不同伙伴关系为联合国构建的 2030 年全球发展伙伴关系提供了合法性。但是,联合国成员国十分广泛的现实,也导致 2030 年发展议程构建中存在多个利益攸关方"意见不同、难以协调"的局面,导致其关于新型全球发展伙伴关系的政治共识难以形成。在构建 2030 年发展议程中,发达国家更关注通过规范设置来主导全球发展议程的设定,试图将更多的政治、社会条件嵌入 2030 年发展议程;而发展中国家普遍倾向于以千年发展目标为基础构建 2030 年发展议程,强调继续以消除贫困和促进发展作为 2030 年发展议程的核心。[①]具体在新型全球发展伙伴关系的构建上,联合国内部也存在不同的主张。譬如就未来的融资责任议题,发达国家努力避免承担责任,甚至试图推卸责任,强调动员发展中国家国内资源的重要性;而发展中国家强调"共同但有区别的责任",主张发达国家与发展中国家应当加强团结,共同承担责任,但承担的责任有大有小;发展中国家在承认国内资源动员重要的同时,强调发达国家对发展中国家的援助仍然是不可减免的,它是诸多极端贫困国家的主要资金来源。因此,联合国就将各种发展主张和意见融合成国际社会的共同目标,并带领世界各国共同采取行动还面临着不少困难。

---

① 张海冰:《试析 G20 在联合国 2015 年后发展议程中的角色》,《现代国际关系》2014 年第 7 期,第 44 页。

OECD 发展援助委员会在塑造全球发展伙伴关系中发挥了主要作用[1]，它对全球发展伙伴关系纳入千年发展目标起到重要的引导作用。目前它积极推进的"有效发展合作的全球伙伴关系"不仅为 2030 年发展议程中的全球发展伙伴关系的构建提供了广泛的政治联盟，而且有重要的规范指导性作用。[2]但是，OECD 发展援助委员会仍然主要是一个发达国家主导的援助国俱乐部，它局限在 34 个成员国范围内，它所引导的援助有效性会议虽然开始让中低收入国家与市民社会参与，但是国际社会仍然普遍认为它是一个援助国推动的议程，包括巴西、俄罗斯、印度和中国等在内的新兴经济体对 OECD 引导的这一议程并不积极参与。譬如，2014 年"有效发展合作的全球伙伴关系"第一次高级别会议在墨西哥召开时，中国政府没有派出代表参加会议，印度只派出了驻墨西哥的外交官员参加会议，巴西及南非也只派出主管对外发展合作的官员参会。在釜山会议上，OECD 发展援助委员会自己也承认了它的合法性不能超越自身的成员国范围。[3]因此，OECD 发展援助委员会的"援助国俱乐部"性质导致它无法克服意识形态的分歧而获得国际社会的普遍认同，因而它推进的共识缺乏合法性。

(二) G20 机制对新型全球发展伙伴关系构建的补充性作用

1. G20 机制对新型全球发展伙伴关系政治共识的形成具有重要作用

当前的全球发展伙伴关系是主要针对发达国家的目标，要求发达国家给予更多的官方发展援助给那些贫困国家，但是该目标存在缺乏对利益攸关方问责的缺陷，其具体目标与量化指标都不明晰。目前该目标的进展十分有限：联合国关于发达国家将国民总收入的 0.7% 用于发展援助的目标远未实现，多哈发展回合谈判陷入停滞，一些发展中国家仍面临债务困扰的高风险，基本药物获取情况尚未得到改善，获得信息和通信技术的机会不均衡，费用仍然高昂。[4]

---

① OECD and Post-2015 Reflections, "Beyond the Millennium Development Goals: Toward a Contribution to the Post-2015 Agenda", http://www.oecd.org/dac/POST-2015%20Overview%20Paper.pdf, p.16.

② OECD and Post-2015 Reflections, "Effective Development Co-operation: An Important Enabler in a Post-2015 Global Development Framework", http://www.oecd.org/dac/FINAL%20POST-2015%20Effective%20Development%20Co-operation.pdf, p.1.

③ Homi Kharas, "The Global Partnership for Effective Development Cooperation", p.3.

④ "千年发展目标差距工作队"2013 年报告：《全球发展伙伴关系：我们面临的挑战》，http://www.un.org/en/development/desa/policy/mdg_gap/mdg_gap2013/mdg_report_2013_ch.pdf, 第 iii 页。

因而,传统地框定了富裕北方与穷困南方的全球伙伴关系必须进行改革,新型全球发展伙伴关系的构建已成为大势所趋。随着新兴经济体、私有部门、慈善组织等行为体的影响逐步上升,贸易和投资在国际援助中的比重也在不断加大,与此同时,南南合作、三方合作成为国际发展合作的重要模式。G20 机制是全球 20 个最大经济体组成的非正式经济合作论坛,是发达国家与新兴市场国家之间就实质性问题进行讨论和研究,以寻求合作,促进国际金融稳定和经济可持续发展的重要机制。它占据了全球 GDP 总量的90%,官方发展援助的 94%,以及囊括了全球 70%的人口。[①]可以说,G20机制将先进的发达经济体和主要新兴经济体汇聚在一起,具有解决全球性问题的规模和范围。具体到新型全球发展伙伴关系构建的议题上,G20 机制涵盖了具有系统性影响的国际发展合作领域的重要大国,同时规模较小,因而它能够更有效地协调立场,使主要发达国家和重要新兴经济体能够就发展合作的理念与具体模式有效达成共识。

譬如,G20 机制达成的"以增长促发展"理念突出了发展中国家发展的内生动力,强调发展中国家的自主权,这一理念有利于推动平等伙伴关系的构建;同时将增长与发展统一起来,强调以增长促发展的理念符合绝大多数发展中国家的利益,也有利于获得普遍认同。G20 机制多次峰会的主题以及制定的行动计划,都是围绕"促增长"这一目标展开的。2014 年 11 月G20 机制第 9 次领导人峰会再次将推动经济增长作为三大目标之一,峰会通过的《布里斯班行动计划》提出到 2018 年使 G20 整体 GDP 额外增长 2%以上,这是 G20 领导人峰会历史上首次为经济增长设定具体的目标,并且计划在未来 5 年通过基础设施投资和自由贸易来实现这一目标。[②]

2. G20 机制的实践对新型全球发展伙伴关系实施的推动作用

发展议题已成为 G20 机制关注的重要议题。一些学者提出,"将发展议题引入标志着 G20 机制朝前迈出了重要一步。西方八国集团首脑会议长期以来就把发展议题,至少是有关援助的议题,作为其议程的重要部分。G20 机制作为一个参与国家更多、更具包容性的组织,更适合通过高级别论坛使各国领导人就一系列紧迫的发展政策挑战寻找和形成共识。"[③]

---

① 张海冰:《试析 G20 在联合国 2015 年后发展议程中的角色》,《现代国际关系》2014 年第 7 期,第 49 页。
② 周彦达:《G20 延续 APEC 改革增长议题》,《中国金融家》2014 年第 11 期,第 99 页。
③ 贺文萍:《从援助有效性到发展有效性:援助理念的演变及中国经验的作用》,《西亚非洲》2011 年第 9 期,第 124 页。

2010 年 6 月 G20 多伦多峰会授权成立了发展工作组(DWG),随后 11 月首尔峰会通过了《首尔发展共识》和《跨年度行动计划》,作为发展工作组开展工作的具体指导。《首尔发展共识》明确指出"作为国际经济合作的主要平台,G20 有帮助援助国、联合国体系、经合组织、多边发展银行和其他机构在援助发展中国家,尤其是中低收入国家实现千年发展目标中的作用",强调"要推进可持续的经济、社会和环境发展,尊重伙伴关系的平等性,建立发达国家、新兴经济体和低收入国家之间更有力和更有效的伙伴关系,使私有部门、市民组织都参与进来。"①《首尔发展共识》还确立了 G20 发展工作组开展工作的 6 个原则和 9 大支柱,并围绕 9 大支柱制定了《跨年度行动计划》。这六大核心原则是:关注经济增长、全球发展伙伴关系、全球或地区性系统议题、私有部门参与、补充性作用和成果导向。其中,"全球发展伙伴关系"原则强调要推进有力的、问责的、透明的全球伙伴关系,指出要让发展中国家,尤其是中低收入国家,作为平等伙伴国参与进来,强调要尊重发展中国家的自主权,承认成功发展最重要的决定因素是一国自身的发展政策。"补充性作用"原则强调了 G20 对其他发展行为体的补充作用,指出要关注 G20 作为国际经济合作的主要平台的地位与作用,强调要通过 G20 有比较优势的领域来创造价值增值。

《跨年度行动计划》的九大支柱是:基础设施建设、私营部门投资和就业、人力资源开发、贸易、普惠金融、抗风险增长、粮食安全、国内资源动员、知识共享。2012 年洛斯卡沃斯峰会将绿色包容性增长纳入其中,使 9 大支柱扩展为 10 个。2013 年 G20 圣彼得堡峰会通过《圣彼得堡发展展望》,将基础设施、粮食安全、人力资源、普惠金融、国内资源动员等作为近年 G20 发展工作组的工作重点。为推进 9 大支柱的发展,G20 通过了一系列"承诺"与"行动计划"来推进《跨年度行动计划》,包括创设"基础设施投资高水平专家小组""全球普惠金融伙伴关系"计划等。2014 年,G20 布里斯班峰会发布了《布里斯班发展更新》,对《圣彼得堡发展展望》中提出的五个当前重点行动领域落实情况进行了全面的阐述。2015 年《安塔利亚峰会公报》中,G20 领导人提出,制定和落实《G20 与低收入发展中国家框架》以实现 G20 整体的工作与可持续发展目标更好地衔接。

---

① G20 Seoul Summit 2010, "Seoul Development Consensus for Shared Growth", http://www.g20.utoronto.ca/2010/g20seoul-consensus.html, pp.1—2.

　　G20 这些具有比较优势领域的战略行动为新型全球发展伙伴关系的实施注入了新的动力。具体来说,它们的相关行动在发展筹资国的国内资源动员方面发挥重要作用。

　　可持续发展目标关于全球发展伙伴关系筹资方面的具体目标包括SDG17.1(加强筹集国内资源的工作,包括由国际社会为发展中国家提供支助,以加强国内获取税收和其他收入的能力)和 17.3(从多方面来源另外为发展中国家筹集财务资源)等。目前,G20 在动员国内资源和促进私营部门投资等方面的行动对实现 SDGs17.1 和 17.3 有重要作用。例如,G20 正在推动发展中国家以平等身份参与到国际税基侵蚀和利润转移项目规则的制定和落实中来,同时它还采纳了"税收征管诊断评估工具"和"无国界税收稽查员"倡议,帮助发展中国家参与税收情报的全球自动交换。在促进私人投资方面,G20 采纳了"普惠金融全球伙伴关系"和"普惠金融行动计划",为推进普惠金融以及降低侨汇成本提供了一个框架,有利于推动私营部门在普惠金融中发挥更大作用,尤其是在金融教育、消费者保护以及为中小企业融资等领域。

三、G20 杭州峰会与中国的选择

　　作为最大的发展中国家和新兴经济体的重要成员,中国对可持续发展议程的全球发展伙伴关系的构建具有重要影响。习近平多次提出要通过"优化发展伙伴关系"来落实 2030 年可持续发展议程,指出优化发展伙伴关系包括"推动建立更加平等均衡的全球发展伙伴关系,坚持南北合作主渠道,加强南南合作,稳妥开展三方合作,支持私营部门等利益攸关方在伙伴关系中发挥更大作用"。中国利用主办 2016 年 G20 杭州峰会的契机,将G20 落实工作与联合国可持续发展议程的落实有机统一,也有利于增强G20 的政治合法性和推进新型发展伙伴关系的构建。为进一步推进 G20在发展议题尤其是新型全球发展伙伴关系构建上发挥更大作用,中国可以从以下三个方面进行战略谋划。

　　第一,促进 G20 在推进全球公共资金中发挥更大作用。

　　2030 年可持续发展议程是一项复杂的挑战,各领域内目标的实现将产生巨大的资金需求。联合国贸发会议估计发展中国家的整体投资需求每年达到 3.3 万亿—4.5 万亿美元,当前面临的投资资金缺口在 1.9 万亿—3.1

万亿美元之间。①目前,虽然国际发展筹资来源多元化,非传统援助国和私人资金在国际发展筹资体系中的比例明显上升,传统的官方发展援助的相对重要性在下降,但是以官方发展援助为核心的国际公共资金仍然是有效减贫和实现 2030 年可持续发展议程的主要发展资金来源。G20 包括了主要的发达国家和新兴经济体,是国际公共资金的主要来源,应当积极推进 G20 成员国履行官方发展援助的相关承诺。

第二,促进 G20 在协调多利益攸关方上发挥更大作用。

多利益攸关方伙伴关系被认为是 2030 年可持续发展议程具有变革性的一个关键要素。只有让所有的伙伴和利益攸关方参与到解决共同发展问题的国家、地区和全球办法的构建和实施中,才能真正落实 2030 年发展议程。因此,应有效结合日益多样化的发展行为体,建立强有力的资源伙伴关系,推进包括政府、民间社会、企业、金融机构、科研机构在全球、区域、国家和国家以下各级针对问题建立联盟。G20 已经形成了工作组会议的机制框架,建立有发展工作组、增加框架工作组、能源可持续工作组、反腐败工作组等平台,同时除政府层面的架构,它还建立有企业层面的二十国工商峰会(B20)、学术层面的二十国智库峰会(T20)和民间社会层面的二十国集团妇女峰会(W20)、二十国集团青年峰会(Y20)等相关机制。这些都为协调多利益攸关方伙伴关系提供了良好的平台和基础,G20 应当积极利用这些平台充分发挥协调利益攸关方的重要作用。

第三,G20 在推进构建新型全球发展伙伴关系的同时,应当考虑到 OECD 推进全球有效发展伙伴关系等其他相关机构所做的相辅相成的努力。

事实上,"发展伙伴关系"一词最先是由 OECD 引入到国际发展合作中的。目前,在联合国推进全球可持续发展伙伴关系构建的同时,OECD 发展援助委员会也正在"援助有效性"的主题下努力推进"有效发展合作的全球伙伴关系",这一理念对新型发展伙伴关系的构建也具有重要的规范指导意义。2005 年 3 月,OECD 第二届援助有效性高级别会议通过了《关于援助有效性的巴黎宣言》,确立了一系列关于援助国与伙伴国之间关系的原则,包括受援国自主性原则、联系原则、协调原则、成果导向原则和相互问责原

---

① "Final Push for Milestone Event to Finance Development", http://www.un.org/en/development/desa/news-letter/desanews/feature/2015/07/index.html#15105.

则。这些原则强调了援助国与受援国的合作伙伴关系,并指明了受援国在这一关系中的主体地位。随后 2011 年 11 月于釜山召开的第四届援助有效性高级别会议通过了《釜山宣言》,产生了一个构建"新的、包容性的、有效发展合作的全球伙伴关系"框架,它确认了由发展中国家和发达国家、多边和双边机构以及不同类型的市民社会组织、私有企业等行为体所形成的一个比以前更广泛、更具包容性的新的伙伴关系,这一关系建立在促进有效的国际发展合作的共同原则、共同目标和不同承诺的基础上;确立了包容性伙伴关系原则,强调"开放、信任、相互尊重和学习处于有效发展伙伴关系的核心,承认所有行为体的不同和补充性作用"。

小 结

发展中国家的发展问题,尤其是最不发达国家的发展问题,是当前国际社会面临的最严重的全球性挑战之一。在过去的十几年里,作为千年发展目标的第八项,全球发展伙伴关系是推动国际发展合作的重要行动方针。目前在面临《2030 年可持续发展议程》时,国际发展合作领域出现了很多深刻的变化,例如南南合作的发展壮大、新兴经济体与私营部门等新兴援助者的崛起等,这些都要求构建一个新型的全球发展伙伴关系,并且新的全球发展伙伴关系的构建和落实将是实现《2030 年可持续发展议程》的重要保障。G20 机制对于联合国体系下构建新型全球发展伙伴关系具有重要的补充作用,这与 G20 机制本身的特征相关,也与 G20 机制的有关理念与实践相关。

2016 年是《2030 年可持续发展议程》的启动之年,也是中国承办 G20 的峰会年。将两者有效结合起来,充分发挥 G20 的全球首要经济合作平台作用,不仅大大促进了可持续发展议程的落实,也进一步提升了中国在全球发展治理中的重要地位。在推进新型全球发展伙伴构建与落实上,中国正积极利用 G20 机制推进中国自身倡导的"更均衡的全球发展伙伴关系"与当前国际社会构建的"新型全球发展伙伴关系"的有效衔接,积极倡导设立新型全球发展伙伴关系执行和监督机制,努力树立中国的负责任大国形象。

第六章
全球移民治理的现状及发展趋势

　　G20 杭州峰会处于全球化发展的敏感时期,全球各地出现的逆全球化局面以及由此引发的民粹主义使得此次峰会笼罩在反全球化的阴影中。通过与会各国领导人及代表的努力,杭州峰会展现了国际合作的精神与领导力,与会各国承诺通过创新、新工业革命以及数字经济的发展推动全球经济的结构性改革,并通过加强多层面伙伴关系,支持发展中国家,提高技能和人力资本等跨领域行动来实现目标。这些共识的达成就是为了应对当前全球治理面临的各种制度缺失。全球移民治理作为全球治理机制的重要组成部分,尤其表现出其中价值缺失,权威分散,治理边界模糊以及责任主体缺位等治理难题。在此后的 G20 阿根廷峰会上,各方虽有分歧,但也有共识,都认为大规模难民潮对全球治理影响巨大,对采取共同行动从根源上解决问题和满足人道主义需求要高度重视,并同意在此后的峰会中继续开展对话。

一、全球移民治理的基本现状

　　全球化研究的代表性学者戴维·赫尔德指出,"有一种全球化形式比其他任何全球化形式都更为普遍,它就是人口迁移"[1]。可以毫不夸张地说,人口迁移问题决定着全球化进程的演变。只不过在过去,学界对全球化的研究重点更多地集中于政治、经济、文化乃至气候环境等领域,国际移民问题似乎得不到主流研究的重视。当然,移民问题早已存在,只不过在进入 21 世纪后,伴随着全球化的发展,全球移民出现了许多新的特征,也带来了许多新的挑战。移民与安全、发展、环境乃至文化认同等方面的复杂关系使得跨国移民已成为全球治理的新领域。

---

[1]　戴维·赫尔德著:《全球大变革:全球化时代的政治、经济与文化》,杨雪冬等译,社会科学文献出版社 2001 年,第 392 页。

按照国际移民组织(International Organization for Migration,简写为IOM)的定义,"国际移民"是指"离开本人之祖籍国或此前的常住国,跨越国家边界,为了定居性目的而永久性地或在一定时期内生活于另一国家的人"①。根据学者们的归纳,国际移民产生的原因基本可以分为政治、经济和社会三方面:政治原因通常是指受到政治压迫而导致的移民,经济原因主要是指为了获得更好的工作回报而产生的移民,社会原因则通常介于这两者之间,如为了家庭团聚等。

管理得当的移民无论对目的地国家的经济增长和创新,还是对来源地国家的减贫和发展都是强大力量,20世纪90年代中期,移民在不同的接受国一度被认为既可能是潜在的威胁,也可能是资产;而一些来源国视外流移民是一种损失并谋求补偿。2000年之后,出现了更加积极的移民观:移民不仅是无可避免的,而且可以是积极有利的;要让人的流动积极正面,就必须至少让利益攸关方(来源国、目的地国以及移民自己)均受益。越来越多的欧洲国家也开始逐渐改变对移民的看法,认识到移民作为资产的优势和价值。②

据联合国经济和社会事务部人口司"2017年国际移民报告摘要"统计,2017年全球移民数量达到2.58亿,比2000年时增加约7 500万人。其中,亚洲移民数量最多,增速也最快,其次是欧洲、拉丁美洲与加勒比地区及非洲。从增速上来看,21世纪以来国际移民呈现出波浪式增长,2000—2005年,国际移民存量年均增速2%,2005—2010年增速加快,达到了2.9%,2010年之后增速持续减缓,2010—2015年约为2.4%,2015—2017年降至2%,这反映出当今世界人口跨境流动依然强劲。不过,移民人数占总人口比重未见明显提高,2017年的国际移民数量约占全球总人口数的3.4%,比1990年时(2.9%)仅高出了0.5个百分点,但自2000年以来比例增速有所加快。③国际移民流向更加多元化,不仅是从发展中国家向发达国家流动(南北流动),发展中国家之间也有相互流动(南南流动),还有从发达国家向发展中国家的流动(北南流动)。不过,南北流动与南南流动是主要形式。相对于区域间国际移民,由于文化的相似性,地缘相近性等因素,区域内国际移民更为活跃频繁。2017年,67%的欧洲移民、60%的亚洲移民、60%的

① 李明欢:《国际移民的定义与类别——兼谈中国移民问题》,《华侨华人历史研究》2009年第2期,第2页。
② 左晓斯:《全球移民治理与中国困局》,《广东社会科学》2014年第5期,第186页。
③ 陈积敏:《当前国际移民现状与治理挑战》,《学习时报》2019年3月1日,第002版。

大洋洲移民与53％的非洲移民都属于区域内流动。尽管如此,国际移民的分布格局仍然表现出高度集中的特点,2015年大多数的(67％)国际移民生活在20个国家,其中美国占比最大,达到19％,这一现象到2017年没有发生明显改变。从移民人口占总人口比例来看,发达国家仍然明显高于发展中国家。2017年国际移民的64％生活在发达国家,生活在中低收入国家的为36％。与2000年相比,前者比重略有上升,而后者呈下降趋势。同时,高收入国家吸收了更多的新近国际移民,2000—2017年新增国际移民中的75％进入到高收入国家。国际人口流动存在不平衡性,发达国家处于净移民人口增长状态,而发展中国家处于移民人口的负增长状态。[①]

　　正如前文已指出的,移民现象并非全新事务,它始终伴随着人类社会的发展。传统上人们都认为移民对于输入国和输出国都具有正面的积极效应。联合国《2030年可持续发展议程》指出,国际移民作为推动经济和社会发展的积极力量,提供了一种机制来实现来源国和目的国劳动力市场的再均衡,通过侨汇促进了移民来源国的投资和生活水平提高,同时提升了新理念与新技术的全球性传播。根据世界银行的估算,低收入国家和中等收入国家官方记录的移民汇款收入2017年达到4 660亿美元,比2016年的4 290亿美元增长8.5％,包括高收入国家汇款收入在内的全球移民汇款总额2017年达到6 130亿美元,比2016年的5 730亿美元增长7％。这些资金积累了人力资本,如进行有效投资即可创造财富,对于移民目的国来说,可以通过外来移民解决本国劳动力短缺问题,也可利用外国智力带来创新。[②]

二、当前国际移民的发展趋势

(一)全球移民治理框架和制度性规范缺失

　　从全球层面而言,国际上并未形成统一的全球移民治理框架和制度性规范。1994年在开罗举行的联合国人口发展论坛被认为是移民由国内问题转向国际问题的转折点之一,它表明国际社会已经意识到国际移民治理的挑战性。但此次会议之后,全球性的国际移民会议就处于停滞状态,直到

---

① UN, *International Migration Report 2017*: *Highlights*, http://www.un.org/en/development/desa/population/migration/publications/migrationreport/docs/MigrationReport2017_Highlights.pdf.
② 路阳:《国际移民新趋向与中国国际移民治理浅论》,《世界民族》2019年第4期,第59页。

进入 21 世纪,各种全球性的国际移民论坛才开始增加。出现了如 2001 年的伯尔尼倡议(Berne Initiative)和国际移民论坛,2003 年的全球移民小组(Global Migration Group, GMG)和国际移民全球委员会(Global Commission International Migration, GCIM), 2006 年的联合国移民与发展全球论坛(Global Forum on Migration and Development, GFMD)等非正式机制。这些全球性的移民论坛通过会议议题吸引移民输入国和输出国参会,逐步把国际移民问题纳入全球议程之中。其中,联合国、国际移民组织、联合国难民署、国际劳工组织等正式机制成为全球移民治理的主要推动力量。[①]

从国际法来说,经过“二战”之后国际社会的共同努力,针对国际移民个人的权利与义务已经形成了一系列体现为国际条约的国际法律规范,相关法案包括宏观性的保障人权法案与微观性的各领域相关法案:宏观性的法案如《世界人权法案》《公民权利和政治权利公约》《经济、社会、文化权利国际公约》《消除一切形式种族歧视国际公约》《消除对妇女一切形式歧视公约》《儿童权利公约》等,微观性的特定领域法案如《保护所有移民工人及其家庭成员权利国际公约》《难民公约》《关于打击陆、海、空偷运移民的议定书》《关于防止、取缔和惩处人员贩卖特别是妇女和儿童行为的贩卖议定书》等。

尽管如此,国际社会并不存在通过规范的国际合作模式对人口跨境流动进行全面有序的移民管理机制。国家对移民的主权治理属性和脆弱的制度安排,致使管理国际移民的国际合作更难以实现,并延缓了处理各种国际移民问题的有效国际法律和规范性框架的发展。正如有学者所指出的,全球移民治理早已超出人口或经济的范畴,已不能仅通过国家移民政策有效管理或控制,国际移民领域更强的国际合作更有助于国家目标的实现。[②]

由于移民问题与安全、贸易、环境等全球跨国性问题相互关联,该领域的治理程度在全球治理体系中明显滞后于其他全球性问题。2017 年 2 月 3 日,联合国秘书长向联合国大会转递他的负责移民问题特别助理彼得·萨瑟兰的报告。报告中提出了以国家和移民之间、各国之间和国家与其他利益攸关方之间的承诺为基础的行动议程。这些承诺必须纳入国家与其公民之间更广泛的社会契约。该报告包括一项前瞻性的行动议程,并提出了通过国际合作改善移民管理的 16 项建议。同时提出的还有各国与利益攸关

① 郭秋梅:《全球化进程中的国际移民:特征、挑战与治理》,《八桂侨刊》2012 年第 2 期,第 49 页。
② Khalid Koser, "Introduction: International Migration and Global Governance", *Global Governance*, Vol. 16, No. 3, pp. 301—315.

方实现《2030 年可持续发展议程》与移民攸关的主要承诺必须处理的五个政策优先事项：管理与危机有关的流动并保护面临风险的移民；建立劳工和技术人才流动的机会；确保有序的移民，包括回返；促进移民的融入和发展；加强移民治理的能力。[1]

2016 年 9 月举行了联合国难民和移民峰会，与会各国通过了《纽约宣言》，该宣言旨在在移民和难民基本权利保护，难民重新安置及教育和就业机会等方面发挥作用。在此基础上，与会各方努力推动移民问题的全球契约文本于 2018 年 7 月在联合国相关会议上最终定稿，这是在联合国主持下，第一个以整体、全面的方式覆盖国际移民问题的所有方面且由政府间谈判达成的协议，作为国际社会有史以来第一份关于人口迁移的完整协议框架，2018 年 12 月的第 73 届联合国大会正式通过了《安全、有序和正常移民全球契约》（*Global Compact For Safe，Orderly And Regular Migration*，GCM），又称《全球移民契约》。各国通过政府间协议达成关于国际移民的共同认识、责任、目标、承诺和行动，提出了解决国际移民问题的全方位构想，形成了全面规范国际移民的框架，成为国际移民问题全球对话和国际合作历史上的里程碑。[2]

《全球移民契约》是首份全球层面旨在实现国际移民治理的综合性政府间协议，既展现了国际社会为了改善国际移民状况所作的努力和意志，也肯定了跨国移民为世界经济繁荣和可持续发展做出的巨大贡献。需要强调的是，该契约并非正式的国际条约，对各缔约方并无国际法的约束力，它是以灵活的方式和多样的形式进行运作，这使得契约更容易为世界各国所接受，也为未来制订具体可执行的正式国际法文本奠定基础。尽管如此，契约不具有法律约束力并不等于没有权威或者不能被执行。契约中的一些条款也将执行和审查作为目标和承诺。如第 40—42 段要求执行应按照愿景、指导原则、目标、承诺和行动，在全球、区域、国家和地方采取有效措施，通过加强双边、区域和多边合作，重振全球伙伴关系；第 43—47 段围绕支持执行，确定了联合国执行能力的建设、联合国与国际移民利益攸关者的伙伴关系、联

---

① 联合国：《秘书长的说明》，联合国官网：https://documents-dds-ny. un. org/doc/UNDOC/GEN/N17/002/20/ PDF/N1700220. PDF。

② Louise Arbour："Closing remarks at GCM：Statement by Louise Arbour, Special Representative of the Secretary-General for International Migration", 11 December 2018, https://www.un. org/en/conf/migration/assets/pdf/ GCM-Statements/closingremarksarbour. pdf。

合国移民网络、联合国秘书长关于执行情况的报告,推动移民问题国际对话的国家主导进程及全球和区域平台等机制、制度和平台的建立;第 48—53 段规定了后续行动和审查,采取国家主导的办法,在所有利益攸关方的参与下审查地方、国家、区域和全球在联合国框架内执行的情况,从 2022 年起每四届联大举行一次"国际移民问题审查论坛"以讨论和分享全球执行情况,从 2020 年起每四年一次邀请有关区域进程、平台和组织审查区域执行情况,每年邀请全球移民和发展论坛为执行情况年度非正式交流提供材料,鼓励各国尽快制定详细的国家行动计划。

近年来,由于世界经济复苏动能不足,全球化发展遭遇挫折,逆全球化现象涌现,一些发达国家的移民政策日趋收紧。尤其是作为国际移民头号输入国的美国,随着鼓吹民粹思潮的特朗普政府上台执政,其针对外来移民的政策明显收缩,例如以防止恐怖分子进入美国为名义发布禁止向七个伊斯兰国家普通公民发放签证的命令,建立更严格的难民背景审查机制以及大幅缩减接受难民的数量等。美国在 2017 年 12 月表示,不能支持一个可能破坏其主权的协议,因而决定退出《全球移民契约》的谈判和签署,这无疑严重缩小了该契约在全球层面的覆盖面。

在全球层面近年来另一个日益凸显的国际移民问题是难民问题。相对于主动性的人口迁移,难民(包括流离失所者)则是被动性的人口迁移。而且,妇女和未成年人在难民中的比例更大,这折射出难民问题的棘手性和敏感性。联合国早期通过的《关于难民地位的公约》和《关于难民地位议定书》是难民保护最重要的国际制度基础。据联合国难民署的统计,截至 2017 年底,全球难民总数达到 2 540 万人,比 2016 年增加 260 万人,创历史最高纪录。目前的国际难民保护机制缺少执行力与保障机制,反映出明显的外部依赖性与脆弱性。一方面,发展中国家是国际难民的主要安置者,世界十大难民安置国中有九个为发展中国家,其中有四个是最不发达国家,因它们的安置能力和经验有限,从而限制了国际难民保护的效率。据联合国难民署统计,发展中国家在 2017 年安置了经由其认定的难民总数的 85%,其中,土耳其、巴基斯坦和乌干达安置难民的数量都在百万以上。而全球范围内超过 2/3(68%)的难民来自五个国家:叙利亚、阿富汗、南苏丹、缅甸和索马里。[1]另

---

① UNHCR, "Global Trends: Forced Displacement in 2017", https://www.unhcr.org/dach/wp-content/uploads/sites/27/2018/06/GlobalTrends2017.pdf.

一方面,欧美发达国家在难民安置方面的态度总体消极。欧洲部分国家在面对"二战"之后规模最大的移民与难民潮时出现了严重破坏人权的行为。一些国家的政党还将移民与难民视为攫取政治权力的工具。在经济不景气,失业率居高不下、欧洲民众反移民情绪高涨的背景下,这些政党通过大肆渲染移民和难民危机对本国所造成的各种挑战来激起本国民众对现政府移民政策的不满,从而在选举中获得巨大民意支持。如德国右翼政党"德国选择党"在 2017 年 9 月大选中首次参选便成为德国第三大党,意大利民粹主义政党"五星运动党"在 2018 年议会选举中成为得票率最高的单一政党。[①]

(二) 区域间国际移民机制处于建构过程之中

从区域层面而言,相较于区域间国际移民,因文化相近,地缘相近等因素,区域内国际移民更为活跃和频繁,当今的国际移民也大多发生在各大洲内部。2017 年,67％的欧洲移民,60％的亚洲移民,60％的大洋洲移民以及53％的非洲移民都属于区域内流动。因此各大州从区域内部展开国际合作协调跨国移民事务显得更为迫切,而且区域层次的国际合作在一定程度上还能借助一些已有的区域合作机制,避免由于全球层面相关国际合作机制缺失而形成的障碍。

目前大部分区域性移民治理机制主要表现为两种形式:一是正式的区域一体化制度框架,如西非国家经济共同体、南方共同市场等。它们将实现区域内人员流动(部分)自由化作为市场机制建设的重要组成部分,并在一定程度上关照了移民权益。二是"区域协商进程"(Regional Consultative Processes, RCPs),主要包括游离于区域一体化机制之外的非正式政府间网络。相较于促进经济流动,区域协商进程更关注与移民有关的安全问题,尤其是对域外移民潮的管控。

不过,按照有些学者的观点,上述两种形式都存在着巨大的缺陷,从而无法提出协调一致的全球移民治理愿景。一些国家批评正式的多边主义治理模式缺乏效率,也无法对移民现实做出及时响应。而像 RCPs 这样的非正式治理模式虽然可以提高效率,但它不能促进具有包容性的全球移民治理,更要命的是,它代表着一种强化各国间现存权利不平衡的模式,即通过实力更强的国家或移民输入国根据自己的战略和策略系统地吸纳和排斥预

---

① 陈积敏:《国际移民的新形势及其安全挑战》,《现代国际关系》2018 年第 11 期,第 34 页。

期的伙伴国来巩固现有的不平等。类似的非正式网络在议程设定、共识构建、政策协作、知识生产与交换、规范设定与传播环节都显示出与权力的重要关联。

正是由于存在这些不足,有学者认为全球移民治理应该发展一种协调一致的诸边主义(coherent plurilateralism),即创设一种涵盖双边、区域和区域间制度的松散结构,以补充已有的多边主义制度。各国根据自身的偏好和权限以不同的进度和不同的轨迹有选择地参与制度化合作,即不同模式和不同治理水平共存,尝试打破网络治理的灵活性、效率与联合国体系提供的对于公平、权利和包容性之间的平衡。这种协调一致的诸边主义,源于一种双重认识:一方面,单靠非正式的跨区域的治理机制无法满足发展中国家和移民的权利要求;另一方面,纯粹的多边主义途径也许不够灵活,并不总是能够适时响应小国的特殊要求。[1]

欧盟在区域移民治理上选择的是实质性和正式化的治理方式。不仅通过构建申根体系实现了成员国公民之间的自由流动,而且建立起针对欧盟以外国家流亡者和劳工的共同移民政策。奠定欧盟基础的《罗马条约》明确规定欧洲内部劳动力可以自由流动。作为欧盟移民管理制度开端的《都柏林公约》,为庇护申请作出了明确的司法规定。《马斯特里赫特条约》修订了《罗马条约》,第一次对避难、签证和迁移政策进行解释,将移民政策制度化并列入欧盟协调司法和内政事务框架。《阿姆斯特丹条约》重组了司法和内政事务的合作项目,包括避难和难民政策领域的合作等,并提出移民政策合作,建立一个“自由、安全、公正的区域”。近几年为了应对拥入欧盟的叙利亚以及非洲难民,欧盟峰会不断推动移民政策的改革。但由于欧盟内部权力结构的不均衡,像难民配额政策主要是在欧盟内部大国主导下制定出台的,以维谢格拉德集团为代表的中东欧国家认为配额制损害了自身的国家利益,因此明确对该政策加以反对,从而使得欧盟难民配额政策的实施陷入了困境。所以在一体化程度最高的欧盟内部至今仍然没有建立一个共同的难民庇护体系和非法移民遣返政策,近几年也屡屡出现欧盟内部成员国因为拒绝接受非法移民(难民)从而造成人道主义灾难的新闻事件。[2]

---

[1] 左晓斯:《全球移民治理与中国困局》,《广东社会科学》2014年第5期,第188—190页。
[2] 聂晓阳、施建国:《联合国人权高专对欧盟对待难民和非正常移民的做法表示失望》,http://www.xinhuanet.com/world/2017-11/15/c_1121961004.htm。

亚太地区是仅次于欧洲的第二大国际移民地区,而且近些年大量因为国内战火或政局动荡引发的国际难民也来自亚太地区,如叙利亚、阿富汗和缅甸等。亚太的移民区域治理机制以 1999 年的《曼谷宣言》为标志,可以分为前后两个阶段。《曼谷宣言》指出国际移民问题尤其是非法移民问题已经成为亚太地区大多数国家应该关注的涉及经济、社会、人道主义、政治和安全的问题。因此,应在更广泛的区域框架内加强对非法移民问题的治理。该宣言是 2000 年之前亚太地区应对非法移民问题、构建区域合作机制的标志性成果。

《曼谷宣言》之前,亚太地区还有两个区域治理机制,一个是 1996 年启动的关于东亚和东南亚非法移民尤其是人口贩卖的地区研讨会,即马尼拉机制(Manila Process),另一个是同年启动的"亚太难民、流离失所者和移民问题政府间磋商机制"(The Intergovernmental Asia-Pacific Consultations on Refugees, Displaced Persons and Migrants, APC)。进入 21 世纪之后,亚太国家加快了区域移民治理的步伐:2002 年组建了亚太关于偷渡人口、贩卖人口和相关跨国犯罪问题的"巴厘岛机制";2003 年成立了有关亚洲劳工移民问题部长级协商会议的"科伦坡机制";2008 年在阿布扎比,科伦坡机制参

表 6-1 亚太地区移民治理的区域磋商机制

机制名称	建立时间	现有参加者	目 标	组织结构	进 展
马尼拉机制	1996 年	16 个参与国,以及中国香港地区	东亚和东南亚的非正规移民和人口贩卖的治理	国际移民组织承担秘书处角色	1996 年至 2000 年间举行了 4 次会议,现处于停滞期
亚太难民、流离失所者和移民问题政府间磋商机制	1996 年	34 个参与国,以及中国香港地区和澳门地区、3 个参与组织	亚太难民、流离失所者和移民问题的治理	设立轮值主席国,APC 秘书处	每年举行一次全体大会
巴厘岛机制	2002 年	41 个参与国、19 个观察员国、13 个观察员组织,以及中国香港地区和澳门地区	亚太关于偷渡人口、贩卖人口和相关跨国犯罪问题的治理	国际移民组织和联合国难民署承担秘书处角色	至今召开 5 次部长级会议
科伦坡机制	2003 年	11 个参与国、11 个观察员国、13 个观察员组织	亚洲劳工移民问题的治理	国际移民组织承担秘书处角色	至今召开 4 次会议
阿布扎比对话机制	2008 年	20 个参与国、7 个观察员国、1 个观察员组织(欧洲委员会)	亚洲国家临时性劳工问题治理,增加国家对移民与发展的认知	暂无	至今召开 1 次会议

与国和海湾国家召开了一次部长级会议,即"阿布扎比对话机制",该会议重点关注亚太区域内和区域外的合同劳工和海外雇佣协商问题。这些移民区域治理机制最初关注的是非法移民尤其是人口偷渡和贩卖问题,难民救助问题,之后开始强调对移民工人权利的保护与协商。

目前的亚太移民治理区域磋商机制体现了以"软机制"化为核心的特征:首先是参与的开放性与议题的专门性。"开放性"指的是不设立门槛,愿意参与到磋商机制中的国家、地区以及国际组织都能获得批准,还积极鼓励非政府组织参与其中,使这些机制的参与者呈现出广泛性特征。"专门性"主要涉及两方面,整体来看,与其他现有机制相比,这些磋商机制主要针对"移民问题",会议讨论的议题选择相对固定;具体而论,为避免重复,每个机制限定在不同的移民问题上,如难民、移民劳工、人口贩卖和偷渡等相关议题。其次是机制的非正式性与平台性,不以达成具有约束力的规范为目的。这些区域磋商机制组织架构相对松散,并无明确的固定会议时间,也不要求参与者缴纳会费,国家把这些机制视为交流与沟通的平台,会议通过的"声明""宣言""公报"等常以谅解备忘录的形式存在,不具有法定约束力,只是反映成员国之间政治共识的文件,只具备道德和政治上的引导作用。最后是机制发展的不平衡性。马尼拉机制处于停滞状态,阿布扎比对话也只是起步,APC 和巴厘岛机制发展较快,参与者数量较多,类别相对多样,组织机构相对完善,会议层次规格较高,机制发展大致经历了"论坛、行动计划和执行进程、协定"三个层次。①

虽然是"软机制",但国家参与之后对待移民问题有了一些变化,而且这些机制进一步推动了区域内与区域外国家之间的沟通与合作,随着时间的推移,亚太区域磋商机制已经在亚太国际移民治理问题的实践过程和理念建构中发挥了积极的作用。首先,增强了国际社会对移民者权利的保护意识和促使国际社会采取相关措施保障移民者的权利。尽管移民有合法与不合法之分,但应该承认移民者的基本权利。其次,提高了参与国的移民治理能力。区域磋商机制涵盖了移民及其国家政策信息的收集、储存、统计、传播及出版等方面,弥补了有关数据的不足。这些磋商机制均是应国家请求为国家提供移民信息服务,有专门的网页和与移民相关信息的数据库,参与国如果遇到类似问题可以利用该数据库,拥有相对充分的数据为国家制订、

---

① 郭秋梅著:《国际移民组织与全球移民治理》,暨南大学出版社 2013 年版,第 143—145 页。

执行和评估本国的移民政策提供了科学依据,进而有助于增强移民问题治理的有效性和提高本国整体的移民治理能力。再次,促进参与国对国际移民法规的理解与支持。并非所有亚太国家都批准了现有的一系列国际移民法案,各区域有很大差异性,各国都是根据自身国家利益来决定是否加入某项特定条约,但区域磋商机制会有助于未批准条约的相关国家加深认识,为未来真正批准条约创造良好的条件。例如,正是专门针对人口偷渡和贩卖问题的巴厘岛机制在 2002 年的启动,促使相关参与国加入了之前他们并未加入的国际协议。最后,通过区域互动逐步增加本区域国家及相关地区间的共识与互信。通过区域磋商机制各层次会议的努力,为相关参与国达成共识提供了条件,各国认识到通过国际合作符合自身的利益,加强了对移民问题的共同理解。

虽然亚太区域磋商机制在处理国际移民问题上已经取得了不少成就,但仍然面临着不少制约性因素:首先是该机制自身的局限性。缺乏足够的资源保障该机制的可持续运转,依靠国际移民组织和联合国难民署来帮扶存在很多不确定性。机制本身组织结构松散,仍然属于较低层次的区域合作。其次是亚太移民问题结构的复杂性。无论是移民劳工,人口贩卖,还是偷渡、难民,这些具体问题也都存在差异,需要区别对待。亚太地区面积广袤,各国发展程度不一,制度化水平也高低有别,再加上一些地缘竞争的敏感因素,使得不同国家在对待移民问题上利益复杂,难以协调。最后是国际移民问题的主权属性。国际移民问题的属性,不仅是各移民问题本身具有的异质性,最根本的是国际移民问题的主权属性。不管是从经济学角度分析国际移民迁移动因的理论,还是从社会学或人类学视角分析移民迁移动因的学说,都缺失从政治学角度探讨国家如何影响移民取向、规模以及类型。事实上,移民者迁徙的意愿能否实现,与相关国家的移民政策有直接关系。国际移民的迁徙不可能规避国家的主权属性,采取减少移民人数政策的国家比例一直在增加,在这种背景下,亚太区域磋商机制推动移民问题治理的空间受到挤压。[①]

(三)各国国家移民政策需要协调

从国家层面来看,虽然无论是全球抑或是区域层面都已经在国际移民

① 郭秋梅:《亚太移民区域磋商机制与国际移民问题》,《南洋问题研究》2013 年第 4 期,第 73—75 页。

治理问题上取得了众多的进展,但正如前文所示,各种治理措施的最终具体执行还得依靠各个国家来落实。从这个意义上说,国家层面的移民政策才是当今乃至未来相当长的一段时间内真正验证全球移民治理机制效能的基础。

据联合国经济和社会事务办公室 2019 年公布的最新数据显示,排在全球前三位的移民输入国分别是美国、德国和沙特阿拉伯,移民输出国是印度、墨西哥和中国,全球前十大移民输入国接纳了近一半的全球移民,其中美国接收了 5 100 万人,占移民总数的 19%。从地区来说,欧洲接收的移民人数最多,达到 8 200 万人,其次是北美,接收了 5 900 万人。由于篇幅原因,下文主要分析近年来美国、德国和中国移民政策的一些变化。

"二战"以后对美国移民政策影响最为深远的当属 1952 年国会通过的《移民与国籍法》,该法是美国移民法律的基本框架,虽然此后经过数次修改,但仍然是现行美国移民法律的基石。该法初期继承了对来自东半球国家移民实行的国籍来源限额制,而对西半球移民不加限制的政策传统,这一内容在美国引起巨大争议,但直到 20 世纪 60 年代,美国国内的政治气氛与社会舆论才真正对修正移民法有明显倾向性,民众普遍认为国籍来源体系与种族歧视无异,时任美国总统肯尼迪也指出,"继续推行民族来源制度无论在逻辑上还是理性上都没有根据,它既没有满足国家的需要,也没有达到国际目的。在一个各民族相互依存的时代,该制度是个时代的错误,因为它对要求进入美国的人根据出生的偶然性而加以歧视"。[1]1965 年通过了《移民与国籍法修正案》,正式废除了以国籍来源为基础的配额制度,建立了以家庭团聚与技术移民为基础的移民优先体系,结束了美国移民立法中的制度性种族主义。这一修正案对于此后半个多世纪的美国人口结构产生了深远影响,1965 年到 2015 年,美国人口总数从 1.93 亿增加到 3.24 亿,其中新移民及后裔占人口增长总数的 55%,从移民种族构成上来看,该修正案通过以来,来自亚洲和拉丁美洲的移民而非欧洲的移民占据主流。

此后,美国又陆续颁布了诸如《难民法》《移民改革与控制法》《合法移民改革法》《非法移民改革和移民责任法》等法规,加强对难民以及非法移民等方面的管控,但总的来说仍然保持了较为宽松的移民准入门槛。但此后的"9·11"恐怖袭击引发美国国内民众对移民造成的安全负面影响的担心,促

---

① 丁则民:《美国建国以来移民政策的发展变化》,《湖北大学学报》(哲学社会科学版)1997 年第 2 期,第 74 页。

使美国开始逐渐提高移民准入门槛,尤其是特朗普政府上台以来,美国在移民政策上愈加保守,带有强烈的民粹主义和排外主义色彩,不过由于国会内部激烈的政治斗争,并未通过立法推动系统的移民制度改革,而不得不依靠行政权力推行相关政策。具体而言包括三方面:首先是严格限制部分伊斯兰国家的公民入境。在特朗普上任当年,就连续三次出台针对伊朗、利比亚、索马里、也门、叙利亚等伊斯兰国家公民的入境限制令,并暂停接收叙利亚难民。此后又将朝鲜和委内瑞拉加入限制名单,以此冲淡专门针对伊斯兰国家的歧视性色彩。其次,大规模搜捕和遣返拉丁美洲非法移民,并力推美墨边境墙建设。美国境内的大规模非法移民是历史原因造成的,主因是美国和拉丁美洲的移民输出国经济和社会发展水平差距太大,这些非法移民对美国而言是双刃剑,一方面,他们大多从事普通美国人不愿意干的苦活累活,促进了美国经济发展,同时又因为工资和福利要求低深受雇主欢迎;另一方面,这一群体占用公共设施,对美国中小劳动者造成冲击,部分非法移民从事各种犯罪活动,恶化了美国的社会治安状况。特朗普正是抓住了白人保守派以及中低收入阶层对非法移民的种种不满,开始严厉打击非法移民,包括建墙,取消对"庇护城市"的联邦资助,大规模增派边境执法力量,加大对非法移民的搜捕和遣返。最后,试图改革绿卡抽签制度及减少合法移民的数量。目前美国每年吸收的大约 110 万合法移民中,大部分(66%)是"家庭团聚"类移民,22%是难民,只有 12%是技术移民,特朗普政府宣布逐步采用择优积分制度取代发放绿卡的抽签制,以取消以家庭团聚为主的移民制度。根据该计划,57%的绿卡将发放给既有技能又有工作机会的人,同时大幅减少家庭团聚类人员及难民的绿卡和签证发放量。

总的来说,特朗普政府的移民政策有极端的一面,但在美国国内也得到相当比例的民众支持,表明相关政策存在一定的社会基础。短期来看,有利于特朗普本人巩固其在中下层选民中的选票基本盘,长期来说,还能遏制拉丁美洲裔人口增速过快的局面,维护白人主导地位。但从本质上而言,由于美国是天生的移民国家,这些短期的政策变化并不会从根本上改变美国立国以来一以贯之的移民政策内核,即美国始终需要吸引和借助外部人才来发展自身。[1]

与传统的移民大国如美国、加拿大不同,德国长期以来实行的都是紧缩

---

[1]　张文宗:《美国特朗普政府的移民政策及其影响》,《当代世界》2019 年第 11 期,第 62—64 页。

的移民政策。进入 21 世纪以后,随着德国老龄化加剧,出生率降低,国内出现了劳动力短缺和技术人才流失等状况,德国政府开始对移民政策做出调整,如制定实施了一系列旨在引进外国专业人才的技术移民政策。从移民来源国而言,欧盟内部移民始终占据绝大多数,但出于人道主义和政治原因,德国还接收了大量经济难民、战争难民和政治庇护者,2013 年,德国接收了 11 万难民申请,总数超过美国成为全球第一。截至 2017 年年底,德国接收的难民总数位居欧盟各国之首,接近 140 万人。

不过,随着 2015 年欧洲难民危机的发酵,德国国内原先对待移民与难民的宽松氛围发生了明显变化,德国另类选择党利用该议题迅速发展壮大,迫使德国政府不断修正"欢迎文化"理念指导下的难民移民路线,从 2016 年开始,德国政府开始逐步收紧难民政策。例如,从 2016 年元旦开始,德国就开始采取行动遣返没有有效证件和无意长期在德国居住的难民,此后不断出台新的限制入境法令并对已经入境的难民进行更严格的管理,具体表现为五个方面:第一,从 2018 年开始设定了接收难民的上限,规定每年接受的难民人数不得超过 18 万—22 万的浮动区间。[1]此后,德国政府又宣布开始实行限制前往德国团聚的难民家属人数的新政,而且,难民家属身份也受到严格限制,只有配偶、未成年子女和未成年子女的父母被允许到德国与家庭成员团聚。[2]第二,加快被拒难民的遣返及自愿离境,同时通过发放安家费、提供单程机票等形式鼓励难民回到相对安全的来源国。第三,提高避难申请的审理效率。第四,加强边境管控。第五,争取增加安全的来源国。

总的来看,德国对待难民的态度经历了从谨慎到开放再到逐步紧缩的过程,不过,由于德国国内总体社会稳定,经济发展仍然保持健康活力,尤其是面临巨大的劳动力缺口,预计到 2030 年德国将会有 500 万个岗位空缺。[3]因此德国移民政策的总基调仍然是积极而开放的。据一项对德国中层民众的民调显示,虽然受访民众对难民持负面态度的比例在难民危机爆发后呈现不断上涨的态势,但仍有近一半的受访者对难民的态度是较为中性或正面的。

---

① 郭婧:《德国与欧盟在当前难民危机应对上的政策调整及其挑战》,《德国发展报告 2019》,社会科学文献出版社 2019 年,第 148 页。
② 人民网:《德国将严格限制难民家庭成员来德团聚》,http://world.people.com.cn/n1/2018/0616/c1002-30063283.html。
③ 凤凰网:《德国面临巨大劳动力缺口》,http://finance.ifeng.com/a/20180508/16251227_0.shtml。

中国总体而言并非移民国家,因此移民问题至今尚未被提升到国家战略层面,这与中国对移民与国家发展的总体认识理念相对落后有关。改革开放以后,中国国际移民(包括移出移民和移入移民)的数量、流向、结构和频率都发生了深刻变化。无论是普通中国公民出国经商或从事劳务活动,还是越来越多的外国人来华从事商贸或旅游活动,与中国有关的跨国人口迁移规模日益扩大是总体趋势。

据国际移民组织和美国皮尤中心的统计,中国的外迁移民从 1990 年排名世界第七位的 410 万人,到 2019 年上升到第三位的 1 100 万人,其中以投资移民、技术移民和留学人员为主的外迁移民越来越多地引起国家决策层的高度重视,需要多方调研之后争取出台相应的政策以留住资本、技术和人才,同时也要加强对已经移居国外移民的权利保护。华侨华人与中国的海外移民是两个既有联系又有区别的概念。[①]有学者认为,华侨群体属于国际移民的范畴,华侨华人群体中在当地国出生的华裔则不属于国际移民,同时,留学生和外派劳务人员(满足留学或劳务一年以上)应该属于国际移民。[②]

随着中国国际影响力和经济实力的增长,中国接收的国际移民数量也日益增长,人数从 1990 年的 37.64 万上升到 2017 年底的 99.95 万。根据联合国的数据显示,中国接收国际移民的来源国主要有韩国、巴西、菲律宾、印度尼西亚、越南、美国、泰国、秘鲁、英国和印度等,这些国家占来华移民数量的一半以上。从国际移民占一国人口总数的比例来看,2017 年全球国际移民平均占比为 3.4%,发达国家和地区为 11.6%,发展中国家平均水平为1.8%,最不发达国家为 1.4%,虽然中国来华国际移民数量近些年日益增多,但由于中国总人口基数过大,来华国际移民占总人口比例仅为 0.1%,仍然处于全球较低水平。[③]

随着移民与难民问题成为影响世界政治稳定和经济繁荣的重要因素,中国政府也积极承担相应的大国责任,参与全球移民治理的国际合作。中国已经与 40 多个国家开展了打击非法出入境活动的合作,积极参与了亚太难民、流离失所者及移民问题政府间磋商机制(APC)、巴厘岛机制、科伦坡

① 根据国务院侨务办公室发布的《关于界定华侨外籍华人归侨侨眷身份的规定》,华侨是指"定居国外的中国公民",外籍华人是指"已加入外国国籍的原中国公民及其外国籍后裔;中国公民的外国籍后裔",归侨是指"回国定居的华侨",侨眷是指"华侨、归侨在国内的眷属"。
② 张秀明、密素敏:《国际移民的最新发展及其特点——兼论国际移民与华侨华人的概念》,《华侨华人历史研究》,2014 年第 3 期,第 7—8 页。
③ 路阳:《国际移民新趋向与中国国际移民治理浅论》,《世界民族》2019 年第 4 期,第 66—67 页。

机制和湄公河次区域反拐问题部长级倡议等地区磋商机制活动。2008年，中国外交部和国际移民组织正式启动"中国移民管理能力建设"合作项目。2016年6月，中国正式加入国际移民组织，成为该组织第165个成员国，双方围绕移民领域的合作取得了新的进展，也开启了中国参与国际移民治理与合作的新篇章。

2016年9月，国务院总理李克强出席联合国首届难民和移民问题首脑峰会，系统阐述了中国政府的官方立场和政策举措。他指出，难民和移民问题关乎世界和平与发展，影响地区稳定，国际社会必须积极加以应对。难民和移民问题会引发人道主义危机，国际社会要切实对难民施以援手，需要加强国际合作，在联合国框架下，制订和实施全面系统的解决方案。应在考虑历史和现实的情况下解决难民问题，充分发挥联合国难民署、国际移民组织等机构的系统作用，同时来源国自身的努力和责任承担也十分必要。在解决难民大规模流动问题上，中国作为发展中大国，愿意承担与自身能力相适应的责任。[①]

也许正是因为中国传统上就不是移民国家，再加上来华国际移民占中国总人口比例在国际上也处于很低的水平，中国对外来移民的政策管理基本上是建立一套以出入境管理为主的外国人管理体制。虽然近年来也大幅放宽入境限制，不断创新外国人管理模式，但以管制为主的出入境管理体系并未发生改变。这种放宽是工具性、选择性的，主要目的是鼓励理想型移民（如外国专家、高级技术人员等）的迁入，而对于非理想型移民的迁入仍然严格限制，从而形成了鼓励高端、控制一般、限制低端，严打"三非"（非法入境、非法居留、非法就业）的管理体制。

新形势下，中国的外来移民面临着不少新挑战。第一，外来移民人口日益复杂。随着中国经济的发展，来华外国人呈现出身份复杂、层次多样、流动性高、异质性强等特点，各种三非移民有增无减。由于全球化和信息流动的即时便捷性，这种多样性和复杂性进一步加大了中国掌握外来移民基本情况的难度。第二，外流移民小社会正在形成，加深了社会隔阂。不少中国大城市都已经出现规模大小不等的外国人聚居区，甚至形成了自给自足的移民小社会，这些聚居区具有较强的封闭性与排他性，对中国的社会治理带来

---

① 《李克强在第71届联大解决难民和移民大规模流动问题高级别会议上的讲话》，中国政府网，http://www.gov.cn/xinwen/2016-09/20/content_5109857.htm。

了巨大挑战,甚至形成国家安全的隐患。第三,三非移民及违法犯罪不断增加,地方治理陷入困境。第四,外来移民维权意识越发强烈,而相关制度建设滞后。外来移民聚居区的增多表明中国的外来移民社会正在构建,而国内无论是国家层面还是地方实践,都尚未对这些新需求和新现象给予及时和正面的回应。如中国官方仍然没有"移民"概念,中国绿卡的制度门槛也过高,有些外国人已经在中国连续居住十多年甚至更长时间,但仍然拿不到绿卡。目前出台的很多新政策仍然是针对高端移民,一般移民很少从中获益。

随着 2018 年中国正式组建国家移民管理局,标志着中国开始构建符合现代化治理理念的国际移民治理体系。移民管理局作为公安部管理的一个国家局,同时加挂出入境管理局的牌子,主要职责包括:协调拟定移民政策并组织实施,负责出入境管理,口岸证件查验和边民往来管理,负责外国人停留居留和永久居留管理,难民管理,国籍管理,牵头协调"三非"外国人治理和非法移民遣返,负责中国公民因私出入(国)境服务管理,承担移民领域国际合作等。正如有学者所指出的,国家移民管理局的建立,将有效统筹规划和管理中国的国际移民发展事务,有效推动中国国际移民管理与世界移民管理的系统化对接。[①]

按照国内有些学者的建议,需要从国家、社会、地方和移民自身四个层面来建设这一现代化移民治理体系:从国家层面而言,要通过促进中国外来移民治理体系与世界接轨,建立完善的国际移民法律法规体系,并完善外来移民治理制度、体制和机制,从而构建法制治理体系;从社会层面而言,主要是依托各种社会组织或志愿团体的力量,通过提供服务或文化交流的方式来促进外来移民管理和社会融合;从地方层面来说,则要整合资源与创新治理。包括需要地方政府成立专门的移民管理机构,搭建多功能服务和交流平台(例如目前上海和义乌都成立了外来移民"一站式"服务中心),同时还要提高专业水平,加强对三非移民及违法犯罪活动的打击力度;从移民自身来说,则要互相嵌入与借力治理。及将更多外来移民纳入当地公共事务及外来移民治理体系中来,借助外来移民群体本身的力量,更多地促进他们在中国社会的有序融入。[②]

---

① 王辉耀、苗绿:《国家移民局:构建具有国际竞争力的移民管理与服务体系》,中国社会科学出版社 2018 年版,第 200 页。
② 吕红艳、郭定平:《全面构建外来移民治理体系——新时代中国国家治理的新课题》,《国家治理》2018 年第 29 期,第 31—38 页。

第七章
杭州峰会与 G20 机制转型

　　作为世界上最大的发展中国家,同时也是"G77＋中国"的成员国,中国比任何一届 G20 峰会的主席国都更加重视发展议题。发展理念贯穿于杭州峰会主题议题和成果设计的始终,是峰会筹备的一条鲜明主线,也是峰会的一大亮点和重点。在 G20 杭州峰会上,发展议程实现了 G20 历史上的两个"第一次":第一次就落实联合国 2030 年可持续发展议程制定行动计划,第一次把发展问题融入 G20 的整体框架,实现发展议题在 G20 治理中的主流化。[①]

　　G20 要完成从危机应对机制向长效治理机制的转变,就必须在机制的中长期目标、政治合法性以及执行力等要素方面得到有效提升,而联合国 2030 年可持续发展议程作为一个为期 15 年的具有普遍性和富有雄心的全球发展目标,恰好可以为 G20 的机制转型提供这些长效治理的要素。在 G20 推动落实《2030 年可持续发展议程》的过程中,G20 发展工作组需要发挥更大的作用,实现从单一的工作组向发展动力源的转变,同时加强与 G20 其他工作组的协调,关注发展领域各个工作组之间的政策一致性,使得发展元素广泛渗透于 G20 的各项议题和各个工作组的讨论当中,因而重点是如何加强 G20 发展工作组与其他工作组之间的协调。

一、G20 为什么要引入《2030 年可持续发展议程》?

　　在 2008 年国际金融危机的推动下,G20 机制实现了从财长会议向领导人峰会的转变,正在朝着"国际经济合作首要平台"的方向发展。但不容忽视的是,G20 机制至今仍保留着危机应对的特征。在宏观经济政策协调议题上,G20 主要讨论成员国短期的财政货币政策,而在成员国政策分化严重的情况下,政策协调的效果明显下降。在全球经济治理体系改革议题上,相

---

① 王毅:《力争打造杭州峰会十大成果》,参见:http://www.g20.org/dtxw/201605/t20160527_2285.html。

较 2008—2009 年而言,当前发达经济体改革治理体系的意愿大大下降,目前只能选择在一些技术性较强的领域非常缓慢地推进改革,例如监管影子银行、打击国际逃避税等。在这种背景下,如何打破 G20 只在金融危机时有效的"魔咒",实现 G20 从危机应对向长效治理的机制转型,成为 G20 机制发展亟须破解的难题。

引入联合国《2030 年可持续发展议程》或许能够有效地帮助 G20 实现机制转型[1]:首先,2030 议程可以为 G20 设立一个新的中长期目标,克服 G20 的"迷失感"。在金融危机时,G20 的目标很明确,那就是避免世界经济重回 1929—1933 年的大萧条,正是这种共同的"恐惧感"使得 G20 国家有了共同的目标指引,协调一致地采取了巨额的经济刺激计划。[2]在金融危机过去 8 年之后,共同的恐惧感已经不复存在,成员国各自为政,政策分化明显,短期利益盖过了长期利益。而 2030 议程是一项普遍的议程,涵盖发达国家和发展中国家要共同实现的可持续发展目标,G20 国家作为世界主要的经济体,应发挥引领作用,带头落实 2030 议程,为大力促进世界经济长期稳定增长,实现可持续发展目标提供坚实基础和有利条件。

其次,2030 议程可以为 G20 成为全球经济长效治理机制带来"政治合法性"。尽管 G20 国家的 GDP 占全球 85％,人口占 2/3,但 G20 始终无法摆脱一个质疑:即凭什么世界上 20 个主要的经济体就能决定世界经济的所有大事? 在金融危机的时候,只要主要经济体能够带领大家走出危机,合法性不成问题,但在后危机的长效治理中,一些中小国家一直在抱怨 G20 是"经济大国俱乐部"。而 2030 议程是联合国大会通过的全球发展议程,几乎世界上每个国家都参与了该议程的制定,因而具有很高的政治代表性。如果 G20 用 2030 议程作为自己的目标,强调大国的作用只是体现在帮助大家实现共同制定的目标上,大国并不谋求特权,只是具有更大的国际责任,这样 G20 成为"国际经济合作首要平台"的合法性就会得到更多认可。

最后,2030 议程为增强 G20 执行力提供机构支撑。决策效率和执行能力低下是近年来制约 G20 机制转型的一个突出难题。G20 从本质上讲是一个非正式国际机制,或者说只是一个论坛,没有法律条约作为基础,也没

---

①　张海冰:《试析 G20 在联合国 2015 年后发展议程中的角色》,《现代国际关系》2014 年第 7 期,第 44—51 页。

②　关于"共同利益困境"与"共同失利困境",参见:Lisa Martin, "Interests, Power and Multilateralism", *International Organization*, Vol.46, No.4, 1992, pp.765—792。

有常设秘书处提供机构支撑。在 G20 会议上达成的共识,很难通过一个常设机构来进行落实,容易出现"以会议落实会议""以文件落实文件"的局面,这也是导致为什么近年来每一任 G20 的轮值主席国发表的文件大有"一届盖过一届"的势头。而 2030 议程是一个涵盖 17 项目标、169 项具体目标的具体行动议程,每项议程都有相应的联合国机构或其他国际机构在负责落实。[①]G20 如果介入这些机构的落实工作,一是能为这些机构提供"政治推动力",毕竟 G20 国家是世界主要的经济体,在这些国际机构的投票权和话语权中占据着绝对的优势;二是能以身作则,带头配合这些机构的工作,通过制定本国的 2030 议程落实国别计划,形成大国示范引领、各国竞相落实的良好局面;三是这些机构也会为落实 G20 会议的共识提供相应的人力、物力和财力保障,从而有效提高 G20 的执行力。

总体上看,2030 议程为 G20 机制转型提供了重要战略机遇,使得 G20 在中长期目标、政治合法性以及机构支撑等方面都具备了长效治理的基础,但究竟如何才能在 G20 治理中引入 2030 年可持续发展议程呢? 或者说,G20 该如何在落实 2030 议程中发挥更大作用呢? 一方面,作为 G20 中专门负责发展问题的工作机制,G20 发展工作组(Development Working Group,简称 DWG)需要发挥更大作用,从一个发展问题的"工作组"转变成为推动 G20 更加关注发展问题的"动力源"(Policy Resource for Development across the G20),另一方面,发展工作组还要推动 G20 其他工作组更加关注可持续发展问题,加强 G20 各个工作组之间的协调和政策一致性,实现可持续发展议程在 G20 治理中的主流化。

二、落实《2030 年可持续发展议程》 与 G20 发展工作组的作用

自多伦多峰会授权建立以来,发展工作组就强调 G20 的发展议程要与其他国际发展议程"补充但有区别"(complementary but differentiated):一方面,G20 的发展议程以促进低收入发展中国家的经济增长作为主攻方向,这与 G7 和 OECD 的发展议程以官方发展援助(ODA)为核心,多边开发银行发展议程以发展融资为核心相区别;另一方面,G20 的发展议程

---

① 张春:《中国参与 2030 年议程全球伙伴关系的战略思考》,《国际展望》2015 年第 5 期,第 112—127 页。

要帮助发展中国家尤其是低收入发展中国家实现联合国制定的全球发展目标,对捐助国、联合国系统、多边开发银行和其他国际发展机构的努力形成补充。

正是在这样的指导思想下,2010 年 G20 首尔峰会通过了《分享增长的首尔发展共识》和《跨年度发展行动计划》,设定了发展工作组开展工作的 6 点指导原则和 9 大行动支柱。[1]其中,6 点原则分别是聚焦经济增长、加强全球发展伙伴关系、关注全球或区域系统性问题、推动私营部门参与、发挥 G20 比较优势和成果导向;9 大行动支柱是基础设施建设、私营部门投资和就业、人力资源开发、贸易、普惠金融、抗风险增长、粮食安全、国内资源动员和知识共享。2012 年洛斯卡沃斯峰会将绿色包容性增长纳入其中,使发展工作组的行动支柱扩展为 10 个。

2013 年《圣彼得堡发展展望》[2]和 2014 年《布里斯班发展更新》[3]继承了"首尔发展共识",但对发展工作组的"行动支柱"进行了精简和优化,集中在基础设施、粮食安全与营养、普惠金融与侨汇、人力资源开发、国内资源动员 5 个领域。值得强调的是,虽然发展工作组在这五个领域里已取得了突出的成果,但仍然只是作为 G20 下属的一个工作组在推动发展议程,而 G20 下属的其他工作组实际上也在推动着全球发展议程,例如能源可持续工作组讨论非洲能源的可及性问题,这就导致发展工作组与 G20 其他工作组之间在发展问题上存在着一定的重复性和不一致性。

2015 年安塔利亚峰会通过了《G20 和低收入发展中国家框架》,[4]标志着发展工作组从一个单独的工作组开始转型成为 G20 发展问题的动力源。它将发展融入 G20 的整体框架中,并划分为三个主要方面:支持国内发展资源、促进经济增长、提升包容性和机会平等。

在支持国内发展资源方面,目前,低收入发展中国家面临着一系列税收方面的挑战:如税收政策不完善、税收征管能力不强、偷税漏税严重、税基狭窄、税收与公共财政支出没有形成良性互动以及非法资金流动严重等。针对这些挑战,OECD、IMF、世界银行已经向 G20 发展工作组联合提交了《支

① "Seoul Summit Document", http://www.g20.utoronto.ca/summits/2010seoul.html.
② "Saint Petersburg Development Outlook", http://www.g20.utoronto.ca/summits/2013stpetersburg.html.
③ "Growth for All: 2014 Brisbane Development Update", http://www.g20.utoronto.ca/summits/2014brisbane.html.
④ "G20 and Low Income Developing Countries Framework", http://www.g20.utoronto.ca/summits/2015antalya.html.

持发展更高效的税收体系》报告,就 G20 如何在税收领域提高领导力和政治支持提出建议,尤其是在"税基侵蚀和利润转移"以及"税收情报自动交换"方面。在税基侵蚀和利润转移项目上,G20 发展工作组正在推动发展中国家以平等身份参与到规则的制定和落实中来,并要求 OECD 等国际组织开发新的政策工具以帮助发展中国家落实新的税收规则。在税收情报自动交换项目上,G20 采纳了 IMF、世界银行等联合提出的"税收征管诊断评估工具"(Tax Administration Diagnostic Assessment tool)以及 OECD、UNDP 联合提出的"无国界税收稽查员"(Tax Inspectors without Borders)倡议,帮助发展中国家参与税收情报的全球自动交换。另外,帮助发展中国家提高税收征管的能力建设也是发展工作组在税收领域的一项重要关切。

在促进经济增长方面,加强基础设施建设将会有效地促进经济增长、增加就业、提高经济竞争力并减少贫困。目前,全球约有 7.5 亿人缺乏干净的饮用水,约有 10 亿人没有全天候的公路,而要缓解这一基础设施建设的困境,大约需要每年额外投入 1 万亿美元,尤其是需要动员更多的私人部门进行基础设施建设的投资。为此,G20 发展工作组采取了一系列措施促进发展中国家的基础设施投资:(1)开发新的金融工具。发展工作组利用新的金融工具帮助发展中国家改善基础设施的项目准备,吸引机构投资者参与基础设施建设。(2)诊断和分析风险。发展工作组开展了关于在发展中国家开展基础设施投资的特别风险诊断和评估,与多边开发银行一起探讨在各国促进基础设施投资的路径。(3)发起成立新的机构。G20 发展工作组在澳大利亚的悉尼发起成立了全球基础设施中心,促进基础设施投资的信息共享和协调,消除投资障碍、提高项目投资的使用效益,为项目潜在投资者提供有效对接平台,加快推进重大基础设施项目的融资和发展。

在提升包容性和机会平等方面,发展工作组提出了包容性商业(Inclusive Business,简称 IB)的倡议。包容性商业主要是通过市场化的方式将金字塔底端的民众带入到生产、销售、消费等价值链和供应链的各个环节。目前,一些发展中国家在包容性商业方面面临着一系列挑战,如信息不畅、各种限制性规则太多、金融资源不足、基础设施落后等。对于低收入发展中国家来说,构建开展包容性商业的激励机制尤其困难。为此,发展工作组提出了《包容性商业框架》,提出了发展包容性商业的政策思路和战略举措,并对

G20 国家、非 G20 国家以及私人部门提出了具体的政策建议。2016 年,DWG 推动建立了包容性商业全球论坛(Global Forum on Inclusive Business),以促进各国开展包容性商业的信息分享和交流。

总体上看,DWG 目前正在从一个处理发展问题的"工作组"转变为促进 G20 更加关注发展问题的"动力源",并将重点放在支持国内发展资源、促进经济增长和提升包容性等三个大的方面。但实际上,除发展工作组外,G20 其他工作组也开始越来越多地涉及可持续发展议题,尤其是 2030 年可持续发展议程涵盖了经济、社会、环境等多个维度,已远远超出了发展工作组的职责范围。在这种背景下,加强 G20 发展工作组与其他工作组的协调,实现可持续发展议程在 G20 治理中的主流化,开始成为 G20 引入 2030 议程的另一个重要维度。

三、加强 G20 发展工作组与其他工作组协调的总体思路

目前,在发展工作组重点关注的基础设施、粮食安全、普惠金融、人力资源开发、国内资源动员等 5 个领域中,G20 还有投资和基础设施工作组(IIWG)、农业副手会(Agriculture Dep)、普惠金融全球伙伴关系(GPFI)、就业工作组(EWG)和财金副手会(Finance Dep)等其他工作组也在关注这些问题,因而,加强发展工作组与这些工作组在落实 2030 议程中的协调和政策一致性,也就成为优化 G20 发展议程,扩大 G20 在落实 2030 议程中贡献度的重要方面。

此外,有些发展议题虽然未被发展工作组列为重点领域,但为 G20 其他工作组所关注,同时也涉及 2030 议程可持续发展目标(Sustainable Development Goals,简称 SDGs)的实现,如能源可持续工作组、反腐败工作组、增长框架工作组等。因而,发展工作组也需要推动这些工作组在其合作中更好地体现发展元素,在落实 2030 议程中发挥更大作用。

在落实 2030 议程的背景下,发展工作组究竟如何才能加强与 G20 其他工作组的协调和政策一致性?换言之,对于发展工作组而言,应该采取哪些措施来提升 G20 其他工作组的发展职能?

表 7-1　G20 工作组与 2030 议程可持续发展目标的关联性①

发展议题	G20 的工作组	2030 议程可持续发展目标(SDGs)
基础设施	投资和基础设施工作组(IIWG)、发展工作组(DWG)	可持续发展目标 6、7、9、11
粮食安全	农业副手会(Agriculture Dep)、发展工作组(DWG)	可持续发展目标 2、12
普惠金融	普惠金融全球伙伴关系(GPFI)、发展工作组(DWG)	可持续发展目标 1、8、10
人力资源开发	就业工作组(EWG)、发展工作组(DWG)	可持续发展目标 4、5、8
国内资源动员	财金副手会(Finance Dep)、发展工作组(DWG)	可持续发展目标 8、17
能源	能源可持续性工作组(ESWG)	可持续发展目标 7、13
贸易和投资	贸易和投资工作组(TIWG)	可持续发展目标 8、10、17
反腐败	反腐败工作组(ACWG)	可持续发展目标 16
金融体系	国际金融架构工作组(IFAWG)	可持续发展目标 10、17
增长战略	增长框架工作组(FWG)	可持续发展目标 1、8、10
气候资金	气候资金研究小组(CFSG)	可持续发展目标 13、15

首先是优化人员组成(optimize the membership)。发展工作组可以建议 G20 其他工作组增加一些更能体现发展元素的新人员,这些人员可能来自发展工作组,也可能来自联合国系统各专门机构,还可能来自各地区性组织的相关专业委员会。例如,G20 反腐败工作组(ACWG)的人员构成分为核心组(Core Group)和专家组(Expert Group),核心组的成员主要来自 G20 国家大公司的 CEO,而专家组的成员构成虽不然不像核心组那样单一,但也主要是来自发达国家的成员,其中不乏商界人士。这些专家在知识、文化和职业背景上高度相似,虽然不能否认他们提出的建议具有足够的专业性,但是 ACWG 的人员构成在推动落实 2030 议程中反腐败合作以及低收入发展中国家反腐败能力建设上依然有着局限性:一是其对低收入发展中国家腐败情况的复杂性不够了解,导致无法抓住低收入发展中国家腐败问题的症结所在,所以无法对症下药;二是由于这些专家主要了解的是政—商关系领域的腐败,对其他领域的腐败问题并不了解,尤其涉及政治结构和政府自身问题的时候,无法给出特别有操作性的建议。因此发展工作组可以建议 ACWG 通过一定的方式优化人员构成,增加来自低收入发展中国家的人员,或者是来自非洲联盟反腐败委员会的人员,以进一步多元化其反腐败队伍的人员构成。当然,ACWG 毕竟是 G20 的反腐败工作组,所以其核心组

① "Template on G20 Members Actions to Implement the 2030 Agenda for Sustainable Development", G20 Development Working Group Official Document, 2nd DWG Meeting, Nanjing, China, April 6—8. 2016.

的人员一般还是来自 G20 国家,但其专家组的构成可以更加多元化,只有在"人"的方面实现了突破,才有可能提升 ACWG 对低收入发展中国家反腐败的贡献。

其次是促进信息共享(promote information sharing)。一方面是要加强发展工作组和 G20 其他工作组之间的信息共享,交流各自的工作计划和工作进展,具体做法是邀请各自的代表参加对方的会议,做到"双向交流"(two-way communication)。另一方面是要加强 G20 成员与低收入发展中国家之间的信息共享。在落实 2030 议程的进程中,G20 国家和低收入发展中国家都有一些好的经验和做法,要加强信息交流和分享,具体措施可以是推动建立联合数据和案例研究中心。例如,在普惠金融领域,由于各国发展阶段不一,普惠金融在各国发展差异极大,尤其是发达国家和低收入发展中国家之间。尽管普惠金融全球伙伴关系(GPFI)已经将普惠金融数据库建设列为工作重点之一,但其主要关注点仍是 G20 国家的普惠金融数据,发展工作组可以建议将非 G20 国家的数据纳入其中,与 GPFI 联合建立"全球普惠金融数据中心"。此外,一些发展中国家在普惠金融方面的成功案例实践也可以纳入其中,例如,肯尼亚的手机支付系统(EPESA),中国的支付宝和微信支付系统等,都可以与其他 G20 国家以及低收入发展中国家进行经验和信息的分享。

再次是设置具有发展元素的新议题(setting agenda with development elements)。在大的议程框架内,发展工作组可以从低收入发展中国家的角度出发,为 G20 其他工作组设置一些反映低收入发展中国家利益需求的新议题,增强其他工作组的发展元素。例如,在税收议程内,G20 财金副手会主要关注的是税基侵蚀和利润转移(BEPS)以及税收情报自动交换(AEOI)等议题,意在打击发达国家跨国公司和富人的海外逃税,而对于税收与发展以及如何帮助低收入发展中国家提高税收征管和国内资源动员的能力等议题没有充分重视。因而,发展工作组可以根据低收入发展中国家对全球税收议程的需求,向财金副手会建议提出一些反映低收入发展中国家国情和发展利益的新议题,丰富其关于税收议程的讨论,并提升其落实 2030 议程的能力。

最后是推广政策工具(facilitate the policy tools)。对于发展工作组和 G20 其他工作组而言,有些具体的技术性工作实际上是交给一些相应的国际组织来完成的,由这些国际组织来提出政策工具(policy tools)。例如,在人力资源开发领域,G20 就业工作组(EWG)主要负责 G20 国家的人力资源开发,而 DWG 主要负责非 G20 国家的人力资源开发。但实际上,一些具体的技术性工作并不是由 DWG 或 EWG 来完成,而是由一些实体性的国际组织来完成,如世界就业技能指标(World Indicators of Skills for Employment,简称 WISE)是由 OECD 制定的,技术和职业教育与培训(Technical and Vocational Education and Training,简称 TVET)则是由国际劳工组织开发。因而,DWG 和 EWG 需要在政策工具推广上加强协调,使得在一个工作组内运用的政策工具,在另外一个工作组内也能得到应用,这样,一些好的政策工具既可以在 G20 国家得到应用,也可以提供给非 G20 国家参考和推广,从而最大限度地增强 G20 全球经济治理和推动全球发展的政策一致性。

总体上看,发展工作组可以从优化人员组成、促进信息共享、设置发展议题和推广政策工具等四个方面来提升 G20 其他工作组的发展职能,加强 G20 各工作组在落实 2030 议程中的协调,这势必将大大增强 G20 对 2030 议程的贡献。接下来,本章将以国内资源动员领域为例,具体分析 G20 发展工作组如何与 G20 财金副手会加强协调,以推动 G20 更好地落实《2030年可持续发展议程》。

四、加强 G20 发展工作组与其他工作组协调的案例分析:国内资源动员领域

在国内资源动员领域,G20 财金副手会和 G20 发展工作组都发挥着重要作用。在 2014 年的布里斯班(Brisbane)峰会上,G20 发展工作组在国内资源动员的报告中提出,其税收议程设置主要围绕以下三个方面[①]:(1)税基侵蚀和利润转移(Base Erosion and Profit Shifting, BEPS)——解决国际避税和改革国际税收体系(通过与 OECD 合作实施财政议程,在 2014 和 2015 年推动 15 点的 BEPS 行动计划);(2)税务信息自动交换(automatic exchange of tax information, AEOI)——促进国际税收透明度(通过"税收透明度与信息交换全球论坛"实施财政议程,开发区域间纳税人信息自动交换的通用报

[①] 资料来源:G20 Response To 2014 Reports on Base Erosion and Profit Shifting and Automatic Exchange of Tax Information for Developing Economies, https://www.hse.ru/data/2014/09/21/1315929165/DWG%20G20%20response%20to%202014%20reports%20on%20BEPS%20and%20AEOI%20for%20developing%20economies.pdf。

告标准，Common Reporting Standard）；（3）税收和发展（Tax and Development）——支持有效的国内资源动员（Domestic Resource Mobilization，DRM），在发展中国家通过发展工作组（DWG）工作，以确保发展中经济体能够充分、有效地参与 G20 国际税收议程并从中受益。这包括通过财政议程对发展中国家实施 BEPS 和 AEOI 的改革。

2016 年 4 月 15 日，在华盛顿举行的 G20 财长和央行行长会议在公报第 7 条中称，"我们重申承诺对 G20 和 OECD 的 BEPS 一揽子计划进行及时和广泛的实施，并鼓励所有相关和感兴趣的国家和地区在平等对待的基础上加入新的包容性框架。G20 强烈重申有效和普遍地实施国际商定透明度标准的重要性。因此我们呼吁所有没有致力于实现信息自动交换标准的有关国家，包括所有金融中心和地区，到 2017 或 2018 年及时签署多边公约。……我们欢迎国家和国际组织为发展中国家在税收能力建设问题上集体的和持续的努力。我们鼓励 G20 成员考虑承诺艾迪斯税收计划（Addis Tax Initiative）的原则"。①

2015 年 G20 财长和央行行长会议公报第 11 条也声明，"我们正处于推进 G20 和 OECD 的 BEPS 行动计划的最后阶段，这符合我们对达到全球公平的现代国际税收体系的承诺。……我们将继续致力于在全球层面监督 BEPS 实施时的平等对待，尤其是对跨境税务裁决的信息交换。……我们欢迎国际货币基金组织（IMF）、世界银行（WBG）、联合国（UN）和经合组织（OECD）为发展中国家应对国内资源动员面临挑战时提供的技术支持，包括处理税基侵蚀和利润转移（BEPS）。我们继续加强税收制度的透明度，并重申之前商定的税收信息自动交换时间表"。②

在 2014 年 G20 财长会议的声明中也提到，"要恢复税基的完整性和可恢复性，使公民相信每个人都支付税收的公平份额。我们将把国际税收规则带入 21 世纪，确保规则跟上不断变化的经济模型。……我们要提高透明度以打击骗税，澳大利亚也是税收信息自动交换计划的领导国家之一"。③

---

① G20 Finance Ministers and Central Bank Governors' Meeting, Washington, April 15, 2016, 资料来源：http://www.g20.utoronto.ca/2016/160415-finance.html。艾迪斯税收计划的介绍可见 https://www.addistaxinitiative.net/index.htm。

② G20 Finance Ministers and Central Bank Governors, Ankara, September 5, 2015, 资料来源：http://www.g20.utoronto.ca/2015/150905-finance.html。

③ Statement-G20 Finance Ministers Meeting, Brisbane, November 15, 2014, 资料来源：http://www.g20.utoronto.ca/2014/2014-1115-finance.html。

　　可以看出,历年的 G20 财长和央行行长会议均对税收领域的三项议题进行了申明,而前两项关于 BEPS 和 AEOI 的议题往往被多次强调。中国人民银行对 G20 财长和央行行长会议的报道也强调突出了这一点:在 2015 年 5 月的华盛顿会议上,"他们致力于采取行动达成全球公平的现代国际税收体系,继续完成 G20 和 OECD 在 2015 年的 BEPS 行动计划,努力实现改善税收信息交换和支持发展中国家参与国际税收议程的承诺"。①在 2015 年 2 月的伊斯坦布尔会议上,"财长和行长们重申了他们对 G20 和 OECD 的 BEPS 行动计划的全力支持,并敦促所有税收管辖区域遵守全球论坛标准和加入税收多边行政互助公约(Multilateral Convention on Mutual Administrative Assistance in Tax Matters)"。②2016 年中国作为 G20 轮值主席国,第一次财长和央行行长会议于 2 月 26—27 日在上海召开,其中提到,为在国际税收政策设计和研究以及对发展中国家提供技术援助方面作出贡献,中国将建立一个国际税收政策研究中心。③

　　综合近几年财长和央行行长会议的申明,在与税收相关的三项议题中,以国内资源动员为目标的税收努力往往不被重视,或是处于最终一笔带过的角色。与 G20 财金副手会相比,发展工作组在 G20 中相对处于非核心地位,因此,要发挥发展工作组的积极作用离不开与财金副手会的协调。但同时,发展工作组需要系统总结在国内资源动员的行动进展,在此基础上提出富有针对性而又不免俗套的政策思路,以获得 G20 中多数国家的认可和支持。中国作为 G20 的轮值主席国提出要建立国际税收政策研究中心,这是发展工作组切入税收领域的一个契机。国际税收政策研究中心的主导方面仍会是税收领域的这三大议程,但对税收和发展以及与发展中国家国内资源动员的努力方面的偏重可以由发展工作组提出,逐步加强在发展中国家国内税收完善和征收管理方面的研究和行动。

　　在国内资源动员(DRM)方面,发展工作组已有的相关行动包括支持建立更有效的税收体系和支持国内税收收入反腐。在税收体系建设方面,2012 年 2 月的税收透明度与信息交换全球论坛(Global Forum on Transpar-

① 资料来源:G20 Finance Ministers and Central Bank Governors Meeting Held in Washington D.C., USA, http://www.pbc.gov.cn/english/130721/2892316/index.html。
② 资料来源:G20 Finance Ministers and Central Bank Governors Met in Istanbul, http://www.pbc.gov.cn/english/130721/2883904/index.html。
③ First G20 Finance Ministers and Central Bank Governors Meeting in 2016 Held in Shanghai,资料来源:http://www.g20.org/English/China2016/FinanceMeetings/201603/t20160321_2205.html。

ency and Exchange of Information for Tax Purposes, GFTEI for Tax Purposes)启动技术援助协作平台；在税收收入反腐方面,发展工作组于 2012 年 6 月的洛斯卡沃斯峰会提交了进展报告。但总的来说,发展工作组在国内资源动员方面,几乎未取得明显进展。[①]

2012 年发展工作组的工作进展提出,促进可持续发展、确保可持续的经济增长和创造体面的工作机会,依然是 20 国集团面临的关键挑战,尤其是在低收入国家(LICs)。为了迎接这些挑战,也为了当代和未来几代人的利益,我们需要采取正确的经济政策和适当连贯的大规模行动,推动包容、可持续和环境友好型的经济增长。[②]其中提到,有效地动员国内资源是发展的关键;随着全球金融和经济的缓慢复苏,财政收入也在缓慢恢复;需要国际和地区组织更多地提供税收统计数据,鼓励它们扩大在这方面的进展;解决避税天堂和非合作地区问题对低收入国家也特别重要。支持发展中国家应该继续帮助它们解决日益复杂的国际挑战,包括改善税收的透明度。非法活动和非法资金流动的增加,包括未申报收入,对许多发展中国家的税基也有负面影响;因此发展工作组呼吁所有国家签署"税收行政互助多边公约"(Multilateral Convention on Mutual Administrative Assistance in Tax Matters)。转移定价(Transfer Pricing)也仍然是一个挑战,发展工作组支持低收入国家通过知识共享进行转移定价方面的能力建设。

在税收与发展方面,国内资源动员包含了在发展中国家通过国内资源提高财政收入相关的大量议题,包括建立和维持一个可持续的税基(通过国内外改革),将非正式部门正规化并打击腐败。在 2014 年澳大利亚作为 G20 轮值主席国期间,DWG 的 DRM 议程集中在通过 G20 财政议程推动的国际税收改革。通过 G20 财政议程,DWG 可以为 G20 以外的全球国内资源动员方面的努力添加最重要的价值。发展工作组在国内资源动员方面的努力,除了正在进行中的与国际货币基金组织(IMF)、世界银行和其他国际和地区组织的合作之外,还包括"有效发展合作的全球伙伴关系",联合国国际税收问题专家委员会和 OECD 税收与发展专题小组等论坛。发展工作组也提出要建立有效的税收制度。2013 年,DWG 成员承诺"加强对发展中国家税收部门的支持"。鉴于在税收方面发展合作的当前状况方面的数据非

---

① 陈燕鸿:《G20 与全球发展合作》,《国际经济合作》2013 年第 8 期,第 41—46 页。
② 资料来源:2012 Progress Report of the Development Working Group, http://www.g20.utoronto.ca/2012/2012-0619-dwg.html。

常有限,尤其是涉及双边的努力,DWG 承诺在 2014 年加强分享 G20 国家如何与发展中经济体合作健全税收制度方面的信息。

发展工作组同时对各项工作进行了更新说明和对未来行动进行了展望。[①]在国内资源动员方面,发展工作组于 2014 年取得了长足进步,完成了所有承诺;同时期待 2015 年国际货币基金组织在税务管理诊断评估工具(Tax Administration Diagnostic Assessment Tool)试点实施方面的进展。发展工作组表示赞同 OECD 关于低收入和低能力国家税基侵蚀和利润转移(Base Erosion and Profit Shifting, BEPS)影响的报告和发展中国家税务信息自动交换(automatic exchange of tax information, AEOI)的路线图;发展工作组也确认了反腐败工作组制定股权透明高水平准则的辅助作用。要处理税基侵蚀和利润转移问题,发展工作组认为发展中国家需要定期和积极参与到 G20 和 OECD 应对 BEPS 的过程;可能需要在不破坏国际税收体系的完整性的基础上,定制相应方法来执行 BEPS 行动计划;同时面临额外的影响发展中国家有效实施能力的相关问题,并从 BEPS 行动计划中受益。但需要认识到,在处理 BEPS 和参与 AEOI 方面,发展中国家应对相关挑战的能力有着较大差异。发展工作组也提出了在国内资源动员方面的多年度议程计划。如文件中所说,"DRM 是一个需要在一系列交叉领域持续努力的长期过程"。[②]为了给 DRM 行动目标的新阶段提供基础,G20 承诺了于 2015 年开始的三项新的行动计划。一是解决发展中国家的税基侵蚀和利润转移(BEPS)问题;二是识别税收信息交换(AEOI)的障碍;三是加强税收能力建设,聚焦于税收政策和管理的基本模块构建,确保发展中国家能够获得国际税收改革和为发展动员国内资源的全部好处。

2015 年 G20 土耳其峰会上也专门讨论了在加勒比国家加强国内资源动员的问题。[③]加强国内资源动员可以帮助减少外部融资渠道以及外部波动的影响,可以增强国内所有权和问责制的发展,可以资助社会公共支出和基础设施,以及可以改善国家的政策空间。发展工作组也讨论了加勒比国家国内资源动员的几种来源,包括税收收入、债券收入和其他的国内私人融

---

① 资料来源:2014 Brisbane Development Update, https://www.hse.ru/data/2014/11/16/1101326108/2014_brisbane_development_update.pdf.

② DRM is a long term agenda that requires sustained efforts across a range of intersecting areas.

③ Outcome Statement. Caribbean Region Dialogue with the G20 Development Working Group, https://www.hse.ru/data/2015/04/30/1098206035/Outcome-Statement-CRD-DWG-Meeting-13-April-2015-Final.pdf.

资来源。所有这些都有助于为加勒比国家的发展提供资金。加勒比国家已经对税收收入构成进行了结构性改革,降低了对国际贸易税收的依赖,加强了对广义上的消费税尤其是增值税的使用。这些努力已经在很大程度上提高了加勒比国家的税收绩效。可以说,本次峰会对国内资源动员的相关论述对大多数发展中国家具备普遍意义。

2015 年,发展工作组也在寻求一个详细的国内资源动员实践计划,包括探索如何提高转移定价可比性数据的可用性以造福发展中国家,以及如何更有效地利用税收激励投资的发展选择。土耳其峰会同意探讨这些举措可以帮助支持各国在这方面的努力,发展伙伴可以帮助国家和地区在加强税务管理和税务政策以及遵守国际税收政策方面的努力。参与者也讨论了新的和创新性的资金来源,比如移民散居债券和蓝色债券,这有很强的潜力来扩大国内资源动员的现金流。

正如 G20 报告中所述,税收为政府提供发展投资、减轻贫困和提供公共服务所需的资金。从长远开看,税收也提供了促进经济增长需要的财政上的责任和可持续性,减少了对外部资金(特别是发展援助)的依赖。税收也提高了经济增长应对外部冲击的能力,为逆周期的经济政策提供更大的财政空间。①加强国内资源动员不仅仅是提高财政收入的问题,也是关于税收制度设计的问题,这一制度能够提高包容性,鼓励良好治理,提高政府对公民的责任,使收入和财富的不平等程度与促进社会公正之间的匹配在社会中得到认同。税收制度的设计也与国内外投资决策密切相关,包括透明度、反腐败和公平,因为这可以用于促进私人投资的增加。

总的来说,现在的发展工作组对国内资源动员和税收领域的三个方面,过于强调前两者,即 BEPS 和 AEOI。对于 G20 的全球税收治理目前主要着眼于跨国避税的治理。在税收与发展方面,也仍然不断强调国际税收合作,相应的公共政策和国内税收征管对促进发展中国家的国内资源动员方面的关注远远不够。因此,DWG 应该关注如何在国内资源动员和相关的税收领域(不是国际税收,主要为国内税收征管)有别于现有的有失偏颇的关注框架,提出有针对性的侧重于发展中国家国内政策的相关措施,同时阐述如何与财金副手会进行有效协调。

---

① 资料来源:2011 Report of the Development Working Group, October 28, 2011, http://www.g20.utoronto.ca/2011/2011-cannes-dwg-111028-en.pdf。

从实际情况来看,低收入国家要增加税收收入面临大量的国内外挑战,如税基小、人均收入水平低、国内储蓄和投资或能力薄弱。尽管许多经济体在过去的十年中在征税方面取得了显著的进展,一半的撒哈拉以南非洲国家的税收收入不到 GDP 的 17%,仅为 OECD 国家平均水平的一半,且低于联合国认为实现千年发展目标(Millennium Development Goals)需要的最低水平。一些亚洲和拉丁美洲国家也并不够好。此外,在非洲,税收收入增长的驱动力主要是石油生产国的资源相关税收。[①]只有阿根廷、巴西和乌拉圭的税收收入占 GDP 的 25% 以上。并且,在拉丁美洲间接税在税收收入占绝大部分,直接税收入只占总收入的 1/5,而直接税的比重标志着一个国家税收征管能力的高低。相较之下,OECD 国家税收占 GDP 的比重平均为 34%,且以直接税为主。低收入国家同时过于依赖企业所得税,占税收总收入的 20%,而发达国家仅为 8%—10%。另外,一些跨国公司使用避税策略后,其企业所得税率仅为 5%,而中小企业则高达 30%。[②]

综上所述,发展工作组在国内资源动员方面的努力应该侧重于对国内资源动员这几种方式的拓展和落实,而不是花费过多的时间在所有发达国家更加关注的 BEPS 和 AEOI 议题上。DWG 应该为"G20 以外的全球国内资源动员方面的努力添加最重要的价值"。[③]这样可以真正触及发展中国家亟须解决也最为关注的发展问题,从而得到大多数发展中国家的认同,也可以进一步提高发展工作组在 G20 机制中的话语权以及与财金副手会协调时的主动权。

联合国 2030 议程第 43 条强调,国际公共财政在补充国家动员国内公共资源方面发挥着重要作用,尤其是在国内资源有限的贫穷和脆弱国家。国际公共财政(包括官方发展援助,Official Development Assistance, ODA)的一个重要用途就是从其他来源催化动员额外的资源。与 ODA 来源于国际援助不同,DRM 侧重于对发展中国家国内资源的动员。因此,2030 议程中可持续发展目标中第 17 条目标提出,"为可持续发展加强实施和振兴全

① 资料来源:2011 Report of the Development Working Group, October 28, 2011, http://www.g20.utoronto.ca/2011/2011-cannes-dwg-111028-en.pdf。
② Policy Note: Strengthening tax systems,资料来源:https://www.hse.ru/data/2014/10/03/1100341066/Policy%20Note%20Strengthening%20tax%20systems.pdf。
③ 资料来源:G20 Response To 2014 Reports on Base Erosion and Profit Shifting and Automatic Exchange of Tax Information for Developing Economies, https://www.hse.ru/data/2014/09/21/1315929165/DWG%20G20%20response%20to%202014%20reports%20on%20BEPS%20and%20AEOI%20for%20developing%20economies.pdf。

球伙伴关系"。①其中,在财政方面的第一条目标(17.1)即为,"加强国内资源动员,包括通过对发展中国家的国际支持,改善国内税收和其他收入的征管能力"。在具体的实施方法上,第 66 条强调,对所有国家来说,公共政策和国内资源的动员和有效利用,是我们共同追求的可持续发展的核心,包括实现可持续发展的各项目标。如上文所说,与 ODA 不同,这里的国内资源强调的是国家所有权的原则(the principle of national ownership)。国内资源首先是由经济的增长产生,同时由各级的有利环境支持。

　　发展中国家的国内资源动员面临着四项约束:(1)为促进经济增长和创造就业的审慎逆周期宏观经济管理的政策空间有限,(2)竞争力和汇率利率的限制,(3)创造财政空间和维持财政可持续性的限制,(4)劳动力市场约束(Vos et al., 2007)。结合这些约束条件,基于联合国 2030 议程中的阐述,我们认为,国内资源动员的原则包括四项:(1)经济发展,(2)财政健康,(3)金融稳定,(4)投资激励。这四项原则的关系如下图所示:经济增长是国内资源动员的基础,财政健康是国内资源动员的前提,金融稳定是国内资源动员的保障,而投资激励则是国内资源动员的结果。

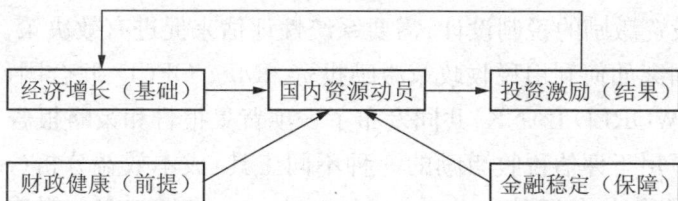

图 7-1　发展中国家国内资源动员的原则框架

　　(1) 经济发展。如联合国 2030 目标中所说,国内资源首先是由经济的增长产生,同时由各级的有利环境支持。因此,经济的持续稳定发展是国内资源动员的基础。学界对国内资源动员和经济增长与金融发展的关系也进行了充分研究。经济增长作为国内资源动员的基础,同时也是国内资源动员的最终目的,即为发展中国家提供改革思路,通过经济增长以及相应的环境支持促进当地经济社会的持续发展。

　　(2) 财政健康。财政健康是指政府的财政能力处于合理水平且具有较

① Goal 17. Strengthen the means of implementation and revitalize the global partnership for sustainable development. 资料来源:https://sustainabledevelopment.un.org/post2015/transformingourworld。

好的稳定性和可持续性。财政健康是国内资源动员的前提。政府要保持财政健康,就要具有较好的财政汲取能力,同时需要将债务水平维持在合理区间。这些是一个国家维持财政健康的必要条件。只有保证了财政健康,政府才能持续稳定地为公民提供必要的公共产品和服务,维持社会稳定,促进经济发展。

(3) 金融稳定。金融危机对经济发展和国内资源动员的影响毋庸置疑。已有很多学者对金融稳定在国内资源动员中的重要性进行了相关研究。稳定的金融系统可以为投资激励和创造就业提供必要的金融资源,同时可以有助于在全球化背景下应对外来的经济和金融风险。金融稳定和财政健康的原则为国内资源动员进行逆周期的政策设计提供了理论基础。

(4) 投资激励。经验表明,在低收入国家通常有很大的空间来更有效地利用投资税收激励,且这样的税收激励需要进行精心设计。一个好的国内资源动员体系和税收制度应该可以很好地带动各项资金来源和促进投资。良好的投资激励环境是国内资源动员的结果,也是经济进一步发展的基础。因此,优化税收体系使其具有投资激励原则也是国内资源动员的相关环节。

对于投资激励的税制设计,需要系统性评估来促进有效决策。因此,关于低收入国家如何利用税收政策激励投资,IMF、OECD、联合国(UN)以及世界银行(WORLD BANK)共同发布了一项背景报告和策略报告。[①]背景报告中提出了用于评估税收激励的 5 种不同工具:成本效益分析(cost-benefit analysis),税收支出评估(tax expenditure assessment),企业微观仿真模型(corporate micro simulation models),有效税率模型(effective tax rate models),以及税收优惠的透明度和治理评估(transparency and governance of tax incentives)。

亚洲开发银行(ADB)的报告中提出,可以由技术援助处理的关键发展议题包括,增加国内储蓄,发展资本和债务市场以提供投资机会,以及更好地管理债务和财政风险。在这些领域的一个运作良好的法律和监管环境是促进经济增长和创造财政空间的重要推进器。政府应采取措施确保金融部门支持实体经济的发展,通过宏观经济稳定、有效的公共管理和私营部门竞

---

① 资料来源:National Research University Higher School of Economics。https://www.hse.ru/data/2015/11/13/1081376263/101515％20(1).pdf 和 https://www.hse.ru/data/2015/11/13/1081376755/101515a％20(1).pdf。

争力来推动经济增长并分享增长的收益。①因此,经济发展、财政健康、金融稳定、投资激励等原则可以构成推动国内资源动员的未来政策思路的全面整体性框架。

为了提高对社会发展的公共开支,税收应该是任何国内资源动员战略的核心,许多发展中国家在增加税收努力方面仍有不少余地。因此,相较于强调解决 BEPS 和 AEOI 问题,发展工作组在国内资源动员方面的努力不妨聚焦税收与发展议题,着眼于 IMF 的税务管理诊断评估工具(Tax Administration Diagnostic Assessment Tool, TADAT)在发展中国家的应用和完善。这一工具也一直被 G20 在完善发展中国家的税制体系和征管系统寄予厚望。税务管理诊断评估工具(TADAT)是对一个国家税收制度管理的相对优势和劣势,提供客观和标准化评估的手段。它是一个完整的监控框架,可以衡量一个国家的税收管理在某一时点的表现,其目的是对重要税收管理功能的效果提供客观一致的评估。该工具聚焦于绩效的"什么"(what)和"为什么"(how)问题。输出的评估报告对改革的目标、设计以及技术援助的顺利和优先级都有重要的指导意义。②TADAT 倡议也帮助各国加强其税收制度,以更好地调动所需要的国内收入为其公民以可持续和有效率的方式提供必要的公共产品和服务。

具体来说,TADAT 根据 9 个关键领域的效果,评估一个国家的税收管理体制的绩效。这 9 个领域分别为:纳税人信息的完整性、有效的风险管理、对自愿遵守的支持、及时的纳税申报、及时支付税收、准确的申报报告、有效的税收争议解决机制、有效的收入管理和问责与透明度。这 9 个领域由 28 个指标衡量,每个指标有 1 至 4 个维度。每个维度单独评估,最终形成 47 个可测量的维度分值。分值为 A、B、C、D。"A"表示"国际公认的良好实践",分值越低表示越偏离这一标准。"B"表示达到中等标准。"C"为设置的最低标准。"D"表示没有达到最低标准或没有足够信息来确定分数。

TADAT 为推动国内资源动员和评估发展中国家的税制体系提供了全面的分析框架。发展工作组应充分利用这一已有的且得到 G20 普遍认可的工具,结合中国要建立"国际税收政策研究中心"的规划,重点推进对有需求的发展中国家的税制体系进行全面综合评估,并提出有利于其国内资源

---

① 资料来源:Strengthening Domestic Resource Mobilization: Technical Assistance Report, http://www.adb.org/projects/documents/strengthening-domestic-resource-mobilization-tar。

② 关于 TADAT 的介绍文本可见 http://www.tadat.org/files/TADAT_ProgramDocument_ENG.pdf。

动员的相应对策。具体的政策措施可以聚焦于税收体系的三个方面:税收结构的优化、税收征管水平的提高、税收的问责和透明度管理。由于发展中国家税收稽查和征管水平相对较低,多以间接税为主(包括中国),因此,税制改革以加强税收征管和稽查水平为基础,向直接税和间接税综合结构优化发展,同样强化税收的问责和透明度管理是未来的改革趋势。这也可以与 G20 在税收领域的另外两项重要议程(BEPS 和 AEOI)互为呼应和相互支撑。

针对不同发展中国家的资源禀赋和社会经济发展状况等方面的差异,TADAT 的评估框架对不同国家设计差异化的税制评估和政策建议报告。结合中国将要成立的国际税收政策研究中心,对应于发展中国家的类别成立不同的研究小组,不同小组分工协作,可以使国际战略以及"一带一路"倡议都得到很好的结合。例如,不同发展中国家如何进行有针对性的差异化国际资源动员的税收设计? 如何进行丝路国家的税收政策设计从而有利于这些国家的国内资源动员? 这些思考方向的提出将使发展工作组的政策落在实处,与中国的国家政策相结合,同时又能使多数发展中国家真正受益。

G20 发展工作组在国内资源动员和税收领域的拓展主要聚焦于发展中国家的自有资源动员和税收政策从而促进经济发展。G20 推进发展议程的三种路径为:多边制度改革、联合行动和国别行动。在国内资源动员和税收领域同时包含了多种路径,这三种路径的内容融为一体,需要发展工作组与财金副手会在税收议程的几个方面进行综合协调。因此,G20 发展工作组在国内资源动员领域与财金副手会的协调需要重点推进以下几项工作:

(1) 成立"国际税收政策研究中心"。成立"国际税收政策研究中心"是中国作为轮值主席国在 G20 事务中的郑重承诺和国家战略,发展工作组在这方面与财金副手会的目标完全一致,应努力推动并协助这一中心的成立与研究工作的落实。

(2) 税务管理诊断评估工具(TADAT)对发展中国家税制体系的综合评估。发展工作组要利用 TADAT 对有需要的发展中国家的税制体系进行综合评估。TADAT 也是 G20 高度认可的评估工具,因此关键问题在于如何使财金副手会认同并努力推进这一工作的落实。为了获得财金副手会和 G20 多数国家的支持,综合评估中应充分强调对税收领域前两项议程(BEPS 和 AEOI)的作用。对发展中国家税制体系的综合评估确实有助于应对 BEPS 和 AEOI 问题。

(3) 根据评估结果提出改进方案。在评估结果的基础上,发展工作组需要有针对性地提出税制体系的改革方案,包括税收结构、税收征管水平,以及问责和透明度管理等方面。在这几个方面,财金副手会对税制体系的问责和透明度管理最为重视。发展工作组可以充分发挥财金副手会的引领作用,在推动税收问责和透明度管理的同时,研究如何相应改善发展中国家的税收结构和提高税收征管水平。

(4)推动税制体系完善在发展中国家的实施。提出改进方案后,推进实施是极其重要的环节。税收结构、税收征管水平,以及问责和透明度管理的改革都是长期的过程,需要发展工作组在相关事务上持续努力。财金副手会对其中的相关问题也会持续关注,因此,保持与财金副手会的步调一致性和关注问题的持续性是推进实施的关键。在税收领域的这几个方面,发展工作组可以在每次的财长和央行行长会议后,结合会议公报提出对发展中国家税制改革的相应推进措施,真正与财金副手会同步协调推进。

(5)研究落实税制体系的完善如何推动国内资源动员。结合国内资源动员的未来政策思路的四项原则有:经济发展、财政健康、金融稳定和投资激励。分析财金副手会的定位对这些原则的不同支持力度,应在不同的原则上差异化推进落实的过程,最大化争取财金副手会的支持。以当前财长和央行行长关注的主要议题来看,经济发展和金融稳定原则更能得到财经副手会的支持,财政健康和投资激励也是财经副手会关注的内容。

(6)加强发展中国家税制体系改革与国际税收议程的衔接。总的来说,G20 关注的依然是国际问题以及在解决这些问题时不同国家之间的协调。要获得 G20 和财金副手会的支持,推进发展中国家的税制体系改革离不开与国际税收议程的衔接。因此,发展工作组需要在国际税收议程的框架内,提出与发展中国家税制体系相容和方向一致的改革方案。与国际税收议程的衔接构成了与 G20 和财金副手会协调的基础。

五、加强 G20 工作组协调所面临的挑战

首先,发展工作组议题泛化,政治层级不够。发展议题涉及面非常宽,要在 G20 的平台上取得实际效果,需要一个整合性的制度框架。以增长议题为例,2009 年 G20 匹兹堡峰会提出了"强劲、可持续、平衡增长框架",有效地保持了 G20 领导人对全球经济增长议题的持续关注。毕竟,G20 是一个领导人机制,只有定下一个明确的框架,才能有效发挥领导人的政治引领

作用。而与之形成鲜明对比的是,发展议题囊括了基础设施、粮食安全、普惠金融、国内资源动员、人力资源开发等多个领域,但整合性不够。

G20 峰会筹备目前采取的是"双轨制",即"财金轨道＋协调人轨道"。财金轨道早在领导人峰会机制建立前就已建立并运转十余年,较为成熟,在 G20 进程中影响力较大。但由于财长、央行行长会议更多关注的是宏观经济等短期议题,对人力资源开发、粮食安全等中长期议题关注较少,因而,财金轨道更多关心的是"增长"而非"发展"议题。发展工作组向协调人轨道负责,是协调人轨道下属的众多工作组之一,政治级别和受重视程度有限。

其次,发展工作组成员构成复杂,对推进发展议程带来挑战。[1]在发达国家,发展问题主要是指帮助低收入发展中国家发展,一般是由国际发展部或国际发展署来负责,其核心是对外援助问题。而在发展中国家,几乎所有部委都参与解决发展问题,如农业部、工业信息化部、商务部、环境部等,因而,在 G20 中发达国家和发展中国家所讲的发展问题是不一样的,一个是援助问题,一个是经济增长问题。具体到成员构成,发展工作组的 20 个成员国代表中,7 个来自成员国外交部、5 个来自财政部、4 个来自国际发展合作部/机构、1 个来自经济发展部、1 个来自发展规划部、1 个来自商务部,另外加一个欧盟代表。较为分散的代表结构凸显发展事务的复杂性和多样性,从而使成员国内没有统一的对接部委。而这种不一致性会导致代表之间关注重点难免有所偏差,进而对 G20 发展议程带来挑战。比如来自外交部和国际发展合作部的代表可能更多从对外援助的视角来看待发展议题,而经济发展部代表可能会更多从经济增长的角度看待发展问题。

再次,发展工作组对其他国际发展议程的影响力不够大。国际发展议程涉及多个国际机构,如联合国、OECD、世界银行等,联合国千年发展目标和 2030 年议程在国际发展目标的设定上最具权威性。OECD 发展援助委员会在协调捐助国的发展援助和发展筹资上发挥着举足轻重的影响。多边开发银行在具体的发展项目上也有着重要的影响力。G20 作为国际经济合作的首要平台,发展工作组强调"要对捐助国、联合国系统、经合组织、多边开发银行的努力形成补充",起到价值增值(value-added)的作用。但现实是,目前其他国际多边发展进程很少提及 G20 发展议程的成果,与发展工作组的相关度不高,G20 发展议程对其他国际多边发展议程的影响力也不够,起

---

[1] 胡玉炜:《G20 如何促进全球发展》,参见 http://pit.ifeng.com/a/20160415/48467083_0.shtml。

不到价值增值和"首要平台"的作用。这一方面与发展工作组和其他国际发展议程的互动不够有关,也与 G20 发展议程缺乏实体机构的支撑有关。

最后,与 G7 发展议程存在一定的差异和竞争。例如,G7 伊势志摩峰会和 G20 杭州峰会都将落实 2030 议程作为自己的重要目标,但双方的侧重点和落实途径显然不同。G7 的侧重点是如何在卫生、性别平等、高质量基础设施、气候变化和能源等领域采取具体行动。2015 年 G7 德国峰会宣布,到 2030 年,G7 将为世界上 6 亿人口解决粮食问题,后续 G7 将继续讨论如何落实该项承诺。在气候融资问题上,发达国家宣布到 2020 年将每年提供 1 000 亿美元给最不发达国家,但目前到位资金只有 100 亿美元,因而,G7 峰会会讨论气候融资的问题。在卫生问题上,抗击艾滋病、结核病、疟疾全球基金增资的问题在伊势志摩峰会上被重点讨论,日本则将全球卫生基金的翻倍作为伊势志摩峰会最为突出的成就之一。

与此不同的是,G20 峰会在落实《2030 年可持续发展议程》问题上,重心是讨论制定落实《2030 年可持续发展议程》的行动计划,不会涉及如何进行发展资金动员的问题,因而,一些批评意见认为,G20 发展议程是在"空谈发展,没有实际举措",在广大发展中国家受关注程度不高。而如果 G7 发展议程能在卫生、性别、粮食、气候等问题上取得所谓"实质性成果",可能会对发展工作组的工作带来一定挑战。

小 结

本章探讨了 G20 为什么要引入联合国《2030 可持续发展议程》,以及在引入过程中如何加强 G20 发展工作组与其他工作组之间的协调。2030 议程为 G20 的机制转型提供了战略机遇,而在此过程中,G20 发展工作组除了要在自己确定的重点领域中发挥引领作用外,还需要加强与 G20 其他工作组的协调,进一步提升其他工作组的发展职能,实现发展议程在 G20 中的主流化。正如中国 G20 事务协调人李保东所言,"发展应成为 G20 议程的基因,从宏观经济政策到国际贸易投资,从创新增长方式到全球经济治理,发展的身影无处不在。这体现了中国对发展问题的重视,也体现了在中国的推动下,G20 对发展中国家的关注"。[1]

---

[1] 李保东:《在实现可持续发展目标联大高级别辩论上的讲话》,参见 http://www.fmprc.gov.cn/web/wjbxw_673019/t1357596.shtml。

第八章
G20 数字经济发展和合作

在 2015 年土耳其安塔利亚峰会上,二十国集团领导人认识到,我们生活的互联网经济时代给全球经济增长带来的机遇与挑战并存。2016 年,中国杭州峰会上,G20 探讨共同利用数字机遇应对挑战,促进数字经济推动经济实现包容性增长和发展的路径。2017 年,G20 在德国杜塞尔多夫进一步探讨了数字化对全球经济增长的贡献,并提出了三个关于数字化路线图的具体设想,即数字化未来的政策、数字技能的职业教育及培训和 G20 关于数字贸易的优先事项,同时成立了数字经济工作组(DETF)。这个工作组是 2017 年德国轮值主席国根据 G20 在 2016 年杭州峰会上通过的决定而成立的。

G20 阿根廷布宜诺斯艾利斯会议将推动各国就公平的可持续发展形成共识,并提出 G20 议程将关注三大主题,即未来就业、促进发展的基础设施建设和构建粮食系统的可持续未来。数字经济工作组在 2018 年 2 月 8 日至 9 日召开了第一次会议,在 8 月 21 日至 22 日举行第二次会议,数字经济部长级会议于 8 月 23 日至 24 日举行。

在中国和德国的主席会议期间,20 国集团成员制定了一个路线图,以改进采用新数字技术的方式,使公共政策适应这个新的数字时代,并支持使中小企业(SME)能够从中受益的数字化。G20 工作的关键在于考虑到性别、安全和消费者隐私问题。2018 年 G20 数字经济议题基于前二轮会议达成共识,力求在数字化转型时代为包容性发展提供建议,特别关注性别问题,并讨论以下主题:数字包容、未来的工作技能、数字政府、中小企业和创业以及工业 4.0 和农业技术。①但从目前美国政府参与全球经济治理的表现看,G20 数字经济是否能够按照前二轮议题推进仍存在着许多不确定因素。

---

① Digital Economy, https://www.g20.org/en/g20-argentina/work-streams/digital-economy.

一、G20 中国杭州会议对数字经济的共识

中国作为 2016 年 G20 峰会的主席国,首次将数字经济列为峰会的一项重要议题,通过了《G20 数字经济发展与合作倡议》,它包括五个部分 17 个方面,这五个部分的标题如下——(1)概述:数字世界中的全球经济。(2)指导原则:前进的指南。(3)关键领域:进一步释放数字经济潜力。(4)政策支持:营造开放、安全的环境。(5)前进的方向:采取行动带来改变。

(一) 强调数字经济对经济增长的推动力

《G20 数字经济发展与合作倡议》中对数字经济定义是:"数字经济是指以使用数字化的知识和信息作为关键生产要素、以现代信息网络作为重要载体、以信息通信技术的有效使用作为效率提升和经济结构优化的重要推动力的一系列经济活动。互联网、云计算、大数据、物联网、金融科技与其他新的数字技术应用于信息的采集、存储、分析和共享过程中,改变了社会互动方式。数字化、网络化、智能化的信息通信技术使现代经济活动更加灵活、敏捷、智慧。"[1]在这个定义中,首先,G20 将数字化的知识和信息作为关键生产要素,信息与通信技术将货物和服务通过数字化变成数字产品,数字产品的内涵和外延在不断扩大;其次,数字经济的实现平台是互联网,全球经济变成了数字村,通过网络有效运作,有些直接提供数字服务,有些提供数字化服务;最后,数字经济的实现手段是以技术为支撑的数字服务平台,实现数字产品的采集、存储、分析和共享过程。从这三个方面看,数字经济正改变着经济增长的方式,是推动经济增长的新引擎。

(二) G20 数字经济合作的原则

互联网是支撑数字经济的现代信息网络的重要组成部分,互联网治理应继续遵循信息社会世界峰会(WSIS)成果中的规定。2001 年 12 月 21 日,联合国大会通过决议,欢迎国际电联的倡议,决定举办信息社会世界峰会,2003 年 12 月在瑞士日内瓦举行了第一阶段峰会,通过了《日内瓦宣言》《日

---

[1] G20(2016)《二十国集团数字经济发展与合作倡议》,第 1 页,http://www.g20chn.org/hywj/dncgwj/201609/t20160920_3474.html。

内瓦行动计划》,2005 年 11 月在突尼斯举行了第二阶段峰会,通过了《突尼斯承诺》和《突尼斯议程》,其基本内容如下。

第一,互联网已发展成为面向公众的全球性设施,其治理应成为信息社会日程的核心议题。互联网的国际管理必须是多边的、透明和民主的,并有政府、私营部门、民间团体和国际组织的充分参与。它应确保资源的公平分配、促进普遍接入,并保证互联网的稳定和安全运行,同时考虑到语言的多样性。

第二,互联网这一信息社会基础设施的核心组成部分,已从研究和纯理论性的设施,发展成为一种面向公众的全球性设施。

第三,致力于维护互联网这一全球设施的稳定与安全,并以来自发达和发展中国家的所有利益相关方根据各自的作用与责任充分参与为基础,确保互联网治理具有必要的合法性。

第四,互联网的管理包含技术和公共政策两个方面的问题,并应有所有利益相关方和相关政府间和国际组织的参与。一是涉及互联网的公共政策问题的决策权属国家主权。各国有权利和责任处理与国际互联网相关的公共政策问题。二是在技术和经济领域,私营部门应一如继往地继续在互联网的发展方面发挥重要作用。三是民间团体也在互联网事务方面发挥了重要作用,在社区层面尤其如此,应继续发挥这一作用。四是政府间组织应一如既往地继续在协调与互联网相关的公共政策问题中发挥促进作用。五是国际组织也应一如既往地继续在制定与互联网相关的技术标准及相关政策中发挥重要作用。

第五,强化专业化的区域性互联网资源管理机构,以保证各区域管理各自互联网资源的权利,同时保持对这一领域的全球协调。

第六,必须与所有利益相关方合作,进一步促进、营造并实施联大第57/239 号决议提出的全球性的网络安全文化和其他相关的区域性框架。这种文化需要各国采取行动和增进国际合作才能提高安全性,并加强对个人信息、隐私和数据的保护。不断发展的网络安全文化应该使接入能力和贸易量得到提高,还必须考虑到各国的社会和经济发展水平,并尊重信息社会以发展为导向的方面。

第七,在国家和国际的两个层次采用实用高效的工具和机制,重点促进网络犯罪执法部门间的国际合作。各国政府与其他利益相关方合作,制定查处网络犯罪的立法,并注意现有的法律框架,例如有关"打击违法滥用信息技术"的联大第 55/63 和 56/121 号决议以及欧洲理事会的《网络犯罪公约》。

第八,所有利益相关方针对垃圾邮件采取多管齐下的方式,其中主要包括在用户和工商企业当中开展教育活动,制定相关立法,强化执法部门和工具,不断推出技术和自律措施,交流最佳做法并开展国际合作。

第九,确保互联网的稳定性和安全性、打击网络犯罪、采取反垃圾邮件的措施,必须保护和尊重《世界人权宣言》和日内瓦《原则宣言》相关部分中有关隐私等方面的规定。

第十,制定国家消费者保护法和实施办法,同时在必要时建立执法机制,以保护在线购买商品和服务的消费者的权利,还要求加强国际合作,以便按照适用的国家法律,一视同仁地进一步扩大电子商务并增强消费者对电子商务的信心。[1]2005 年,信息社会世界高峰会议、联合国和国际电信联盟联合发布信息社会世界高峰会议(WSIS)10 项成果文件,[2]并确立了 2015 年后发展议程的重点领域,WSIS 的目标即缩小数字、技术和知识差距,创建以人为本、包容、开放和面向发展的信息社会,使每个人都能创造、接触、使用和分享信息知识等。[3]

(三) 关键领域的投资和合作

明确数字经济合作的优先事项,包含扩大宽带接入,提高宽带质量,加速网络基础设施建设。促进互联网交换中心(IXPs)建设。在合法可预测的竞争环境中,促进宽带网络覆盖、提高服务能力和质量。促进电子商务合作,主要包括使用可信的数字化手段促进电子商务跨境贸易便利化,如无纸化通关、电子交易单据、数字认证的互认、电子支付和网上支付等。

(四) 数字经济中的政策支持

其主要包括以下方面:(1)提高数字经济政策的透明度,包括发展和保持公开、透明、包容及以证据为基础的数字经济政策制定方式,并考虑到所有利益相关方的意见。在法律、法规、政策和其他措施审议、制定、实施之前,公开征求其意见。鼓励发布相关的、可公开的政府数据,并认识到这些

[1] 联合国(2005),信息社会突尼斯议程,http://www.un.org/chinese/events/wsis/agenda.htm。
[2] 信息社会世界高峰会议、联合国和国际电信联盟(2015),信息社会世界高峰会议成果文件,https://www.itu.int/net/wsis/outcome/booklet-zh.pdf。
[3] 信息社会世界高峰会议、联合国和国际电信联盟(2015),有关 2015 年之后信息社会峰会的 WSIS+10 愿景,www.itu.int/net/wsis/implementation/2014/…/362828V3C.DOCX。

对于带动新技术、新产品、新服务的潜力。鼓励智能的公共采购方案,支持私营部门创新数字产品生产和服务,同时保持需求由市场主导。(2)促进合作并尊重自主发展道路。鼓励成员开展国际合作,减少、消除或防止不必要的监管要求的差异,以释放数字经济的活力,同时认识到所有成员应与其国际法律义务保持一致,并根据各自的发展情况、历史文化传统、国家法律体系和国家发展战略来规划发展道路。(3)增强在线交易的可用性、完整性、保密性和可靠性。鼓励发展安全的信息基础设施,以促进可信、稳定和可靠的互联网应用。支持和鼓励使用基于风险的技术标准、指导原则和最佳实践,以识别、评估、管理公私部门的安全风险。加强在线交易方面的国际合作,共同打击网络犯罪和保护信息通信技术环境。(4)加强知识产权保护。重申《二十国集团安塔利亚峰会领导人公报》第 26 段内容,认识到适当、有效的知识产权保护和执法对数字经济发展的重要意义。(5)支持国际标准的开发和使用。支持技术产品和服务的国际标准的开发和应用,这些国际标准应与包括世贸组织规则和原则在内的国际规则保持一致。

(五) G20 数字经济合作方向

(1)鼓励建立多层次交流,包括与政府、私营部门、民间社会、国际组织、技术和学术群体等利益相关方以及行业组织、劳工组织等其他各方分享观点,促进数字经济合作。(2)鼓励联合国、联合国贸易和发展会议、联合国工业发展组织、国际劳工组织、国际货币基金组织、国际电信联盟、经济合作和发展组织、世界银行和其他国际组织,在重要的政策问题方面开发更好的实用、相关、适当的指标,譬如数字经济中的信任、电子商务、跨境数据流动、物联网等问题。(3)与经济合作与发展组织等加强关于宏观经济统计中的数字经济测度问题研究。

二、G20 数字化路线图
(2017 德国杜塞尔多夫会议)[①]

2017 年 G20 涉及数字经济的峰会除了部长会议数字经济宣言外,形成

---

① Towards the Implementation of the G20 Roadmap for Digitalisation, http://www.oecd.org/g20/OECDreport_Implementation_G20_Roadmap.pdf.

了以下几个附件:数字化路线图、数字化未来的政策、数字技能的职业教育及培训、G20 关于数字贸易的优先事项。

(一) 数字化路线图:数字化未来的政策

(1)促进数字技术在全球范围内的获取、采用和有效使用。(2)扩大数字基础设施,G20 国家鼓励继续投资发展数字基础设施,以满足现有及未来的需求,并帮助弥合数字鸿沟。(3)调整政策以适应日益数字化、信息化和知识驱动的全球经济。数字化影响着经济和社会的许多方面。政策的制定将需要政府各部门之间、各级政府之间的协调以及所有利益相关方的参与。(4)促进数字经济竞争。数字化创造新的机会,可增加消费者的选择,并提供创新性的产品和服务。线上和线下两种商业模式之间的边界正变得越来越模糊,而且出现新的竞争态势。(5)支持中小微企业(MSME)从数字化中受益并应对挑战。促使中小微企业使用先进的数字技术非常重要。然而,他们迅速采用新技术、通过实践学习、创新和优化生产的能力可能会受到规模小的限制,缺乏资源也限制了他们从数字经济中获益。(6)鼓励物联网(IoT)的持续发展和生产的数字化。G20 国家之间可以分享好的实践经验,并确定在鼓励物联网发展和生产的高效数字化方面进一步合作的领域。(7)使所有人都能适应并在数字经济和社会中脱颖而出。数字技能日益成为参与现代经济、社会、文化、政治和市民生活的先决条件。为了让我们的公民做好准备,以应对全球化和数字革命带来机遇和挑战,我们需要确保每个人都能从中受益并适应新的职业和技能需求。(8)增强对数字经济的信任。信任和安全是数字经济运行的基础;如果没有这些,数字技术的普及可能会受到限制,从而影响潜在增长和社会进步。(9)促进在线消费者保护。尽管企业对消费者(B2C)电子商务正稳步增长,但仍有相当大的潜力有待开发。消费者保护对于促进以充分和有效的知识产权的保护执行为基础的包容性增长至关重要,这些对建立信任来进一步发展这些市场使消费者和企业受益至关重要。(10)数字经济的计量。我们成功的基础是我们知道所取得进展的能力,这也意味着我们应当改进数字经济的计量方法,因为稳健的统计数据是有据可依的、良好的政策建议的基础。(11)弥合数字性别鸿沟。数字化为妇女的经济权创造了新的途径。然而,G20 国家担心,女性并没有与男性一样公平地分享数字化的好处。根据地域和社会条件的不同,妇女在技术和数字金融服务方面面临更高的准入障碍。女性还面临技能、参与度和领导能力的差距,这阻碍了她们充分参与数字经济。

(二) 职业教育和培训中的数字技能

数字技能是 G20 经济体和伙伴国家创新和竞争力发展的驱动力。在"G20 关于促进高质量学徒制的倡议"的基础上,鼓励制定关于获取数字技能课程的战略,考虑企业的需求,将数字学习技术应用于职业教育(包括快速技能培训计划)和在职培训中,以提升员工的数字技能。利用数字及电子学习技术的潜力、可获取的信息技术,增加弱势及被忽视群体的学习成果,并使有效的终身学习成为可能。为学校提供适当的基础设施、管理框架和必要的资源,使其顺利地教授数字技能和能力,这也是数字化生产的要求。

(三) G20 关于数字贸易的优先事项

(1)数字贸易的计量。包括数字贸易的定义和范围,收集可靠数据的基本的、新的来源,合理的会计框架,以及将某些交易分为货物贸易或服务贸易或两者兼而有之等这些技术的和复杂的问题。(2)数字贸易的国际框架。G20 成员国在世贸组织第十一届部长级会议(MC 11)中建设性地参与世贸组织有关电子商务的讨论;G20 成员国根据"G20 数字经济发展与合作倡议",建立透明的数字经济政策,并分享最佳实践作为政策制定者能力建设的有用工具;贸易和投资工作组(TIWG)将数字贸易纳入其议程,以便在阿根廷任 G20 轮值主席国期间进一步报道。(3)对数字贸易发展层面的认识。G20 成员国同意在贸易和投资工作组进一步深入探讨关于数字贸易的发展维度;承诺继续就数字贸易政策交流最佳实践,包括完善的监管框架和支持增加数字贸易的措施。

在所有电子贸易倡议的支持下,包括发展中国家、捐助者、私营部门和相关国际组织,在各自的职责范围内,确定数字贸易的制约因素,并制定适当的应对措施;以及邀请相关的国际组织在各自的职责范围内,在阿根廷 G20 轮值主席国任职期间,为贸易和投资工作组(TIWG)准备一份报告。这份报告确定影响数字贸易就绪的因素,提出减少数字贸易壁垒的方案,并提高发展中国家和最不发达国家在这一领域的绩效,以促进包容性和可持续性增长。

三、2018 年阿根廷 G20 会议数字经济议题

自 2017 年 12 月起,新一届 G20 在阿根廷十个城市召开 50 多次会议,并于 2018 年 11 月 30 日至 12 月 1 日在布宜诺斯艾利斯召开 2018 年 G20 领导人峰会。目前来看,G20 会议议程关注的三大主题即未来就业(The future of work)、促进发展的基础设施建设(Infrastructure for development)和构建粮食系统的可持续未来(A sustainable food future)虽然都看似与数字经济没有直接关联,但至少其中的"促进发展的基础设施建设"包含着涉及"数字连接"(digital connectivity)的基础设施。G20 官网所刊登的《2018 年 20 国集团阿根廷主席国概述:建立共识,实现公平和可持续发展》指出,将私人资源投入基础设施建设对缩小全球基础设施鸿沟而言十分重要,对投资人而言,这也是未来稳定收益的保障,而这需要通过国际合作来达成。促进发展的基础设施作为一种资产类别拥有更大的潜力,它把今天的储蓄转变为公共基础设施、高效的运输服务、基本卫生设施、能量流动和"数字连接",将使今天的每个人成为明天的全球公民和工作者。[①]

新一届 G20 会议分为金融财政轨道与协调人轨道,双轨并行。金融财政轨道主要开展 G20 财长和央行行长会议以及与经济发展有关的工作组会议。联络人轨道主要开展的是关注不同议题的工作组会议。阿根廷 G20 会议设立十一个议题工作组,分别关注金融、农业、反腐、贸易与投资、发展、数字经济、教育、就业、健康、气候可持续性以及能源转型。从 G20 官网所刊登的有关说明来看,除了数字经济工作组外,贸易与投资工作组所关注的内容,亦与数字经济存在一定的关联。

贸易与投资工作组主要集中讨论全球价值链和农业部门以及第四次工业革命、工业 4.0 这两个方面,而这两个方面都需要更大地整合国际贸易中的中小企业所面临的数字经济的机遇和新技术出现的问题。[②]

至于数字经济工作组,至关重要的 G20 工作涉及性别问题、安全和消费者隐私的考虑,在以往的共识的基础上,通过代表年轻、多样化和创造性的地区,寻求为包容性发展在数字时代的转变提供建议,尤其关注性别,讨

[①] OVERVIEW OF ARGENTINA'S G20 PRESIDENCY 2018, BUILDING CONSENSUS FOR FAIR AND SUSTAINABLE DEVELOPMENT, https://g20.argentina.gob.ar/en/overview-argentinas-g20-presidency-2018.

[②] Trade and Investment, https://www.g20.org/en/g20-argentina/work-streams/trade-and-investment.

论数字包容、未来工作技能、数字政府、中小企业和创业、工业 4.0 和农业技术等主题。

2018 年 2 月上旬,G20 阿根廷会议数字经济工作组第一次会议在布宜诺斯艾利斯召开。G20 成员国代表,以及世界银行、经合组织、世贸组织、国际电信联盟、欧盟、东盟等国际组织代表参加会议。中国工业和信息化部及中央网信办、外交部派员代表中方参会。会议延续和深化 G20 杭州峰会、汉堡峰会成果,重点围绕新工业革命、数字经济测度、数字经济工作技能、缩小性别数字化鸿沟和数字政府等五个议题展开。中国工业和信息化部信息化和软件服务业司参会人员围绕新工业革命、数字经济基础设施、数字经济测度、企业数字化转型服务等议题阐述中方立场,与其他国家及国际组织代表进行沟通交流,介绍中国在推进制造业数字化转型、发展工业互联网等方面的进展与成效。

第九章
数字经济的内涵与国际合作趋势

　　数字经济的快速发展提出了制定相关国内规则和国际规则的内在需求,这些规则成为新的全球贸易规则和投资规则的重要组成部分。全球数字贸易规则的核心是关于数据跨境传输(流动)的国内规则和国际规则,由于各国在数字经济发展阶段、国家治理能力等方面的不同,各国的跨境数据传输规则也表现出各种各样的差异,而这些差异的存在影响到了各国数字经济的顺利发展。因此,各国从不同利益角度出发,就各国的跨境数据传输规则所进行的国际合作,将在相当长的一段时间内成为数字经济下国际合作的重要组成部分。本章将从国内外文献中梳理数字经济的定义以及内涵,分析数字经济不同于工业经济的基本特征,并对不同机构和学者提出的数字经济的测量方法进行比较;同时,对数字经济的国际合作与治理趋势进行探讨。

一、数字经济的内涵

　　数字经济随着互联网及数字技术的发展在 20 世纪 90 年代成为一个全新的经济概念进入人们的视野。Tapscott(1996)被认为是最早提出数字经济概念的人。他将数字经济称为网络化智能的时代,认为数字经济不仅是有关技术、智能机器的网络系统,更是人类通过技术构建的网络系统,其将智能、知识及创新联系起来,以促进财富及社会发展的创造性突破。早期有关数字经济的定义主要关注网络及相关技术的发展、应用,侧重于区分数字经济与相关概念,如信息经济、网络经济、新经济等的差异。Lane(1999)认为,数字经济是网络计算及信息技术的集合,其产生的信息及技术流促进了电子商务及组织模式的巨大变化。

　　世纪之交,虽然数字经济的边界仍然没有明确,但相关研究开始关注其主要构成。Margherio et al.(1999)首次明确数字经济的组成部分,包括网络构建、电子商务、货物和服务的数字交付和有形货物的零售。Kling and

Lamb(2000)认为 ICT 产品及服务、电信是数字经济的组成部分,指出数字经济是指高度依赖数字技术进行生产、销售及发展、供给的货物和服务,具体包括四个部分,高度数字化的货物及服务、混合性数字化的货物及服务、IT 密集型的货物和服务、IT 产业。Measenbourg(2001)认为数字经济包含三个基本部分,一是电子商务基础设施,指经济基础设施中用于电子商务流程及实现电子交易的部分;二是电子业务,指经济主体通过电脑网络实现的所有流程;三是电子商务,指通过电脑网络销售的货物及服务的价值。

随着数字技术的不断发展及应用的不断扩展,数字经济的范畴也不断扩大。Heeks(2008)认为数字经济包括三个层面六个要素。第一层面包括货物、软件和基础设施。货物指 ICT 消费品的生产(如计算机硬件、数字通信产品)和 ICT 资本品(如生产计算机的自动化机器)、中间品的生产(如芯片、主板、DVD 驱动等用于生产计算机的零部件)。软件指软件的设计、生产及营销。基础设施包括通信基础及网络增值服务。第二层面包括服务和零售。服务指未统计入其他分类的专业服务,如咨询、培训、技术服务。零售指货物、软件、基础设施及相关服务的销售、再销售、分销。第三层面是内容,指内容的生产及销售。但是,数字经济的边界不仅没有明确,反而越来越模糊。Elmasry et al.(2016)指出数字经济不是一个概念,而是一种行为方式,主要有三个方面的贡献,在经济世界的最新前沿创造价值,从客户体验的角度优化流程,构建支持整个体系的基本能力。Knickrehm et al.(2016)认为数字经济是经济中由“数字”投入驱动的部分。“数字”投入包括数字技能、数字设备(硬件、软件和通信设备)和生产中使用的数字中间产品及服务。Rouse(2016)指出数字经济是以通信技术为基础的世界范围的经济活动网络,其也可以定义为以数字技术为基础的经济。Dahlman et al.(2016)认为数字经济是通用技术的融合以及人们通过网络及相关技术实施的一系列经济及社会活动,并明确数字经济的基本要素包括支持数字技术的宽带、路由器等有形基础设施,计算机、智能手机等终端设备,应用软件及其功能。Bukht and Heeks(2017)认为数字经济是经济产出中完全地或主要地由数字技术带来的,由基于数字货物及数字服务的经济模式所创造的那部分。他们指出数字经济的核心部分是数字(IT、ICT)行业,包括硬件生产、信息服务、软件及 IT 咨询、通信;狭义的数字经济还包括数字服务、平台经济、共享经济体、Gig 经济;广义的数字经济除此之外还包括电子商务、工业 4.0、精细农业、算法经济。

危机爆发后,作为数字经济基础的信息通信所受影响较小,其对经济发展的影响更加突出,一些国际机构也开始关注数字经济的内涵及边界,并将数字经济的影响纳入数字经济的范畴。EIU(2010)认为一个国家的通信技术基础设施的质量、消费者、企业及政府使用通信技术获取利益的能力是影响数字经济最为重要的因素。OECD(2013)指出数字经济使得货物和服务通过网上的电子交易成为可能并予以实施。DBCDE(2013)认为数字经济是通过因特网及移动网络等数字技术实现的全球经济及社会活动的网络。BCS(British Computer Society, 2014)指出数字经济指的是以数字技术为基础的经济,并指出数字经济的核心要素包括创新、权利、网络安全及数字素养。EC(2013)同样认为数字经济是以数字技术为基础的经济,并明确指出数字经济公司的四个特征:第一,创新得到风险投资等非传统资金的支持;第二,重视无形资产;第三,基于网络效应的新经济模式;第四,跨境商务。OECD(2014)指出数字经济的边界超越了企业和市场,还包括个人、社区及社会。这个概念还包括了快速增长的社交网络,免费、快速地连接社交媒体及其他用户的自创内容。对数字经济进行测度,把握其不同层面的冲击意味着对传统经济统计方法的改进。如货物及服务价格指数应该反映通信技术对产品质量的影响,使得通信技术在主要统计指标上得到反映,以评估其经济的影响。HC(House of Commons, 2016)认为数字经济指货物和服务的数字准入和利用数字技术对经济发展的促进作用。G20 DETF(2016)认为数字经济指范围宽泛的经济活动,具有以下特征:以数字化的信息和知识作为生产的关键要素,以现代信息网络作为重要活动空间,将有效利用通信技术作为提高效率及优化经济结构的重要手段。G20杭州峰会(2016)指出,数字经济是指以使用数字化的知识和信息作为关键生产要素,以现代信息网络作为重要载体,以信息通信技术的有效使用作为效率提升和经济结构优化的重要推动力的一系列经济活动。

中国数字经济快速发展,拥有全球最大的电子商务市场,成为影响全球数字化格局的重要力量。[①]数字经济在中国同样是各界研究的重要主题。逄健、朱欣民(2013)认为数字经济是以信息和通信技术为基础,通过互联网、移动通信网络、物联网等,实现交易、交流、合作的数字化,推动经济社会

---

① 麦肯锡全球研究院(2014)指出,中国电商交易额占全球的40%以上,超过美国、英国、日本、德国、法国的总额,中国与个人消费相关的第三交易额相当于美国的11倍。该研究院还指出,中国庞大的市场规模、互联网巨头建立并不断拓展延伸的数字化生态圈以及政府的积极推动是中国数字化发展最为主要的驱动力。

的发展与进步。从狭义上看,数字经济包含信息和通信技术领域;从广义上看,还应包含所有可以被数字化的产业和领域。中国信息通信研究院 2017 年在《中国数字经济发展白皮书》(CAICT, 2017a)中指出,数字经济超越了信息经济,是信息经济、信息化发展的高级阶段,其以数字化的知识和信息为关键生产要素,以数字技术创新为核心驱动力,以现代信息网络为重要载体,通过数字技术与实体经济深度融合,不断提高传统产业数字化、智能化水平,加速重构经济发展与政府治理模式的新型经济形态。中国信息通信研究院(CAICT, 2017b)2017 年在《G20 国家数字经济发展研究报告》中再次对数字经济进行类似的界定,认为数字经济是一种新的技术经济范式,它建立在信息通信技术的重大突破的基础上,以数字技术与实体经济融合驱动的产业梯次转型和经济创新发展为主引擎。在基础设施、生产要素、产业结构和治理结构上表现出与农业经济、工业经济显著不同的新特点。李艺铭、安晖(2017)将数字资源引入数字经济,认为数字经济是以数字资源为核心要素,以信息技术为主要驱动力,通过信息网络连接进行的生产、分配、交换、消费等全部经济活动的总和。其不仅包括信息技术产业的兴起和快速发展,也包括由信息技术推动的传统产业及经济部门的变革及飞跃发展。

二、与数字经济相关的概念

(一) 信息经济

信息经济是与数字经济最为相似的概念。信息经济这一概念最早出现在美国,Porat(1977)将信息经济分为基础信息产业和第二信息产业,基础信息产业指生产信息产品和服务的行业,第二信息产业指作为中间投入用于政府及非新信息企业的所有信息服务。第二信息产业需要将非信息企业及产业分为参与非信息活动的企业及产业和参与信息活动的企业及产业。Machlup(1980)最早对信息经济这一概念做了界定。他认为信息经济是一系列经济主体,包括企业、机构、组织、部门及其团队以及一些个人及家庭生产知识、信息服务及产品的经济部门,其测算指出,1958 年,美国 29% 的GNP 由知识产业所创造。Cooper(1983)指出信息经济可以分为信息产品和信息服务,虽然信息经济是一个新的概念,但是其所包含的许多产品和服务仍然和原来的一样。Brynjolfsson & Kahin(2000b)指出信息经济指的是范围广泛、长期的信息及知识的传播及应用；而数字经济指的是最近几年出现的、数字化信息所带来的所有经济部门的变化。OECD(2002)在"信息经济测度"中将信息通信产业作为信息经济，对信息通信技术产业(ICTs)的发展及其对就业、经济增长等的影响做了量化分析。

随着信息技术的发展，信息经济的外延不断拓展，越来越接近数字经济。Meng Ye(2015)指出信息经济的十大发展特征：第一，信息技术的指数发展；第二，由云、网络、终端构成的新的基础设施；第三，平台经济的新的商业系统；第四，大数据的潜能得到更快释放；第五，持续的、大规模的创新；第六，大众协作如资源共享等成为主流；第七，网络经济实体不断增加；第八，跨境网络渗透不断凸显；第九，网络空间领导权争夺不断加剧；第十，跨国经济重构国际贸易结构。中国信息通信研究院在2016年中国信息经济发展报告中指出，信息经济是全社会信息活动的经济总和，信息活动包括信息生产、采集、编码、存储、传输、搜索、处理、使用等一切行为以及支持这些行为的ICT制造、服务与集成。信息经济以数字化信息为关键资源，以信息网络为依托，通过信息通信技术与其他领域紧密融合，形成了5个信息经济层，即以信息产业为主的基础型信息经济层、以信息资本投资传统产业而形成的融合型信息经济层、体现信息通信技术带来全要素生产率提高的效率型信息经济层、以新产品新业态形式出现的新生型信息经济层、产生社会正外部效应的福利型信息经济层。这些有关信息经济的定义和数字经济的范畴相似程度非常高。

(二) 新经济

1996年12月美国《商业周刊》首次提出"美国新经济"的概念。当时美国经济的出色表现使得这一概念被越来越多的人所接受。新经济也被称为知识经济、数据经济，指的是以互联网和计算机技术的发展为基础，处于技术前沿并推动经济增长的高增长产业。[①]20世纪90年代在美国出现的新经济具有创新加速及生产率的快速增长的特征。1990年至2001年期间，美国向企业颁发的专利证书增长超过一倍，产业研发支出的增长同样超过一倍，企业研发支出大幅增加带动无形资产的快速增长。1995年至1999年期间，美国非农业劳动生产率的增长速度达到2.8%，而此增长速度在1972

---

① INVESTOPDIA, New Economy, https://www.investopedia.com/terms/n/neweconomy.asp.

年至 1995 年期间仅为 1.4%（Carlsson, 2002）。肖炼（2002）认为，新经济具有四个主要特征。第一，经济全球化。知识经济的共享性使得世界各国可以同时享有和使用人类共有的智力资源。信息的网络化使生产要素可以在全球范围内达到最优配置。任何经济体若不融入经济全球体系，必然在国际竞争中处于不利地位。第二，经济服务化。知识创新作为生产函数的内生变量在要素组合中起决定性作用，服务并优化其他变量。同时服务经济在国民经济中的比重不断提高。第三，经济网络化。通信数字技术与网络技术使经济模式和消费方式发生重大变革，遍布全球的网络系统使全球经济活动空间缩小、效率提高、协同性增强。第四，经济轻型化。主要表现为产值轻型化、产业结构轻型化、经济结构智能化。

美国信息技术与创新基金会认为新经济指的是网络化、全球化、高风险的知识经济，与传统经济相比，具有知识性、有效性、外部性和渗透性的特征，更加注重知识化、全球化、IT 驱动、创业驱动等方面。该基金会自 1999年发布"美国新经济指数"（The State New Economy Index）以来，截至 2017年已发布了八个报告。该报告用知识型工作岗位、全球化、经济活力、数字经济和创新能力 5 个维度的 26 个指标构建新经济指数，对美国各州的经济结构及新经济发展情况进行量化评价，并根据美国各州新经济发展的各种问题，提出政策建议。[①]在该报告中，数字经济是新经济的一个有机组成部分。

（三）其他类似概念

其一，知识经济。知识经济这一概念在 20 世纪 90 年代引起广泛关注。知识经济并不限于信息技术和数字化，而更关注知识生产率和创新能力。OECD（1996）认为知识经济是建立在知识和信息的生产、分配和消费之上的经济，知识成为促进经济增长的重要因素。知识经济的主要特征是高技术投资、高技术产业、高技能劳动力以及综合生产率收益的快速增长。Powell and Snellman（2004）将知识经济定义为以知识密集型活动为基础的生产服务，其在促进科技进步的同时也缩短了科学技术的生命周期，加快落后技术的退出。知识经济更多依赖知识能力，而非物理投入或自然资源。

[①] 美国信息技术与创新基金会（The Information Technology and Innovation Foundation, ITIF）1999 年首次发布美国新经济指数报告后，分别于 2002 年、2007 年、2008 年、2010 年、2012 年、2014 年和 2017 年发布美国新经济指数报告。数据来源：美国信息技术与创新基金会网站，https://itif.org/publications/2017/11/06/2017-state-new-economy-index。

　　其二,"互联网＋"。"互联网＋"由中国总理李克强在 2015 年的政府工作报告中首次提出,根据该报告,中国政府将制定"互联网＋"行动计划,推动移动互联网、云计算、大数据、物联网等与现代制造业结合,促进电子商务、工业互联网和互联网金融健康发展,引导互联网企业拓展国际市场。同年 8 月,国务院发布关于积极推进"互联网＋"行动的指导意见。可以说,"互联网＋"是中国政府在经济发展模式发生变化的背景下提出的旨在强化经济发展新动力,促进经济发展创新变革的政策指引。其侧重于把互联网的创新成果与经济社会各领域深度融合,推动技术进步、效率提升和组织变革,提升实体经济创新力和生产力,形成更广泛的以互联网为基础设施和创新要素的经济社会发展新形态。

三、数字经济与工业经济的区别和联系

　　1908 年,福特 T 型车成功上市,标志着人类社会从手工制作阶段向大规模工业经济发展,使劳动生产率大幅度提高,在这一百多年时间里,工业技术在化学、电器、航空、电子、计算机、电气和医疗器械等技术领域不断发展,正是这种技术变化,不断演变出新的细分产业,以装配流水线(汽车工业最为典型)和管道流水线(化学工业最为典型),但不管技术如何变化,大规模生产方式是 20 世纪最基本、最核心的生产特征,这也是工业经济的第一个基本特征。

　　工业经济的第二个基本特征是贸易自由化对工业产业组织的影响。1948 年成立的关税与贸易总协定(GATT)对世界贸易自由化的推动影响深远,而且许多原来的计划经济国家放弃了传统的国家治理理念,也加入GATT。1995 年以后世界贸易组织成立,这使北方国家主导的跨国公司的市场活动半径迅速扩大,也为产业内部的分工体系形成提供了巨大的市场条件。许多国际组织的成立也为产品标准化提供了现实的基础。当然,受到不同国家文化的影响,不同跨国公司产业组织的边界是不同的(Alfred Chandler, 1994)。[1]这样工业组织不局限在某个国家进行,而进行了国家之间的分工,不同产业涉及的国家数量多少与最终产品的复杂度以及零部件的可分拆性有关,例如飞机,其零部件就需要十万多个,参与的国家众多,而智能手机,其供应链比较短,参与的国家也就相对比较少。

---

[1]　小艾尔弗雷德·钱德勒著,张逸人等译:《规模与范围:工业资本主义的原动力》,华夏出版社 2006 年版,第 463 页。

　　工业经济的第三个特征是以市场和成本为导向，工业布局存在着明显的不平衡特点，由于海运成本相对铁路运输和空运便宜，因而许多工厂布局在沿海一带，这样形成了以沿海制造为主的全球价值链体系，而相较而言，内陆参与大规模生产分工体系相对少一些。

　　早期的工业经济和 20 世纪 80 年代以后的工业经济还是存在着显著的差异，早期的工业经济以国内产业分工体系为主，中间品和最终品在一个企业内部完成，在 20 世纪 20 年代到 30 年代，欧美企业基本形成了全能工厂，从原料到最终品都在一个工厂内部完成，甚至包括运输设施（码头等）和运输工具也是在一个企业内部完成。到了 20 世纪 50 年代特别是 80 年代以来，模块化生产极大提高了工业经济的效率，从而也对工业组织产生了重大的影响，在装配流水线领域，根据产品供应链的长短，形成了不同层次的零部件供应商，从一级供应商到三级供应商，这是最常见的工业组织分工体系，有些供应链可能更长，同时后勤专业服务提供商在 20 世纪 50 年代以后迅速出现，企业内部组织方式发生了根本性的变化，大而全的企业组织方式转变为大而专的全球性组织方式，以全球资源为基础构建企业组织方式，从而使工业经济的效率更加提高。

　　工业经济的第四个特征是欧、美、日等发达经济体主导了工业经济，但不同国家的发展存在着不同的模式，从跨国公司的形成过程看，尽管跨国公司生产的产品是一致的，但由于各国具有不同的价值观和文化观以及制度背景，因而跨国公司的营运方式和模式是不同的，"在美国，那些一体化管理的大型新兴企业，为了争夺市场份额和利润而激烈竞争，但是在德国，许多这样的大型企业却宁愿进行合作。在美国，1890 年联邦法院通过谢尔曼的反垄断法并付诸实施，这反映出美国对于竞争价值的普遍认可；然而在德国，国家法庭为卡特尔和其他企业之间的协议提供了强力支持，这反映的却是对于工业合作优势的普遍认可。德国的贸易联盟比美国的贸易联盟发挥了更大的作用，也明显地反映了这两种不同的信念。"[①]因此，德国工业企业之间和工业企业内部所发展起来的合作关系，被小艾尔弗雷德·钱德勒称为"合作的管理资本主义"，德国经济史家于尔根·科尔称之为"有组织的资本主义"，这种管理模式一直影响到现在。当日本跨国公司从 20 世

---

① 小艾尔弗雷德·钱德勒，张逸人等译：《规模与范围：工业资本主义的原动力》，华夏出版社 2006 年版，第463 页。

纪 50 年代开始发展起来的时候,日本企业采用了上下游企业之间互相持股的方式,形成了承包关系,而美国企业以市场交易关系为主,外包成为美国工业企业内部的主要方式。

　　工业经济的第五个基本特征是工业经济向发展中经济体延伸,发展中经济体基础设施的逐渐完善,人力资本的提高以及企业学习能力的进步,使欧、美、日等经济体的企业将部分非核心业务外包给发展中经济体,一是以组装和低技术最终品制造为主的发展中国家工业份额大幅度提高,其中中国所占份额最大;二是供应链的区域布局趋势明显,形成了全球分拆供应链格局(见图 9-1)。[①]

　　在发达经济体中,从 20 世纪 90 年代以来出现了分化现象,德国、日本、法国等继续沿用传统工业经济发展模式,并控制着汽车、电子、化学、航空等高端制造业,形成相对独立的供应链体系,而美国除了在传统高端制造业外,在数字通信、计算机和生物制药领域快速发展,进一步强化了其供应链高端位置,同时朝数字经济方向演化。

图 9-1　波音 787 的供应链分布[②]

① World Economic Forum(2012), The Future of Manufacturing Opportunities to Drive Economic Growth, p.31, https://www.nist.gov/sites/default/files/documents/2017/05/09/The-Future-Manufacturing_4_20_12.pdf.

② Mehmet Kaytaz, Suleyman Ozmucar. Globalization, Trade, Productivity and Development, S&B World Foundation, 2018, p.141.

　　工业经济条件下发达经济体和发展中经济体的利益配置格局也基本完成。一是发达国家仍然控制核心利益,控制全球价值链中高端位置。二是非核心利益在发展中国家进行了新一轮重新分配,中国占据了全球价值链低端主要份额,其既具有国家规模优势,也与市场容量的迅速增长有关。

　　20 世纪 90 年代后,随着信息与通信技术的发展,互联网发展迅速,其基本技术包括信息收集技术、信息传输技术、信息处理技术、加工技术和信息储存技术。这些技术促发了商业模式的根本性改变——从原来实体经济为主的企业对企业模式向以互联网为主的 B2C 模式转变,建立起以规模经济和范围经济为基础的数字服务平台,数字技术创新了信息搜索、信息交流平台以及货物和服务平台,在线货物订购、在线服务平台和社交网络等已经成为三大最主要的技术创新数字服务平台(见图 9-2)。

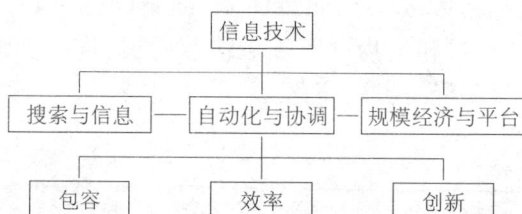

图 9-2　互联网通过三种重要机制推动发展①

表 9-1　世界互联网用户及占比　　　　　单位:人、%

世界区域	人口(2018)	占世界人口比重	互联网用户(2017.12.31)	渗透率	增长率(2000—2018)	互联网用户占比
非　洲	1 287 914 329	16.9	453 329 534	35.2	9 941	10.9
亚　洲	4 207 588 157	55.1	2 023 630 194	48.1	1 670	48.7
欧　洲	827 650 849	10.8	704 833 752	85.2	570	17.0
拉丁美洲/加勒比海	652 047 996	8.5	437 001 277	67.0	2 318	10.5
中东地区	254 438 981	3.3	164 037 259	64.5	4 893	3.9
北美地区	363 844 662	4.8	345 660 847	95.0	219	8.3
大洋洲/澳大利亚	41 273 454	0.6	28 439 277	68.9	273	0.7
全世界	7 634 758 428	100.0	4 156 932 140	54.4	1 052	100.0

• 资料来源:http://www.internetworldstats.com/stats.htm。

---

① 资料来源:世界银行集团《2016 年世界发展报告——数字红利概述》,第 9 页,http://www-wds.worldbank.org/external/default/WDSContentServer/WDSP/IB/2016/01/13/090224b08405b9fc/1_0/Rendered/PDF/World0developm0l0dividends0overview.pdf,登录时间 2016 年 10 月 23 日。

这种技术使全球互联网用户的快速增长。到 2017 年 12 月,在全球 76 亿人口中,互联网用户达到约 41.6 亿,互联网渗透率达到 54.4%,从 2000 年到 2018 年,其增长率达到 1 052%,不仅欧洲、北美的互联网渗透率很高,而且非洲、中东地区互联网用户的增长率也非常高,非洲 2000—2018 年的增长率达到 9 941%(见表 9-1),这是信息和数据流动的基础。

在这个基础条件下,以互联网为商业基础,B2C 为服务内容的互联网价值链基本形成,科尔尼管理咨询公司(2010)将互联网价值链分成五个部分,分别是内容创建权利、在线服务、支持技术服务、联通性以及用户界面(见图 9-3)。

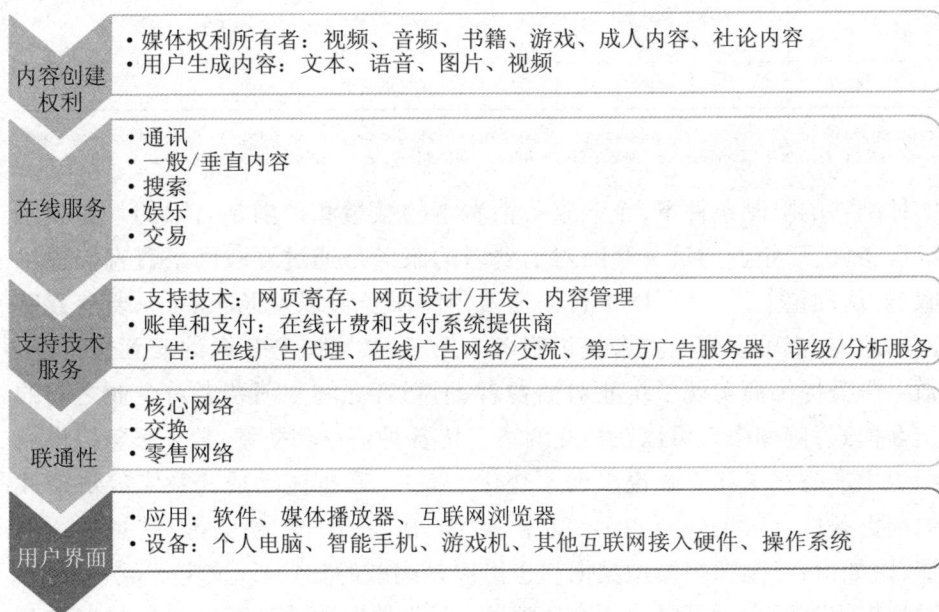

内容创建权利	• 媒体权利所有者:视频、音频、书籍、游戏、成人内容、社论内容 • 用户生成内容:文本、语音、图片、视频
在线服务	• 通讯 • 一般/垂直内容 • 搜索 • 娱乐 • 交易
支持技术服务	• 支持技术:网页寄存、网页设计/开发、内容管理 • 账单和支付:在线计费和支付系统提供商 • 广告:在线广告代理、在线广告网络/交流、第三方广告服务器、评级/分析服务
联通性	• 核心网络 • 交换 • 零售网络
用户界面	• 应用:软件、媒体播放器、互联网浏览器 • 设备:个人电脑、智能手机、游戏机、其他互联网接入硬件、操作系统

图 9-3　互联网价值链

• 资料来源:根据科尔尼资料整理,A Viable Future Model for the Internet。https://www.atkearney.com/documents/10192/557848/Viable_Future_Model_for_Internet.pdf/4b98dac5-0c99-4439-9292-72bfcd7a6dd1。

在不同互联网价值链中,不同产品的市场结构存在着很大差异,有偏竞争性的,有偏垄断性的(见表 9-2)。

信息技术推动了 B2C 为主的数字经济的形成,数字经济与工业经济不同的特征有以下几点。第一,商业主体的变化,从实体网络的服务模式转变为互联网的 B2C 模式。在原来实体经济条件下,产业组织形成制造、批发和零售的网络体系,最终通过商业砖瓦式的网络为消费者提供服务,在固定

表 9-2　互联网价值链选定部分的市场特征

分　类	特　征	备　　注
电子零售	分散型	拥有自己在线销售的本地零售商占全国市场份额的多数
社交和社区、搜索引擎	非常集中	强大的网络效应
视频和音乐	集　中	少数具有全球规模和强势品牌的提供商能够通过在线内容获利
在线视频	竞争型	大型运营商(例如 Netflix)正在全球扩张,但本地在线视频提供商效仿 Netflix 模式资本化本地知识和语言;内容所有者也绕过第三方平台开展竞争,并提供流媒体/订阅视频点播
游　戏	越来越集中	通过收购竞争对手
连　接	全球市场分散;本地高度集中	然而基于 IP 的通信是集中的,例如 WhatsApp
用户界面	集　中	进入门槛高(特别是硬件)

• 数据来源:根据科尔尼资料整理,Atkearney A Viable Future Model for the Internet, https://www.atkearney.com/documents/10192/557848/Viable_Future_Model_for_Internet.pdf/4b98dac5-0c99-4439-9292-72bfcd7a6dd1。

实体网络的限制条件下,企业服务消费者的数量和范围是有限的。在数字经济条件下,企业通过互联网对消费者的服务是通过互联网平台直接提供服务,从理论上讲,互联网平台为消费者的服务可以是无限的,只要有互联网的地方,都可以为消费者提供服务。第二,数字服务平台的交互式特征。数字服务提供商实现了企业对消费者、消费者之间和消费者对企业之间的交互模式,例如个人可以在社交网络上传各种信息和视频,数字服务提供商组织生产的技术和方式也出现了变化。第三,数据流动成为数字经济形成的前提条件。数据包括符号、文字、数字、语音、图像、视频等,它是连续的值,比如声音、图像等模拟数据。也可以是离散的如符号、文字等数字数据。数据根据不同主体可以分为个人数据,企业数据和政府数据等。数据本身没有意义,数据必须与信息结合,数据和信息是互相关联的,数据是信息的表达,信息是数据的内涵。在数字经济中,个人数据是数据的最核心部分,因而随之而来的问题是:个人数据能否流动? 是可以在境内流动还是跨境流动? 哪些行业完全可以流动,哪些行业限制甚至禁止流动? 这些都影响着数据服务提供商是否可以提供服务? 提供多少服务?

　　数字经济与工业经济之间是什么关系呢? 首先,数字经济部分替代工业经济。在报纸、音乐、图书和期刊等领域,从创意、制作到销售,都通过数字经济形式表现出来;同样,许多传统服务业也被替代,例如订票服务、部分保险产品服务、部分健康服务等。①但并不是说所有的数字产品都替代了货物产品和服务产品，这与技术、消费习惯以及相应的国际贸易规则有关。其次，数字经济促进工业经济的智能化，工业互联网是 B2B 的操作系统，通过数字产品嵌入传统价值链，进一步深化大规模生产的定制化进程，如智能驾驶系统、智能电子产品（智能手机等）等。工业互联网就是要改变传统的大规模生产方式，逐步演变到智能产品、智能连接产品、产品到系统的系统，而工业互联网是系统的构架基础，工业互联网平台是面向制造业数字化、网络化、智能化需求，构建基于海量数据采集、汇聚、分析的服务体系，支撑制造资源泛在连接、弹性供给、高效配置的工业云平台（见图 9-4）。②这将对全球的制造业价值链和供应链体系产生革命性的影响。最后，数字经济促进工业经济和服务经济的数字化服务。例如企业之间的电子供应链服务，为消费者提供订货服务等，服务涉及的领域更加广泛。

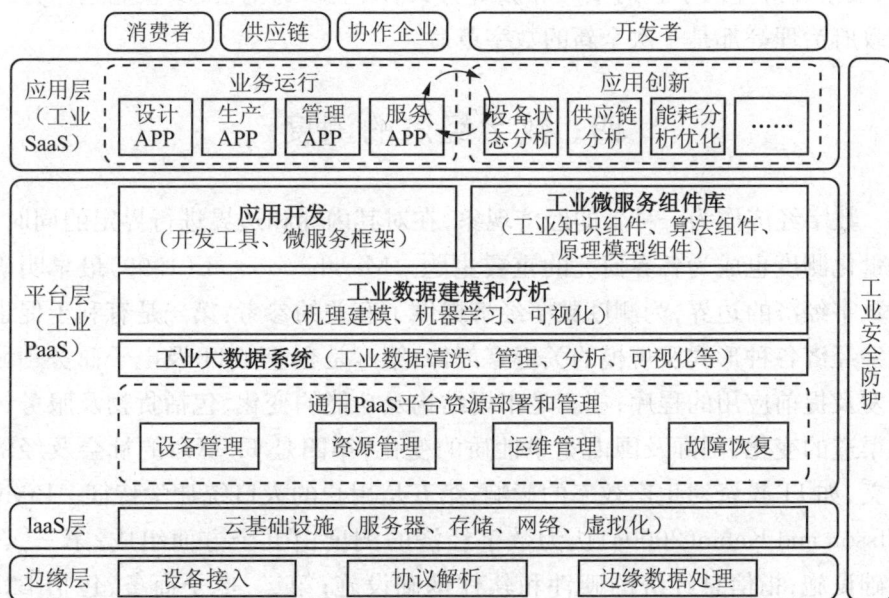

图 9-4　工业互联网平台功能构架图

---

① United States International Trade Commission(2013) Digital Trade in the U.S. and Global Economies, Part 1, Pxvi, https://usitc.gov/publications/332/pub4415.pdf.

② 工业互联网产业联盟(AII)(2017)，工业互联网平台白皮书(2017)，第 3—4 页，http://www.miit.gov.cn/ n973401/n5993937/n5993968/c6002326/part/6002331.pdf.

　　随着信息通信产业的发展,数字经济已经悄然渗透到经济、社会的各个领域,只要有宽带等网络覆盖的区域,就有数字经济。数字经济已经成为全球经济的重要组成部分,其对经济发展的贡献越来越突出。[①]全球约 3/4 的人使用网络,2/3 的人从网上购物,B2C 交易额占 GDP 的比重从 2010 年的 0.5％增长到 2016 年的 1.5％。[②]2020 年,数字经济占全球 GDP 的比重将达到 25％(TUAC, 2016)。数字经济作为一种新的经济模式,尽管核心部分基本相同,但其内涵和量化测度却依然没有公认的边界或统一的框架。

　　从以上关于工业经济和数字经济的分析中我们可以看出两者的关联和区别。从关联看,工业经济是数字经济的基础和支撑,数字经济如果没有通信设施以及相应的工业品和服务品,就没有企业之间的产品关联和服务品关联,就不可能有企业之间数据的传输,也就不需要工业互联网;同时数字经济是工业经济的进一步延伸和发展,通过数字化平台,使工业经济更加精准地为消费者提供高效便捷的服务,企业之间的运作效率也更高。从区别看,数字经济提供了新的生产和服务方式,从生产到销售,从企业运作方式到政府治理等都是一次全新的数字革命。

四、数字经济的测度

　　数字经济作为一种新的经济现象,在对其内涵和边界进行界定的同时,其量化测度也成为各界研究的重要主题。Margherio et al.(1999)最早明确了数字经济的边界,为测度数字经济提供了有益的参考:第一是有利于促进数字经济各种形式及规模的关键零部件;第二是企业在 IT 及电子商务领域开发及提前应用的程序;第三是市场结构及功能的变化,包括货物及服务销售渠道的变化、国际及国内竞争性质的变化;第四是 IT 革命的社会及经济意义,如 IT 投资对生产效率的影响;第五是用户的人口统计学特征。Brynjolfsson and Kahin(2000a)认为数字经济的测度由五个方面组成:第一,IT 基础设施,指信息经济的硬件和软件基础设施;第二,电子商务,包括 B2B 和 B2C 两个方面;第三,企业及行业结构,指软件、IT 及网络的发展对企业

① Manyika et al.(2014)指出网络的运营使得贸易成本平均减少了 26％;USITC(2014)指出跨境数据流动比传统货物贸易创造更多的经济价值,2014 年,全球 GDP 中 2.8 万亿的价值由跨境数据流动所创造。

② 数据来源:UNCTAD(United Nations Conference on Trade and Development), 2017, World Invest Report 2017, http://unctad.org/en/Pages/DIAE/World%20Investment%20Report/World_Investment_Report.aspx。

及市场结构的影响;第四,人口统计及劳动力特征,数字经济及非数字经济的劳动力市场特征存在明显差异;第五,价格行为,通过调整价格缩减指数来反映 IT 引起的质量变化。Brynjolfsson and Kahin(2000b)进一步提出数字经济测度的数据要求。第一,投入产出统计,可以客观测度生产效率以及剔除质量因素的价格指数结构,并促进跨地区、跨产业的研究以及微观数据分析;第二,企业层面的数据,反映生产如何进行、区位选择及就业情况;第三,有关职工人力资源以及不同职位及行业工资水平的数据;第四,有关人口统计的详细数据,尤其是个人及家庭对数字经济的参与情况。Measenbourg(2001)关注对不断发展的电子商务及电子交易的测度。US-DOC(2003)在统计上将数字经济局限于 IT 产业,IT 产业包括硬件行业、软件及服务行业、通信设备行业及通信服务行业四个部分。

随着数字经济的发展以及相关研究的深入,各界有关数字经济内涵的核心部分的分歧越来越小,但在具体测度上仍然面临诸多困难。ONS(2015)指出数字领域技术的不断发展意味着越来越多的企业越来越数字化,这导致对数字经济的测度变得更加困难。牛津数字经济合作组织(Oxford Digital Economy Collaboration Group, ODECG)认为数字经济使通过网上电子商务进行货物及服务的贸易成为现实。数字经济包括三个主要方面:支持数字经济的基础设施,包括硬件、软件、电信、网络等;电子业务,指一个组织通过计算机网络进行的业务流程;电子商务,指网上货物交易。同样地,美国人口调查局(United States Census Bureau, USCB)也认为数字经济包括基础设施、电子业务和电子商务三个部分。日欧产业协作中心(EU-J CIC, EU-Japan Centre for Industrial Cooperation)(2015)在"日欧的数字经济"中沿用了 ODECG 的概念界定,在测度上分别对电子业务、电子商务、宽带、物联网、电信、ICT 产业的市场规模及雇佣规模做了统计。[①]TUAC(2016)指出目前数字经济尚无综合性的定义或测度框架,但认为数字经济应该包括两个层面:一是数字产品的生产及销售;二是数字技术在经济部门的应用所带来的雇佣结构、消费及社会的变化。明确数字经济以跨境、网络化的生态系统为基础,通过宽带、移动网络和物联网支持不同网络之间经济及社会相互作用,交换联系不同的部门及活动。数字经济的大规模出现得

① 牛津数字经济合作组织(Oxford Digital Economy Collaboration Group)和美国人口调查局(United States Census Bureau, USCB)有关数字经济测度的定义也转引自:日欧产业中心(EU-J CIC)(2015)《日欧的产业经济》。

益于不断提高的无形要素、用户及商业运作的移动性,不断强化的网络效应、规模庞大的数据流以及多渠道的商业模式,并指出,如果将数字经济局限于通信技术产品的生产及销售或通信技术部门,并不能客观反映数字经济的范畴。HCUK(2016)认为数字经济不是传统的市场经济行为,GDP 数据并不能反映数字经济的经济收入,例如时间节省、选择增加及产品成本降低等。中国信息通信研究院(CAICT, 2017a)明确数字经济包括数字产业化和产业数字化两大部分。数字产业化,也称为数字经济的基础部分,即信息产业,包括电子信息制造业、信息通信业、软件服务业等;产业数字化,也称为数字经济融合部分,指数字技术的应用所带来的产出增加和效率提升。马化腾等(2017)指出随着数字经济的发展,其内涵和外延不断变化,而数字经济难以测度的另一个重要原因是它是融合性经济。计算机制造、通信设备制造、软件及信息技术服务等可以作为数字经济的基础产业,互联网、互联网零售及相关服务等架构以数字化为基础的行业可以看作数字经济的范畴。但是,数字经济的效应,即其他行业由于信息通信技术的应用以及数字化转型带来的产出增加及效率提升却难以计量,而这正是数字经济的主题部分,其在数字经济中所占的比例越来越高。OECD(2014)指出,数字经济对日常生活影响的不断扩大要求新的数据及测度工具对其进行客观衡量,而现有对数字经济的测度仅限于通信技术的传播,难以适应不断进步的技术以及不断扩大的应用。鉴于此,OECD 前瞻性地提出建立国际性数字经济测度方法的议程表,其主要包括六个方面:第一,改进对通信技术及其对宏观经济影响的测度方法;第二,定义并测度数字经济所需的技能;第三,建立指标对安全、隐私及消费者保护等进行监控;第四,从社会目标的角度改进通信技术及数字经济社会影响的测度方法;第五,投资完善综合性的、高质量的数据基础设施,以测度其影响;第六,建立一个高质量的统计框架,将网络开发成数据来源。

综上,数字经济难以量化测度,主要是因为:第一,数字经济是一个不断发展变化的经济现象,其内涵和外延不断变化;第二,数字经济是一种融合经济,而融合的边界难以界定;第三,数字经济的测度还包括数字经济发展的效应,如效率提高、就业促进等,而这方面却难以测度。尽管如此,各界仍然试图利用可获得的数字,从不同的角度对数字经济进行测度,试图量化衡量数字经济的发展。

（一）日本的 ICT 国际竞争力指数

日本总务省（2014）用 ICT 产业的市场份额和出口份额构建 ICT 国际竞争力指数，以衡量日本 ICT 产业在国际市场的竞争地位。根据其统计结果，2014 年，全球 ICT 市场规模达到 2.54 万亿美元，比上一年度增长 9.8%。其中，北美地区所占比例最高，达到 47.4%，其次是欧洲，为 16.1%，亚太地区仅占 15.1%，日本占 10.8%；全球 ICT 出口额为 1.33 万亿美元，比上一年度增长 5.9%。其中亚太地区所占比例最高，达到 75.4%，其次是北美地区，为 8.8%，欧洲地区占 6.8%，日本占 3.3%。

（二）经济学家智库的数字经济排名

经济学家智库（Economist Intelligence Unit, EIU）2010 年从联通性及技术基础设施、营商环境、社会及文化环境、法律环境、政府政策及愿景、消费者及企业应用六个层面对各经济体数字经济的发展环境进行打分，并根据打分结果进行排名（具体指标体系参考表 9-3）。根据 EIU 的统计结果，2010 年，数字经济发展排名最高的国家（或地区）是瑞典，得分达到 8.49，其次是丹麦、美国、芬兰、荷兰，共有 11 个国家（或地区）的得分在 8 分以上。排名位于第 70 名的国家（或地区）是阿尔拜疆，得分仅为 2.97。中国香港地区的得分超过 8 分，排名第九，中国台湾地区的得分为 7.99，排在第 12 位。中国大陆得分 4.28，排名第 56 位，和上一年度的排名相同（具体参考表 9-4）。

表 9-3　EIU 的数字经济测度指标体系

一级指标	权重	二级指标
联通性及技术基础设施	20%	宽带普及率、宽带质量、宽带价格、手机普及率、手机质量、网络用户占比、国际网络的带宽和网络安全
营商环境	15%	整体的政策环境、宏观经济环境、市场机会、私营企业相关政策、外国投资政策、外贸及外汇制度、税收制度、金融和劳动市场
社会及文化环境	15%	教育水平、网络素养、企业家能力、劳动力的专业技能、创新能力
法律环境	10%	传统法律体系的有效性、网络相关法律、审查水平、新企业注册的简易程度、电子 ID
政府政策及愿景	15%	政府对 ICT 产业的支出占 GDP 的比例、数字发展战略、电子政务战略、线上购买、个人及企业线上公共服务的可获得性、电子参与程度
消费者及企业应用	25%	消费者在 ICT 产品的人均支出、电子业务的发展水平、消费者的网络使用水平、个人及企业线上公共服务的使用程度

• 数据来源：根据 EIU（2010）的资料整理。

表 9-4　EIU 2010 年数字经济发展 70 强

排名		国家或地区	得分（总分 10）		排名		国家或地区	得分	
2010	2009		2010	2009	2010	2009		2010	2009
1	2	瑞　典	8.49	8.67	36	38	马来西亚	5.93	5.87
2	1	丹　麦	8.41	8.87	37	37	拉脱维亚	5.79	5.97
3	5	美　国	8.41	8.60	38	36	斯洛伐克	5.78	6.02
4	10	芬　兰	8.36	8.30	39	39	波　兰	5.70	5.80
5	3	荷　兰	8.36	8.64	40	41	南　非	5.61	5.68
6	4	挪　威	8.24	8.62	41	40	墨西哥	5.53	5.73
7	8	中国香港地区	8.22	8.33	42	42	巴　西	5.27	5.42
8	7	新加坡	8.22	8.35	43	43	土耳其	5.24	5.34
9	6	澳大利亚	8.21	8.45	44	44	牙买加	5.21	5.33
10	11	新西兰	8.07	8.21	45	47	保加利亚	5.05	5.11
11	9	加拿大	8.05	8.33	46	45	阿根廷	5.04	5.25
12	16	中国台湾地区	7.99	7.86	47	48	罗马尼亚	5.04	5.07
13	19	韩　国	7.94	7.81	48	46	特立尼达和多巴哥	4.98	5.14
14	13	英　国	7.89	8.14	49	49	泰　国	4.86	5.00
15	14	奥地利	7.88	8.02	50	52	哥伦比亚	4.81	4.84
16	22	日　本	7.85	7.69	51	50	约　旦	4.76	4.92
17	18	爱尔兰	7.82	7.84	52	51	沙特阿拉伯	4.75	4.88
18	17	德　国	7.80	7.85	53	53	秘　鲁	4.66	4.75
19	12	瑞　士	7.72	8.15	54	54	菲律宾	4.47	4.58
20	15	法　国	7.67	7.89	55	55	委内瑞拉	4.34	4.40
21	20	比利时	7.52	7.71	56	56	中国大陆	4.28	4.33
22	21	百慕大	7.47	7.71	57	57	埃　及	4.21	4.33
23	23	马耳他	7.32	7.46	58	58	印　度	4.11	4.17
24	25	西班牙	7.31	7.24	59	59	俄罗斯	3.97	3.98
25	24	爱沙尼亚	7.06	7.28	60	60	厄瓜多尔	3.90	3.97
26	27	以色列	6.96	7.09	61	61	尼日利亚	3.88	3.89
27	26	意大利	6.92	7.09	62	64	越　南	3.87	3.8
28	28	葡萄牙	6.90	6.86	63	63	斯里兰卡	3.81	3.85
29	29	斯洛文尼亚	6.81	6.63	64	62	乌克兰	3.66	3.85
30	30	智　利	6.39	6.49	65	65	印度尼西亚	3.60	3.51
31	31	捷　克	6.29	6.46	66	66	巴基斯坦	3.55	3.50
32	34	阿联酋	6.25	6.1	67	69	哈萨克斯坦	3.44	3.31
33	33	希　腊	6.20	6.33	68	67	阿尔及利亚	3.31	3.46
34	32	立陶宛	6.14	6.34	69	68	伊　朗	3.24	3.43
35	35	匈牙利	6.06	6.04	70	70	阿塞拜疆	3.00	2.97

• 数据来源：根据 EIU（2010）的数据整理。

（三）欧盟委员会的数字经济及社会指数（DESI）

欧盟委员会（European Commission, EC）从联通性、人力资本、网络使用、数字技术一体化、数字化公共服务五个层面构建数字经济及社会指数

表 9-5　2017 年欧盟成员国的数字经济及社会指数（DESI）

欧盟成员国	联通性	人力资本	网络使用	数字技术一体化	数字化公共服务	DESI
丹　麦	19.11	17.22	10.80	12.47	11.08	70.68
芬　兰	16.12	19.11	9.27	11.13	12.23	67.86
瑞　典	18.88	17.33	10.71	10.77	9.81	67.49
荷　兰	20.43	16.21	9.33	9.59	11.51	67.07
卢森堡	19.70	18.31	9.58	5.97	7.29	60.84
比利时	19.48	14.31	7.78	10.39	8.60	60.56
英　国	18.54	17.84	8.91	7.39	7.48	60.16
爱尔兰	16.18	14.01	7.17	11.15	10.12	58.62
爱沙尼亚	15.55	14.49	9.00	6.33	12.56	57.94
奥地利	15.87	15.53	6.58	7.87	10.97	56.82
德　国	17.88	15.30	7.09	8.56	6.94	55.77
马耳他	16.98	12.39	8.80	8.02	9.20	55.40
立陶宛	17.61	11.26	8.34	8.82	9.34	55.36
西班牙	14.87	12.51	7.12	8.33	10.87	53.70
葡萄牙	16.86	11.13	6.59	8.57	9.74	52.89
法　国	13.79	14.71	6.05	6.94	9.74	51.23
斯洛文尼亚	14.41	13.03	6.21	9.20	7.66	50.51
捷　克	15.59	13.28	6.27	8.16	6.66	49.96
拉脱维亚	15.93	10.92	8.17	4.55	7.70	47.28
斯洛伐克	13.53	12.56	7.40	6.05	6.37	45.91
匈牙利	15.90	12.16	7.76	4.71	5.32	45.84
塞浦路斯	13.65	9.63	7.63	6.85	7.51	45.27
波　兰	13.11	11.20	6.06	4.32	7.90	42.59
克罗地亚	11.25	11.48	7.53	6.92	5.35	42.53
意大利	13.45	9.89	5.42	6.60	6.67	42.02
希　腊	12.00	9.18	6.30	4.87	6.11	38.46
保加利亚	13.08	7.69	5.79	4.50	5.97	37.03
罗马尼亚	13.54	7.63	4.36	3.72	3.98	33.22
欧盟 28 国	15.78	13.64	7.13	7.47	8.24	52.25

• 数据来源：根据欧盟委员会的数字经济及社会指数数据库整理，EC（European Commission），The Digital Economy and Society Index, https://ec.europa.eu/digital-single-market/en/desi。

(The Digital Economy and Society Index, DESI),对欧盟成员国数字经济的发展情况进行评估,并根据评估结果进行排名。第一,联通性,权重为25%,包括固定宽带、移动宽带、速度和可负担性;第二,人力资本,权重为25%,包括基础技能及使用、高级技能及发展;第三,网络使用,权重为15%,包括内容、通信和交易;第四,数字技术一体化,权重为20%,包括业务数字化和电子商务;第五,公共服务,权重为15%,指电子化政府服务。至今欧盟共发布了2014年、2015年、2016年和2017年4个年度的数字经济及社会指数。根据欧盟委员会统计结果,2017年欧盟成员国中,数字经济及社会指数最高的是丹麦,达到70.68,其次为芬兰、瑞典和荷兰,分别为67.86、67.49和67.07,指数最低的国家是罗马尼亚,仅为33.22。欧盟28国的数据经济及社会指数为52.25,比上一年度增加了2.89(参考表9-5)。[①]

(四) 世界经济论坛的网络就绪指数(NRI)

世界经济论坛(World Economic Forum, WEF)2001年开始公布网络就绪指数(The Networked Readiness Index, NRI),其主要目的是促进网络成为真实的、开放的平台,成为经济发展及社会进步的推动力量。WEF从"环境""就绪程度""使用情况"和"影响"四个层面构建就绪指数,来衡量一个国家利用ICTs来增强竞争和提高幸福的能力,并反映最近几年的技术创新趋势(具体参考表9-6)。WEF根据2016年的网络化就绪指数对全球139个经济体进行排名,排在第一位的是新加坡,其已连续两年位居首位,其后依次为芬兰、瑞典、挪威、美国、荷兰、瑞士、英国、卢森堡和日本。排在前30名的经济体均为高收入国家(或地区),这说明网络就绪程度和人均收入有很大的关联性。新加坡位居榜首,得分为6.0,这主要得益于其"环境""使用"和"影响"这三个分类指数的高得分,新加坡这三个分类指数的单项得分都位居首位。这是新加坡政府大力推行数字议程(包括智能国家项目)的结果。中国大陆的网络就绪指数得分为4.2,列第59位,比前一年上升3位。中国大陆的四个分类指数单项排名中,环境指数的排名最低,为83位,其次是就绪指数,为75位,使用指数和影响指数分别排在第51位和第39位。中国香港地区列第12位,中国台湾地区列第19位(具体参考表9-7)。

---

① 数据来源:根据欧盟委员会的数字经济及社会指数数据库整理,EC(European Commission), The Digital Economy and Society Index, https://ec.europa.eu/digital-single-market/en/desi。

表 9-6　世界经济论坛网络化就绪指数的指标体系

一级指标	二级指标	三级指标
环境 （25%）	政策及法规环境	法律制度机构的有效性、ICT 产业的相关法律、司法独立性、法律系统的争端解决效率、法律系统的质疑规制效率、知识产权保护、软件的隐私程度、合同执行的手续数、合同执行的天数
	商务及创新环境	最新技术的可获得性、风险资本的可获得性、税率、公司设立的天数、公司设立的手续数、本地竞争程度、本地的教育入学率、管理学院的质量、推进技术产品的政府程序
就绪程度 （25%）	基础设施	电力供应、移动网络覆盖率、国际网络的带宽、安全网络服务的普及率
	可负担性	预付移动网络费率、固定宽带的费率、网络及电话部门的竞争指数
	技能	教育系统的质量、数学及自然科学的教育质量、中等教育的入学率、成人的文化程度
使用情况 （25%）	个人的使用情况	手机用户比率、个人的网络使用比率、家庭电脑的拥有比率、家庭的网络使用比率、固定宽带用户比率、移动宽带用户比率、虚拟社交网络的使用情况
	企业的使用情况	企业层面的技术吸收能力、创新能力、PCT 专利应用率、B2B 的 ICT 使用、B2C 的网络使用、职员培训范围
	政府的使用情况	政府愿景中 ICTs 的重要性、政府在线服务指数、政府促进 ICT 的成功程度
影响 （25%）	经济影响	ICTs 对商业模式的影响，ICT、PCT 专利的应用程率，ICTs 对组织模式的影响，知识密集型工作的比率
	社会影响	ICTs 对基础服务准入的影响、学习的网络准入、ICT 使用及政府效率、电子参与程度

• 数据来源：根据世界经济论坛（WEF，2016）的资料整理。

（五）中国信息通信研究院的数字经济测度

中国信息通信研究院（CIACT）对数字经济的测度包括基础部分和融合部分。数字经济的基础部分指数字技术创新和数字产品生产；对信息产业的增加值进行统计，包括电子信息制造业、基础电信业、互联网行业、软件服务业的增加值。数字经济的融合部分指国民经济其他非数字产业部门使用数字技术和数字产品带来的产出增加和效率提升，对 ICT 产品和服务对传统产业的融合渗透带来的产出增加和效率提升即传统产业的数字技术贡献进行统计。融合部分的测算，它们利用增长核算账户框架（KLEMS），将整个国民经济分为 139 个行业，并针对每个省份计算 ICT 资本存量、非 ICT 资本存量、劳动以及中间投入。在定义 ICT 投资，确定 ICT 投资额，确定硬件、软件、通信设备的折旧率及计算 ICT 投资价格指数的基础上，测算 ICT 的总资本存量，也就是数字经济融合部分的规模。数字经济规模是基础部分规模和融合部分规模加总所得。

表 9-7　世界经济论坛 2016 年网络就绪指数

排名		国家或地区	2016 得分	排名		国家或地区	2016 得分
2016	2015			2016	2015		
1	1	新加坡	6	31	32	马来西亚	4.9
2	2	芬　兰	6	32	33	拉脱维亚	4.8
3	3	瑞　典	5.8	33	35	沙特阿拉伯	4.8
4	5	挪　威	5.8	34	29	马耳他	4.8
5	7	美　国	5.8	35	34	西班牙	4.8
6	4	荷　兰	5.8	36	43	捷　克	4.7
7	6	瑞　士	5.8	37	37	斯洛文尼亚	4.7
8	8	英　国	5.7	38	38	智　利	4.6
9	9	卢森堡	5.7	39	40	哈萨克斯坦	4.6
10	10	日　本	5.6	40	36	塞浦路斯	4.6
11	15	丹　麦	5.6	41	41	俄罗斯	4.5
12	14	中国香港地区	5.6	42	50	波　兰	4.5
13	12	韩　国	5.6	43	46	乌拉圭	4.5
14	11	加拿大	5.6	44	49	哥斯达黎加	4.5
15	13	德　国	5.6	45	55	意大利	4.4
16	19	冰　岛	5.5	46	47	前南斯拉夫的马其顿共和国	4.4
17	17	新西兰	5.5	47	59	斯洛伐克	4.4
18	16	澳大利亚	5.5	48	48	土耳其	4.4
19	18	中国台湾地区	5.5	49	45	毛里求斯	4.4
20	20	奥地利	5.4	50	53	匈牙利	4.4
21	21	以色列	5.4	51	56	黑山共和国	4.3
22	22	爱沙尼亚	5.4	52	42	阿　曼	4.3
23	24	比利时	5.4	53	57	阿尔拜疆	4.3
24	26	法　国	5.3	54	54	克罗地亚	4.3
25	25	爱尔兰	5.3	55	51	巴拿马	4.3
26	23	阿联酋	5.3	56	58	亚美尼亚	4.3
27	27	卡塔尔	5.2	57	61	蒙　古	4.3
28	30	巴　林	5.1	58	60	格鲁吉亚	4.3
29	31	立陶宛	4.9	59	62	中国大陆	4.2
30	28	葡萄牙	4.9	60	52	约　旦	4.2

• 注:世界经济论坛 2015 年和 2016 年分别对 143 个经济体和 139 个经济体的网络就绪指数打分,并进行排名。限于篇幅,此处仅列出 60 个经济体的得分及排名。数据来源:WEF(2016)。

　　根据中国信息通信研究院的测度结果,2016 年,数字经济规模最大的是美国,达到 10.8 万亿美元,占 GDP 比重达到 58.3%。位居第二的是中国,数字经济规模为 3.4 万亿美元,占 GDP 比重为 30.3%。其余国家的数字经济规模由高到低依次为日本、德国、英国、法国、韩国、印度、巴西、意大利、加拿大、墨西哥、俄罗斯、澳大利亚、印度尼西亚、南非。2016 年,大部分 G20 国家融合部分占数字经济总规模比重基本超过 50%。数字经济的基础部分是 G20 数字经济发展的先导力量,G20 国家基础部分在 GDP 中所占的比例在 3%—8%之间。而数字经济的融合部分是 G20 数字经济发展的主要驱动力,2016 年,大部分 G20 国家融合部分占 GDP 的比重均超过10%,部分发达国家甚至超过 50%。[①]

　　当然,随着数字经济的发展深入,数字经济的测量将不断完善,数字经济将不断演进至更高的发展阶段。

五、经济合作与发展组织(OECD)的相关合作

　　OECD 是最早制定比较系统、成型的跨境数据传输规则的国际组织。OECD 理事会 1980 年 9 月 23 日通过的《隐私保护与个人数据跨境流动指南》(Guidelines Governing the Protection of Privacy and Transborder Flows of Personal Data)是之后不少国际组织(乃至各个国家和地区)制定跨境数据传输规则时的效法对象。

　　《隐私保护与个人数据跨境流动指南》共 22 条,分为"一般规定""国内适用的基本原则""国际适用的基本原则:自由流动和法律限制""国内实施""国际合作"等五个部分。[②]

　　第一部分"一般规定"主要涉及的是若干基本概念如"个人数据""个人数据跨境传输""数据控制者"等的定义,以及该指南的全部或部分规定的适用范围。其规定,该指南既适用于公共领域的个人数据也适用于私人领域的个人数据,既适用于自动化处理的个人数据也适用于其他个人数据;不适

---

① 数据来源:根据中国信息通信研究院 2017 年的《G20 国家数字经济发展报告》整理。

② "Guidelines Governing the Protection of Privacy and Transborder Flows of Personal Data", http://www.oecd.org/sti/ieconomy/oecdguidelinesontheprotectionofprivacyandtransborderflow-sofpersonaldata;中译文参考刘小燕、贾渊译:《OECD〈关于隐私保护与个人资料跨国流通的指针的建议〉》,《广西政法管理干部学院学报》2005 年第 1 期。

用该指南第二和第三部分中的原则的例外情况(包括那些和国家主权、国家安全和公共政策有关的例外情况)应尽可能少且为公众所知悉。

第二部分"国内适用的基本原则"提出了该指南在国内适用的八项个人数据保护原则。(1)收集限制原则(Collection Limitation Principle)。应当对个人数据的收集加以限制,应当用合法的、公正的手段获取资料,必要时,应得到数据主体的同意或告知数据主体。(2)数据质量原则(Data Quality Principle)。个人数据应当与使用目的有关,而且对这些目的而言是准确的、完整的和最新的。(3)目的特定原则(Purpose Specification Principle)。个人数据的收集目的在收集前就应当是特定的,其后的使用仅限于实现收集目的和与最初的收集目的不相抵触的其他目的,在目的发生变更时,(变更了的)目的也应该是特定的。(4)有限使用原则(Use Limitation Principle)。不得为特定目的以外的目的披露、提供或利用个人数据,除非有数据主体的同意或者法律的授权。(5)安全保障原则(Security Safeguards Principle)。应当以合理的安全措施保障个人数据,以免其面临遗失、未经授权的访问、毁坏、使用、修改或者披露的危险。(6)公开性原则(Openness Principle)。应当制定关于个人数据的开发、应用的一般公开政策;确定个人数据的存在和属性,使用的主要目的和数据控制者身份、住所的方法应该是易得的。(7)个人参与原则(Individual Participation Principle)。个人有权:a.向数据控制者或其他人确认是否保有与其有关的资料;b.在合理区间内、以不过分的费用(如果有费用)、以合理的方式、以容易理解的形式知悉有关自己的数据;c.在根据以上两项行使权利遭到拒绝时提出异议;d.对有关自己的数据提出异议,且于异议成立时,对数据进行删除、修改、完善或者补正。(8)可问责原则(Accountability Principle)。数据控制者对于是否有效实施以上原则承担责任。

第三部分"国际适用的基本原则:自由流动和法律限制"规定,成员国应该考虑个人数据的国内处理和再输出对其他成员国的影响;成员国应该采取一切合理的、适当的措施保证个人数据跨境传输(包括经过某一成员的传输)的安全和不被打断;一个成员国应该制止对本国与另一成员国之间的个人数据跨境传输进行限制,除非另一成员国未实质性遵守该指南或者这样的数据跨境传输会导致规避其本国的隐私法;一个成员国隐私法根据数据属性对某些种类的个人数据做出特别规定而其他成员国没有对这些数据提供相当保护的,该成员国可以限制这些数据传输至其他成员国;成员国应避免以保护隐私和个人自由为名制定可能超出必要保护程度的阻碍个人数据跨境传输的法律、政策和惯例。

第四部分"国内实施"规定，为了保证第二和第三部分规定的原则在成员国国内的实施，成员国应通过法律、行政程序或者其他程序或者机构来保护关于个人数据的隐私和个人自由。成员国应特别致力于：a.采用适当的国内法；b.鼓励和支持以行为规则或其他形式进行的自律；c.为本人行使权利提供合理的方法；d.对违反第二和第三部分规定的原则的行为规定充分的制裁和救济措施；e.保证不歧视数据主体。

第五部分"国际合作"规定，成员国应其他成员国的要求，应当告知关于本国实施该指南上的原则的详细情况；成员国应保证个人数据跨境传输、保护隐私和个人自由的程序是简单的，且该程序与遵守该指南的其他成员国的程序是协调一致的；成员国应当设置程序以促进与该指南有关的信息交换并在有关的程序和调查活动中相互帮助；成员国应该为国内、国际原则的发展而努力，以指导个人数据跨国传输方面准据法的发展。

《隐私保护与个人数据跨境流动指南》通过时只是一个指导性文件，并没有在成员国之间形成实质的多边协调机制。近年来，OECD 在多边协调机制尤其是各国数据保护当局（DPA）的合作机制上开展了不少举措。2007 年 6 月 12 日，OECD 通过"隐私保护法律跨境执法合作"（Cross-border Co-operation in the Enforcement of Laws Protecting Privacy）的建议，得到了成员国政府的积极响应。2010 年 3 月，OECD 的 11 个创始成员国发起了"全球隐私执法网络"（The Global Privacy Enforcement Network，GPEN），号召成员国 DPA 加入，在个人数据保护跨境执法过程中互通信息、提供协助；现在已有 40 多个国家的 50 多个 DPA 加入了 GPEN。OECD 还与亚太经合组织（APEC）协商，同意交换 DPA 的联系人名单，这意味着个人数据保护跨境执法合作范围的进一步扩大。

2013 年，OECD 推出了《隐私保护与个人数据跨境流动指南》的修订版，这是 30 多年以来该指南的第一次修订。新版指南贯穿两大主题：第一，让个人数据保护成为企业风险管理的重要内容；第二，突出全球视野，提升跨境合作。新版指南的改动之处主要表现在以下几方面。

其一，在第一部分中增加"保护隐私的法律"和"隐私执法机构"两个概念的定义。

其二，在第三部分中进一步放宽对个人数据跨境传输的限制。新版指南规定,成员国应采取合理和恰当的步骤确保个人数据的跨境传输(包括从一个成员国中转)不被中断并且安全;一个成员国应克制其对个人数据在它自己与另一成员国之间跨境传输的限制,除非后者没有实质性地遵守该指南或者对于这些数据的再出口将违反前者的隐私法。一个成员国也可以根据本国的隐私法对有特别规定的特定种类个人数据施加限制,或者是由于其他国家没有提供同等的保护而进行限制;成员国应避免以保护隐私和个人自由为名制定法律并加以实施,或者在事实上对个人数据跨境传输设置超出其保护水平的障碍。

其三,在第四部分中增加若干实现隐私保护目标的具体手段和措施,例如,发展国家隐私战略;制定保护隐私的法律并建立隐私执法机构;通过行业自律约束数据控制者的数据处理行为;采取教育、警示、促进保护隐私的技能开发和技术推广等补充措施。

其四,在第五部分中增加实施跨境隐私执法合作的内容,要求各成员方建立的隐私执法机构应当具备能够有效行使其权力的管理机构、资源和技术专家,以支持隐私执法机构做出客观、公正和连续性的决策,并要求各成员方之间达成各种国际协议,形成相互协调的隐私制度框架,以落实该指南。

其五,增加"实施责任"部分,规定数据控制者的两项义务,即实施隐私管理规划的义务和数据安全损毁的通知义务。前者要求数据控制者制定基于自身特殊性的隐私管理规划,以保证对其控制的所有个人数据有效地实施该指南的规定。后者要求数据控制者在发生影响个人数据的重大安全损毁事故时及时告知隐私执法机构或其他权威机构,并在有关事故可能对数据主体造成不利影响时告知数据主体。

虽然《隐私保护与个人数据跨境流动指南》不具备法律约束力,但是OECD 呼吁 34 个成员国根据该指南制定本国的个人数据保护法律,体现出对个人数据跨境传输问题的关注。从该指南修订版的指导思想来看,OECD 倾向于将个人数据保护上升至国家战略(而且是由各国政府高层协调组织的多元国家战略)层面,倡导在国际层面建立强大的跨境隐私执法网络,希望通过这种合作使得数据主体可以在异国异地投诉和维权,各个国家和地区的隐私执法机构也可以相互授权以实现其在域外的执法;同时,OECD 也有将其个人数据保护规则推向全球的考虑,希望其成员国以外的国家和地区在进行相关规则的制定时也可以把该指南的指导思想包括在内,从而推动全球范围内各个国家和地区的个人数据保护规则的逐步接近。

六、美国与欧盟的相关合作:安全港协议及其问题

各经济体跨境数据传输规则方面的巨大差异,即使在数字经济发展水平大体相当的美国和欧盟之间,也依然存在。美国和欧盟通过签署协议的方法,允许并规范它们之间的跨境数据传输。

欧盟1995年《数据保护指令》第25条规定,只有当第三方国家通过相关国内法或国际承诺,对个人数据提供充分保护(adequate level of protection)时,才允许将欧盟公民个人信息转移、存储到该第三方国家进行处理。由于标准严格,只有瑞士、新西兰、加拿大、阿根廷等少数国家获得了欧盟认可的这种"充分保护地位"。1995年《数据保护指令》出台之后,美国的雅虎、谷歌等互联网公司相继成立,美国互联网产业迎来快速发展,而互联网产品和服务超越国界,跨境收集、转移、处理个人数据成为必然趋势,为了满足欧盟的充分保护要求,从1998年开始,美国与欧盟不断进行谈判,最终在双方相互妥协的基础上签订了安全港(Safe Harbor)协议。安全港协议自2000年11月起生效,其目的是在保护个人数据安全的条件下,允许数据在欧盟成员国和美国之间流动。之后,欧洲委员会通过"2000/520号充分保护决定",确认安全港协议所规定的原则及附属条款对个人数据的保护达到了欧盟1995年《数据保护指令》第2条所要求的充分保护。这样,只要美国企业加入安全港,并公开承诺遵守安全港协议的要求,就可以将欧盟公民个人信息转移到美国境内进行处理。[①]

安全港协议的基本框架是在欧盟个人数据保护指令(Directive 95/46/EC)所规定的"充分性原则"以及欧盟委员会2000年7月通过的2000/520/EC决议基础之上建立的。企业本着自愿原则,通过自我认证(Self-Certifying)方式加入安全港。企业需根据安全港协议的七个原则即通知(Notice)、选择(Choice)、向第三方传输(Transfers to Third Parties)、访问(Access)、安全(Security)、数据一致性(Data Integrity)、强制执行(Enforcement)等原则制定或修改自己的隐私政策,并保证公司行为符合安全港协议的基本框架。安全港协议对相关公司的要求是:(1)公司必须每年提交一份

[①] 曹建峰、柳雁军、田小军:《美欧个人数据跨境流动20年政策变迁:从"安全港"到"隐私护盾"》,《人民邮电》2016年3月30日,第006版。

自我认证,证明他们是遵守安全港计划的;(2)公司必须制定一个清晰、简洁、个人容易理解的隐私政策;(3)公司必须明确告知个人哪些数据被收集以及如何使用这些信息,并给个人不再同意对其数据加以使用和披露的机会;(4)公司必须只向其他能充分信任的组织传输数据,应采取合理的预防措施,通过合理的步骤来确保数据预期用途和对公众开放的安全可靠,并创建有效的机制处理个人投诉。到 2016 年 2 月,美国共有 5 558 家企业获得许可使用欧盟各国的个人数据,但其中有 1 307 家企业后来不被认可。进入安全港的美国企业被欧盟认为具有"充分保护地位",可以享受以下好处:在接受欧盟 28 国个人数据时不需再签订"标准合同条款",可以自动获得欧盟的个人数据传输批准,受到欧盟居民投诉时可以在美国解决争议,交易不会被数据保护问题打断,节省了交易成本。①

　　然而,2013 年的"棱镜门"事件使欧盟各成员国普遍担心其个人数据保护乃至国家信息安全。2014 年 1 月,欧盟和美国开始启动谈判,磋商新的数据跨境协议,以取代当时还有效的安全港协议。当谈判尚未取得成果时,奥地利一名法律学者施雷姆斯(Schrems)就因担忧美国公司无法充分保护个人数据,向 Facebook 欧洲总部所在地爱尔兰的数据保护委员会提出了申诉,认为向 Facebook 存储的个人信息受到美国国家机构的监控。施雷姆斯的申诉被爱尔兰数据保护委员会以美欧安全港协议为由予以驳回后,他随即将这一纠纷诉至爱尔兰高等法院。爱尔兰高等法院认为,一旦欧盟公民个人数据被转移到美国,在不加区分的大规模监控、拦截过程中,NSA、FBI 等联邦机构就可能非法获取这些数据;考虑到案件涉及欧洲委员会"2000/520 号充分保护决定",爱尔兰高等法院提请欧盟法院(Court of Justice of the European Union)做出裁决。欧盟法院在 2015 年 10 月 6 日的裁决中认为,"2000/520 号充分保护决定"其实没能达到《1995 年数据保护指令》所要求的充分保护程度,因此是无效的,理由有四点:一是安全港协议中并未要求美国达到与欧盟相当的个人数据保护水平,这不符合欧盟 1995 年《数据保护指令》;二是安全港协议只约束自愿遵守并加入协议的美国企业,对其他企业没有约束;三是美国政府当局不受安全港协议制约,美国国家安全、执法诉求等凌驾于安全港协议之上,可以对跨境转移到美国的欧盟公民个人信息采取监控、拦截、获取等措施;四是对欧盟成员国而言,安全港协议

---

① http://export.gov/safeharbor/.

实际上限制了各成员国数据保护机构的独立监管职能。由此,安全港协议遭到了欧盟方面的否定,数千家美国企业跨大西洋转移欧盟公民个人数据随即失去安全港协议的庇护,美欧企业之间只能通过一对一的合同方式处理跨境数据流动,效率低下,成本极高。同年 11 月 6 日,欧洲委员会发布指南,在督促美国方面尽快与欧盟达成新协定的同时,也为保障跨大西洋转移个人数据提出其他可选方案,其中包括"标准合同条款"和"约束性公司规则"等。

显然,欧盟对美国的数据保护力度不认可,对美国不允许欧盟居民向美国法庭提起诉讼感到不满,期望新的美欧相关协议可以更加切实地向欧盟标准靠拢。

2016 年 2 月 2 日,欧盟和美国就两地公司之间传输个人数据涉及的隐私保护问题达成新的框架协议即隐私盾(Privacy Shield)协议。这一新闻发布后,欧盟层面的数据监管机构即"第 29 条工作组"对该协议并不满意,认为欧洲委员会在美国政府对欧洲公民数据保护一事上缺乏足够诚意,一是"协议内容本身就是任意的大规模数据搜集行为","是不可接受的",二是处理欧洲公民投诉的美国监察专员制度的能力和独立性没有明确。欧盟议会则于 2016 年 5 月 26 日建议欧盟委员会应与美国商务部在下列四个议题上再行谈判:(1)关于美国政府部门获取已转移数据的限制;(2)根据《欧盟基本权利宪章》,要求美国明确收集数据要限于必要、符合比例原则;(3)监察专员的权限和独立性;(4)对于美国承诺的复杂救济机制商谈出一个用户友好且有效的救济机制。2016 年 6 月 27 日,欧盟与美国就隐私盾协议最终版本达成一致。经修改的协议被送给欧盟各成员国,并于 7 月 14 日生效。[1]

同安全港协议一样,隐私盾协议也包含七大隐私原则,但其内涵比安全港协议的原则丰富。此外,隐私盾协议还包含一系列补充原则,涉及针对处理个人敏感信息的特殊规定、新闻例外原则、ISP 和电信运营商(提供传输、发送、转换、缓存等服务)不承担次级责任的原则、从事尽职调查和审计的例外、数据保护机构的角色、自我确认程序等。与安全港协议相比,隐私盾协议的不同之处主要体现在以下几方面。[2]

---

① 刘耀华,石月:《欧美"隐私盾"协议及对中国网络数据保护的启示》,《现代电信科技》2016 年第 5 期,第 12—16 页。
② 曹建峰、柳雁军、田小军:《美欧个人数据跨境流动 20 年政策变迁:从"安全港"到"隐私护盾"》,《人民邮电》2016 年 3 月 30 日,第 006 版。

（1）美国政府数据访问的清晰保障措施和透明度义务。第一，美国国家情报总监办公室对欧盟书面保证：基于执法和国家安全目的而对数据的使用，将服从清晰的限制、保障和监督机制。而且，这种数据访问只会在必要的和适当的程度上使用。第二，美国政府获取欧盟公民个人信息将明确限于以下六个目的：一是侦测、反击外国势力的特定行动；二是反恐；三是反制核扩散；四是网络安全；五是侦测、反制对美国和同盟军事力量构成的威胁；六是打击国际犯罪威胁，包括逃避刑事制裁的行为。美国方面承诺不再对个人数据进行大规模的任意监控。这些要求和美国国内对大规模监控的限制大体一致。第三，欧洲委员会和美国商务部将牵头进行年度审查，美国情报专家和欧洲数据保护部门也将被邀请参加评审过程。为了确保隐私盾的有效运作，并监督美国履行其承诺，欧洲委员会会同美国商务部每年对隐私盾的相关情况进行一次审查，并公开其审查报告。这比欧盟《一般数据保护条例》的相关规定更为严格，因为后者要求至少每四年对第三方国家的隐私保护情况进行一次审查。此外，年度审查并不是形式上的，如果美国企业和政府部门未遵守其承诺，欧洲委员会就可以暂停隐私盾协议的运作。

（2）美国的数据输入者对欧洲公民个人数据更强的保护义务。第一，数据输入者必须对如何处理个人数据和保证个人的权利承担"稳健义务"（robust obligations）。虽然参加隐私盾是自愿的，但是一旦美国企业提交参加隐私盾的自我确认书，就应当完全遵守其中所有的数据保护原则，而且需要公开其隐私政策、执法部门获取个人信息的请求等。对美国企业而言，只有在以下情形下才可以不用遵守隐私盾的数据保护原则及补充原则，这些情形包括：为了满足必要的国家利益；公共利益或者执法需求；制定法、政府法规、判例法有与之相冲突的规定；欧盟和成员国法律存在例外、减损规定。此外，美国企业声明其符合并遵守隐私盾之要求的自我确认书必须至少每年提交一次，否则就会被从隐私盾名单中除名。即使是已经退出隐私盾协议名单的企业，如果其继续存储根据隐私盾协议获得的个人数据，也必须就相应的个人数据，履行隐私盾协议规定的义务。按照隐私盾协议中不承担次级责任的原则，名单内企业将个人数据传送给第三方时，首先必须通知数据主体，由数据主体选择是否可传送。其次还必须与第三方签订合同，确保这些个人数据被用作有限且特定的用途，享受至少同等水平的保护措施。此外还必须采取合理的措施，阻止第三方对传输的个人数据从事任何未经授权的行为。如果第三方是隐私盾协议名单内企业的代理人，则名单内企业需对代理人违反规则的行为承担后果,除非有明确的免责证据。第二,在监督和执法方面,美国商务部、联邦贸易委员会(FTC)、交通部等有权部门负责监督参加隐私盾的美国企业履行义务,并作出处罚和制裁,包括可以依据美国《联邦贸易委员会法》第45条认定违反企业构成不正当竞争手段,给予严厉处罚(如罚金、除名等)。第三,对于人力资源数据,数据输入者也需要遵守欧洲数据保护部门的决策。

(3)欧盟公民权利可以通过几个救济选项得到有效保护。对于违反隐私盾协议的行为,欧盟公民会有几个寻求解决办法的选择:一是直接向数据输入者提出请求和投诉,后者必须于45日内做出回应;二是通过数据输入者提供的免费的替代性纠纷解决机制(ADR)来解决争端;三是可以直接向其本国数据保护机构进行投诉,后者负责将投诉转交美国商务部,美国商务部必须于90日内做出回应,或者将投诉转交FTC处理;四是如果穷尽前述方式未能解决争议,最后可以诉诸一个名为"隐私盾小组"(Privacy Shield Panel)的仲裁程序。此外,美国国务院内部设置一个独立于国家安全部门的监察专员,负责跟踪和处理涉及政府部门监控、获取个人信息的投诉和咨询。

安全港协议这个运行了15年、以行业自律为主的双边协调机制曾经取得了巨大的成果,最终因为无法满足欧盟跨境数据传输规则上的要求而被隐私盾协议取代。事实上,美国不止与欧盟之间存在安全港协调机制,与瑞士之间也同样适用这一协调机制(瑞士不是欧盟成员国);同时,加拿大在获得欧盟的"充分保护地位"后,也允许本国企业向加入了安全港的美国企业传输个人数据。可以预见的是,在今后的较长一段时间内,隐私盾协议将成为美欧之间数字经济下国际合作的双边协调机制,并可能对美瑞之间、美加之间的相关协调机制产生影响。

七、亚太经合组织(APEC)的相关合作

进入21世纪以来,亚太经合组织越来越意识到个人数据保护对于发展跨境电子商务以及区域经济一体化的重要性。APEC电子商务指导组(EC-SG)自2003年起下设数据隐私分组。2004年10月29日,在韩国釜山召开的第17届APEC部长级会议通过《APEC隐私保护框架》(APEC Privacy Framework)。该框架进一步明确了APEC保护数据隐私的意义,为亚太地

区的个人数据保护提供了9项基本原则和50项具体要求,并要求各经济体采取包括立法、行政、行业自律或是多种措施并举的方法,以该框架为最低标准建立本经济体的个人数据保护体系。这9项基本原则分别为预防伤害(Preventing Harm)、通知(Notice)、限制收集(Collection Limitation)、个人信息使用(Uses of Personal Information)、选择性(Choice)、个人信息完整性(Integrity of Personal Information)、安全保障(Security Safeguards)、查询和更正(Access and Correction)以及可问责(Accountability)原则。

《APEC隐私保护框架》以OECD《隐私保护与个人数据跨境流动指南》为主要参考范本,也在一定程度上反映了美国在隐私保护问题上的策略。为谋求商业利益和隐私保护的一致性,该框架争取在个人信息保护与信息的自由流动之间保持平衡,并承认各成员之间的文化和其他方面的差异。目前,APEC各经济体正在谈判修改该框架。

需要指出的是,与OECD《隐私保护与个人数据跨境流动指南》把所有可能的个人数据都纳入管辖范围的做法不同,《APEC隐私保护框架》对于个人数据的界定排除了政府部门有关数据主体的公开记录、新闻报道、法律要求公开的信息等三种已经处于公开状态的个人数据,如果数据控制者从这三种数据源而非从数据主体处获得个人数据,则不受该框架的约束。

另外,《APEC隐私保护框架》规定的9项基本原则虽与OECD《隐私保护与个人数据跨境流动指南》规定的8项基本原则大体相近,但仍有若干差别。例如,其中列于第一位的防止损害原则(指的是承认个人对于其合法预期的隐私保护,个人数据的保护制度应当设计为防止这些信息的滥用的制度,并且,为应对滥用可能带来的损害危险,成员方在设计法律法规时有必要考虑对数据控制者在收集、使用和转移个人数据上设置特定的义务,提供在侵害可能性和损害程度方面符合比例原则的救济方式)就是OECD的指南中没有的。而《APEC隐私保护框架》规定的责任原则要求数据控制者对第三者传输数据(不论是境内传输还是跨境传输)时都要事先获得数据主体的同意,或者采取合理措施确保数据接收者遵守其他8项原则,这里前一个方面的要求,也是OECD指南中的责任原则所没有的。并且,《APEC隐私保护框架》具体设计数据控制者在向第三方进行跨境数据传输的责任时,提供了两种解决方案,即获得数据主体的同意或者担保数据接收者遵守数据出口国个人数据保护法,这两种方案间存在着一种互动机制,如果数据控制者与数据接收者的关系不复存在,数据控制者就无法担保数据接收者遵守原则,此时,应当有数据主体的同意。

　　为了推动《APEC 隐私保护框架》的实施,从而在保护个人信息隐私的同时,促进企业在亚太地区内的个人信息跨境转移,2007 年 9 月澳大利亚悉尼举行的亚太经合组织第 19 届部长级会议签署了《APEC 数据隐私探路者倡议》,其重要成果之一就是提出建立简单透明的 APEC“跨境隐私规则”(Cross-border Privacy Rules, CBPR)体系,用以落实数据隐私权保护,加强消费者的信心和促进跨境数据的交流。

　　2008 年 ECSG 第 13 次会议中,ECSG 数据隐私分组成立了 APEC 跨境隐私规则研究小组,其当时的成员包括美国、澳大利亚、韩国、墨西哥和国际商会,后成员扩展到 13 个,中国于 ECSG 第 14 次会议时被吸收为成员。该研究小组已开展了对有关成员经济体的隐私保护和操作程序的调研、跨境隐私规则的制订、数据隐私探路者项目等工作,得到了 ECSG 的认可和支持。

　　基于《APEC 数据隐私探路者倡议》引申出的成果还包括 APEC 部长会议在 2009 年 11 月签署的《APEC 跨境隐私执行合作安排》和 2012 年 5 月由 ECSG 通过的《APEC 跨境隐私规则之联合监督小组(JOP)协议》。

　　2011 年 11 月 13 日 APEC 第 19 次领导人非正式会议发表《檀香山宣言》,声明正式实施 CBPR。APEC 正在吸纳自愿遵守隐私框架的经济体和企业加入 CBPR,希望以点带面地推进《APEC 隐私保护框架》的落实。

　　CBPR 是一项自愿的认证体系,也是 APEC 跨境商业个人隐私保护的核心内容。CBPR 旨在促进 APEC 框架内实现无障碍跨境信息交换,推动在参与该体系的 APEC 成员经济体及其中经营业务的企业就形成保护数据隐私的常规做法达成一致。

　　在企业层面,加入 CBPR 需经过以下程序,并分别产生相应后果。(1)自我评估。自我评估指的是 APEC 各经济体的问责代理机构(Accountability Agent)对预加入企业的评估。通常由问责代理机构根据 APEC 跨境隐私权保护规则的要求提供问卷,其涉及《APEC 隐私保护框架》规定的 9 项原则和 50 项具体要求,预加入与企业对照回答。(2)合规审查。欲加入 CBPR 的企业,需要通过问责代理机构进行的合规审查。(3)认可。通过审查的企业可以获得 APEC 认可的隐私保护信赖标章。APEC 各经济体内部建立可以让公众访问的 CBPR 目录网站的联络点,通过联络点完成与 CBPR 目录网站相关信息的沟通和对接,经认可的问责代理机构及其认可的企业均被列入该网站的目录。企业一旦得到认可,APEC 跨境隐私权保护规则体系的政策和做法就对其具有约束力,相关行政机构等就将对商业机构进行监督。经认可后的企业应该按照 CBPR 规则体系的各项要求落实隐私权政策和做法,由问责代理机构按照 CBPR 规则体系的要求进行评估。个人在进行电子商务活动时可访问 CBPR 目录网站,选择其目录中的商业机构,使自己的个人数据得到有效的保护;在个人数据被非法传播、滥用以致个人隐私受到侵犯时,数据主体可向 APEC 成员方的隐私保护执行机构投诉。隐私保护执行机构首先会在投诉人与被投诉人之间进行调解。若调解无效,隐私保护执行机构可做出正式调查,如调查证实被投诉人确有违反 APEC 跨境隐私权保护规则的行为,隐私保护执行机构可以向被投诉人发出执行通知,指令其采取补救措施,也可以起诉被投诉人。被投诉人违反执行通知即属违法,有可能被判处罚款及监禁,同时也将被问责代理机构撤销认可并剔除出 CBPR 目录网站。

在成员经济体层面,加入 CBPR 需要向 APEC 电子商务指导组提出申请,经过 APEC 跨境隐私规则之联合监督小组(Joint Oversight Panel, JOP)的审核才能获准加入。2012 年 7 月,美国首先加入了 CBPR;2013 年 1 月 16 日,墨西哥成为 CBPR 的第二个加入者;截至目前,日本、加拿大、韩国也已加入。加入 CBPR 可以帮助 APEC 成员经济体之间通过更加安全的方式有效地交换数据,保护个人数据隐私。[①]

与 OECD 的有关做法相似,CBPR 体系中同样有各成员方的数据保护机关的合作机制设计,即所谓"跨境隐私执法安排"(Cross-border Privacy Enforcement Arrangement, CPEA)。凡是申请加入 CBPR 的 APEC 成员首先必须派出至少一个"隐私执法当局"(Privacy Enforcement Authority, PEA)加入 CPEA,在自愿的基础上对违反 CBPR 的企业进行跨境执法合作。CPEA 的调整对象是 APEC 经济体内的 PEA,而不是 APEC 经济体本身。任何 APEC 经济体的 PEA 都可以加入 CPEA,单个经济体可以指定境内多个 PEA 作为该经济体参与 CPEA 的境内执行机构。CPEA 为 APEC 各成员方的 PEA 提供了一个就具体隐私执法事宜分享信息、寻求帮助、提供跨境合作的机制。一个国家或地区的当地机构通常难以惩处侵犯其居民

---

① 弓永钦、王健:《APEC 跨境隐私规则体系与中国的对策》,《国际贸易》2014 年第 3 期;徐磊:《APEC 跨境商业个人数据隐私保护规则与实施》,《商业时代》2014 年第 30 期。

数据隐私的域外企业，需要求助于该企业所在地的相关机构对其进行惩罚，CPEA 便是各成员方相关机构之间的非约束性的多边合作协议。本着自愿互利的原则展开跨境隐私保护执法合作，是《APEC 隐私保护框架》得以在 APEC 各成员方实施的重要保障。

APEC 虽然只是一个松散的官方论坛，《APEC 隐私保护框架》在推动成员国个人数据跨境传输立法方面的影响也比不上 OECD《隐私保护与个人数据跨境流动指南》，但 CBPR 的机制设计却是具有可操作性和约束力的。CBPR 的机制设计结合了行业自律和法律规制，借助企业自己的隐私规则实现跨境信息保护，以企业自律为基础，辅以行政或司法手段保障其实施效果，涉及 PEA、问责代理机构、企业三方，目的是把亚太区域内符合《APEC 隐私保护框架》9 大基本原则和 50 项具体标准的企业纳入规则体系，建立与美欧安全港协议相近的规则安排，最终实现亚太区域内的个人数据自由流动。

类似 CBPR 这样的多边区域个人数据保护规则体系，严格地说，目前世界上只有两个（美欧安全港协议和取代它的隐私盾协议均系双边规则体系），除了 CBPR，欧盟也专门针对跨国公司设计了"约束性公司规则"（Binding Corporate Rules, BCR）。与 CBPR 不同的是，CBPR 适用于 APEC 范围内的各种商业机构间的个人数据转移，而 BCR 只解决跨国企业内部的个人信息跨境转移。BCR 由在欧盟经营的跨国企业自愿申请加入，企业应制定一套符合欧盟法的公司隐私政策，经经营所在地的欧盟成员国数据保护机构批准后，就可以在跨国企业内部自由传输个人数据而省去每次签订"标准合同条款"的麻烦。BCR 的内容广泛，涵盖包括诸如透明度、数据质量、数据安全在内的隐私原则；包括诸如审计、培训、投诉处理体系在内的有效性工具以及确保规则具有约束性的要素。BCR 除了对跨国公司集团中的法律实体、公司的雇员具有对内约束力之外，也有对外效力，数据主体可以根据 BCR 的规定向指定的责任承担机构就自己受到的损害要求侵害人赔偿。与 BCR 审查机制不同的是，CBPR 体系下的审查机构并非政府机关，而是获得 JOP 认可的独立的第三方问责代理机构（Accountability Agent），当然，问责代理机构与 PEA 以及 JOP 之间也通过有效的协调和信息共享解决在隐私权保护方面出现的各种投诉问题。问责代理机构既可以是公营的也可以私营的，但只有加入 CBPR 体系的成员方（目前只有美国和墨西哥两国）的机构才可以申请成为问责代理机构。JOP 将负责对提出申请的机构进行审查,在其符合标准的情况下就会向 APEC 成员方进行推荐。如果在规定的时间内没有成员方提出异议,就表明该机构获准成为 CBPR 体系的问责代理机构,有效期为一年,每年都需要重新审核。美国著名的隐私认证公司 TRUSTe 即于 2013 年 6 月成功取得该种资格。①

CBPR 是美国主导设计的个人数据跨境传输规则,在某种意义上可以被理解为美国用来"抗衡"欧盟相当完善的个人数据保护规则体系的一个筹码。美国希望在个人数据跨境传输规则制定上拥有足够的话语权,至少在亚太地区形成绝对的影响力。美国发挥自身的行业自律优势,在 CBPR 的机制设计中引入了问责代理机构的角色,这是 CBPR 与 BCR 的一个显著区别。BCR 与 CBPR 在规范对象和运行机制等方面有诸多不同,各有各的生存空间。美国缺少联邦层面的规范商业领域个人数据(隐私)保护的系统、完整的法律制度,这是在美国和欧盟之间的跨境数据传输合作中,美国往往处于被动地位的重要原因之一。美国主导的 APEC 积极推动 CBPR 与欧盟 BCR 的互认,其意图很可能是一方面利用 BCR 来提高 CBPR 的影响力,另一方面将 CBPR 作为与欧盟谈判的筹码。

① 王楠:《个人信息跨境转移的法律保护——以公司隐私规则为视角》,《重庆工商大学学报(社会科学版)》2016 年第 1 期。

第十章
数字经济的国家治理难题

在数字经济的发展进程中,国家作为数字经济的积极推动者所起到的作用不容低估(见图 10-1),同时,如何在国家治理的整体构架之下,使数字经济的发展能够更好地和自然人个体的自由发展、社会公共安全等目标相协调,也成为当今世界各国共同面临的挑战。在这方面,数字经济规模居于全球第一且远超其他国家的美国,以及包含了数字经济规模位列全球前十位国家中四席(德、英、法、意)的区域一体化组织欧盟(见表 10-1),近年来既积累了经验,也遭遇到不少问题。

美国	NITRD　数字经济战略　大数据战略　　人工智能/大数据研发战略计划	
	1999　　　　2008　　　2012　　　　　　2016	
欧盟	eEurope2002 eEurope2005 i2010 欧洲数字议程 欧洲数字化单一市场战略	
	2000　　2003　　2005　　2010　　　　2015	
德国	数字议程	
	数字德国2015　（2014—2017）　数字化战略2025	
	2010　　　　2014　　　　2016	
英国	2015—2018	
	数字经济法案 信息经济战略2013 数字经济战略 英国数字战略	
	2010　　　　2013　　　　2015　　　2017	
日本	e-Japan战略 u-Japan战略 i-Japan战略 ICT成长战略 智能日本ICT战略	
	2001　　2004　　2009　　2013　　　2014	

图 10-1　主要发达国家和地区的数字经济发展战略①

---

① 中国信息通信研究院:《G20 国家数字经济发展研究报告(2017 年)》,第 6 页,http://www.caict.ac.cn/kxyj/qwfb/bps/201712/P020171213443445335367.pdf。

表 10-1　部分国家的数字经济规模(2016 年)

国　家	规模(亿美元)	国　家	规模(亿美元)	国　家	规模(亿美元)
美　国	108 318	法　国	9 620	加拿大	3 588
中　国	34 009	韩　国	6 122	墨西哥	3 193
日　本	22 935	印　度	4 033	俄罗斯	2 205
德　国	20 561	巴　西	3 754	澳大利亚	2 063
英　国	15 358	意大利	3 612	印度尼西亚	1 027

• 资料来源:中国信息通信研究院:《G20 国家数字经济发展研究报告(2017 年)》,第 7 页,http://www.caict.ac.cn/kxyj/qwfb/bps/201712/P020171213443445335367.pdf。

　　欧盟相关机构在"谷歌西班牙和谷歌公司诉西班牙数据保护局和马里奥·考斯特加·冈萨雷斯案"(de Protección de Datos, Mario Costeja González,以下简称"谷歌案")中做出的应对,以及美国政府在"棱镜门"事件和 Facebook"泄露门"事件中做出的应对,均较为典型地展示了这一点。

一、从"谷歌案"看国家治理难题

　　"谷歌案"的基本案情如下:1998 年 1 月和 3 月,西班牙《先锋报》(La Vanguardia)经西班牙劳工与社会事务部授权发布了公民马里奥·考斯特加·冈萨雷斯因拖欠社会保障债务,其不动产将被强制拍卖的公告。之后,该公告的电子版被《先锋报》上传至互联网,向全社会公布。2009 年 11 月,考斯特加联络《先锋报》,认为在谷歌搜索引擎中输入自己姓名可检索到该报上传的上述电子版公告,对自己的名声造成损害。他要求该报从互联网上删除该公告,理由是公告刊载的带有自己姓名内容的强制拍卖事件发生在多年前,现已得到妥善解决,目前本人与强制拍卖已无任何关联。《先锋报》答复指出,其无权删除上述数据,因为该数据的公示是在西班牙劳工与社会事务部的授权下进行的。2010 年 2 月,考斯特加向谷歌西班牙公司提出申请,要求其删除上述强制拍卖公告数据的链接。谷歌西班牙公司将该请求转给了位于美国的谷歌公司总部,认为后者才是承担删除被控数据的责任主体。随后,考斯特加向西班牙数据保护局提出请求:第一,《先锋报》删除或修改被控强制拍卖公告数据,使其个人的相关数据不再出现,或使用某种工具使搜索引擎无法链接该数据;第二,谷歌西班牙公司或谷歌公司删除或隐藏被控强制拍卖公告数据,使其不会出现在搜索结果中或不能与《先锋报》链接。

2010 年 7 月 30 日,西班牙数据保护局做出裁决,拒绝考斯特加针对《先锋报》的请求,认为《先锋报》刊载强制拍卖公告的行为是经西班牙劳工与社会事务部授权的合法行为;但支持考斯特加针对谷歌西班牙公司和谷歌公司的请求,敦促两公司采取必要措施删除索引中的被控数据,并保证该数据将来不能通过该搜索引擎被网络用户随意获取。

谷歌西班牙公司和谷歌公司不服西班牙数据保护局的裁决,向西班牙高等法院提起两起诉讼,请求将西班牙数据保护局的决定认定为无效。西班牙高等法院将两案合并后提交欧洲法院(European Court of Justice),请求其做出预先裁决(preliminary ruling)。

2013 年 4 月 25 日,欧盟总司法官就该案向欧洲法院出具的咨询意见指出:首先,搜索引擎并不符合 1995 年《数据保护指令》中控制者的定义;其次,运营搜索引擎不仅代表经济利益,而且具有信息传播及获取公共利益的功能,数据主体私生活的权利必须与商业自由与表达自由的基本权利相平衡;再次,1995 年《数据保护指令》中并不存在"被遗忘权",数据主体不能仅仅由于其认为有害或违反其利益就要求限制或删除数据。数据处理的目的和利益是被数据主体的同意所限制的,而不是被数据主体的主观判断所限制的。

2014 年 5 月 13 日,欧洲法院对该案作出预先裁决,令人颇感意外的是,欧洲法院在该裁决中并没有采纳欧盟总司法官的咨询意见。欧洲法院认为,搜索引擎自动化,经常性、系统性地在网络上搜索已发表的信息,搜索引擎的经营者属于 1995 年《数据保护指令》中的"收集"信息行为。搜索引擎经营者属于 1995 年《数据保护指令》所规范的"控制者"。如果网站经营者链接的第三方公开的网页内容违反 1995 年《数据保护指令》第 12 条 b 款和第 14 条 a 款的规定,搜索引擎在特定条件下确实有义务移除指向个人姓名个人信息的第三方链接和搜索内容。具体地说,此处所谓的链接内容违反 1995 年《数据保护指令》相关规定,不仅包括链接的数据内容为虚假或非法的情形,而且包括"即便是最初处理信息时是合法的,随着时间的消逝,信息也会变成与《数据保护指令》不相容,在某些情形下,数据出现将可能是不恰当的、不相干的、不再相关的或超出其最初处理目的(inadequate, irrelevant or no longer relevant, excessive)"的情形,此时,数据主体可以要求删除相关信息。据此,虽然本案中谷歌搜索引擎链接的第三方(《先锋报》)上传的网页信息内容真实,且经授权合法公开,但考虑到被链接网页数据的敏感性以及首次公开时间发生在 16 年前,在第三方无义务删除或更改信息内容的情况下,该数据主体(考斯特加)有权要求谷歌公司删除这些数据的链接。

欧洲法院的预先裁决,在平衡个人的信息权利与谷歌公司(与公众)的信息自由、表达自由、知情权之间的冲突方面,最终站在了优先考量个人信息权利的立场上。此处的个人信息权利具体表现为欧盟法中的被遗忘权(right to be forgotten)。维护与个人私生活密切相关的被遗忘权,被欧盟相关机关认为比保障公众从互联网获取信息的公共利益和互联网搜索引擎运营商的经济利益更重要。这样的立场自然会给表达自由、信息自由以及公众知情权带来不利影响。英国律师协会(The Law Society)认为,该判决将会引起人们对新闻审查的担忧,可能会导致那些试图隐瞒自己过去的政治家与其他人滥用该权利。尽管 GDPR 第 17 条参考欧洲法院在"谷歌案"中所持的应同时考虑公众查询有关信息的利益的立场,已将"行使言论自由和信息自由"等五项内容规定为不适用关于被遗忘权规定的例外情形,但仍有论者认为"这种方式虽然在哲理上讲很吸引人,但是存在模糊的问题",并希望在未来欧盟法的条文中加以明确,以期保证法律的确定性,减少数据保护可能给言论自由带来的"寒蝉效应"。事实上,由德国多名政、商、学界精英组成的社会团体于 2016 年 12 月提交欧洲议会并公布以供全欧范围内讨论的《欧盟数字基本权利宪章》(Charter of Digital Fundamental Rights of the European Union)草案中,就涉及作为基本人权的言论自由在数字时代大背景下的定位问题。该草案的倡议者指出,GDPR 的内容主要集中于个人数据保护领域,而新技术带来的伦理问题以及个人教育权、工作权等权利问题,目前仍需要进一步的关注。互联网融合了社会经济发展、公民基本权利、媒体监管政策、国际关系、贸易政策、消费者保护、反垄断、技术标准等诸多因素,更需要去寻找和达成一个高层面上价值观的共识。

二、从棱镜计划与斯诺登事件看国家治理难题

就在"谷歌案"引发欧盟相关机构与民众热议被遗忘权的确立及其所体现出的价值层面上的观念冲突时,"棱镜门"事件的爆发,无疑为这种讨论提供了鲜活的素材。

所谓棱镜计划(PRISM),是一项由美国国家安全局(NSA)和联邦调查

局(FBI)于 2007 年起开始实施的秘密电子监控项目,其直接进入美国网际网路公司的中心服务器里挖掘数据、收集情报,包括微软、雅虎、谷歌、苹果等在内的 9 家互联网巨头皆参与其中。

2013 年 6 月,曾经为美国国家安全局工作的爱德华·斯诺登将两份绝密资料交给英国《卫报》和美国《华盛顿邮报》,并告知媒体何时发表。按照计划,2013 年 6 月 5 日,《卫报》报道称美国国家安全局有一项代号为"棱镜"的秘密项目,要求电信巨头威瑞森公司必须每天上交数百万用户的通话记录;6 月 6 日,《华盛顿邮报》随即披露过去 6 年间,美国国家安全局和联邦调查局通过进入谷歌、微软、苹果、雅虎等互联网巨头的服务器,监控美国公民的电子邮件、聊天记录、视频及照片等秘密资料。

根据斯诺登披露的文件,美国国家安全局可以接触到大量个人聊天日志、存储的数据、语音通信、文件传输、个人社交网络数据;受棱镜计划监控的主要有十类信息,电邮、即时消息、视频、照片、存储数据、语音聊天、文件传输、视频会议、登录时间和社交网络资料的细节都被政府监控。通过棱镜计划,美国国家安全局甚至可以实时监控一个人正在进行的网络搜索内容。

棱镜计划被曝光后,当时的美国总统奥巴马一方面承认该计划的存在,一方面对此提出了辩解理由。他强调说,这一项目不针对美国公民或在美国的人,目的在于"反恐"和保障美国人的安全,而且经过国会授权并置于美国外国情报监视法庭的监管之下。

奥巴马提出的第一项辩解理由虽然在一定程度上缓解了美国国内民众的舆论压力,但也引发了以欧洲国家为代表的其他国家民众的不满;加之斯诺登随后曝光的文件内容显示欧盟多个成员国公民也在棱镜计划的监控之列,此案最终深刻影响到欧盟数据保护法的发展态势——安全港协议的失效、"谷歌案"的裁决乃至 GDPR 的通过均与此有关。奥巴马提出的第二和第三项辩解理由也并未得到美国国内民众的足够支持。据美国民调机构盖洛普公司公布的民调结果显示,受访民众中 53% 不支持联邦政府以反恐之名获取电话和网络记录,37% 支持,还有 10% 不持任何观点;30% 的受访者认为,无论加上怎样的前提条件,这类监控项目都不正确。2014 年 1 月,美国总统奥巴马签发第 28 号《总统政策指令》(PPD-28),将大规模收集数据限于六大国家安全目的,并且要求情报部门收集数据时有明确的针对对象。此外,2015 年 6 月通过的《美国自由法》(USA Freedom Act)对网络监控做出了必要限制,并要求科技企业发布透明度报告。

"棱镜门"事件实质上暴露出美国在数字经济下的国家治理方面的一个重大缺陷：美国国内有关于数据保护的各种法律，但这些法律大多倾向于规定相关企业可以保存何种个人数据、这些数据的用途是什么、能保存多长时间等内容，而较少涉及对政府相关活动的约束，其后果是：不但美国政府可以根据自己的需要获取和使用个人数据，而且与美国政府合作的相关企业也可以以政府的要求为由规避这些法律的适用。事实上，美国政府早已意识到互联网在越来越多的国际事件上可以成为达到美国政治目的、塑造美国全球领导力的有效工具。2011 年，以 Facebook 和 Twitter 为代表的新媒体即全程参与埃及危机从酝酿、爆发、升级到转折的过程，成为事件发展的"催化剂"及反对派力量的"放大器"，类似的事件也在突尼斯和伊朗等国上演过。以谷歌为首的美国互联网巨头一方面标榜网络自由，反对其他国家的政府监管本国的互联网，另一方面又配合美国政府全方位监控公众的个人信息，这种美国互联网巨头与美国政府的"合作"态势，不仅大大损害了美国政府在国内外的公信力，也严重影响到上述互联网企业在美国民众乃至全世界民众心目中的形象。

如果说"棱镜门"事件尚未促使美国在数字经济的国家治理方面进行根本性变革，那么 Facebook"泄露门"事件则提示此种变革可能已在酝酿之中。

三、从 Facebook"泄露门"事件看国家治理难题

Facebook"泄露门"事件的起因可以追溯至 2014 年。当时一位剑桥大学学者 Aleksandr Kogan 与剑桥分析（Cambridge Analytica）公司合作，开发了一款名为"this is your digital life"的性格测试应用，并发布在 Facebook 上。这一应用通过有偿征集的方式很快吸引大约 27 万用户参加测试，录入了自己的姓名、兴趣爱好等信息。最关键的是，在测试问卷的最后，有一个小小的授权——授权这一应用不仅可以获得用户自己的信息，还可以获得用户好友的资料。就是通过这个授权，第三方应用"this is your digital life"实际上抓取了 5 000 万用户的数据。剑桥分析公司通过对掌握的大量用户数据进行分析，进而选择最合适的政治广告进行精准投放，促使其在 2016 年美国大选中支持特朗普。在本次事件中，Facebook 确系合法收集用户个人信息，第三方应用"this is your digital life"也是合法地通过 Facebook 平台的第三方应用规则从 Facebook 平台以"共享"的模式收集用户个人信息。然而，

"this is your digital life"并没有按照 Facebook 的平台规则合法地使用用户个人信息,而是擅自将用户个人数据提供给剑桥分析公司。剑桥分析公司无疑是在未获得用户同意及转让授权的前提下,非法获取了这些数据。显然,第三方应用"this is your digital life"及其背后的剑桥分析公司是这次事件的主要责任者,但 Facebook 对此也有不可推卸的责任。Facebook 要求第三方应用在抓取已授权用户社交关系上的好友公开信息时,同时必须得到被抓取信息的好友的授权,但从上述事件中看,这一步骤可能并没有得到实施,或者存在漏洞。此外,在第三方应用入驻时,Facebook 已通过签署协议的形式禁止第三方应用向其他平台提供其从 Facebook 平台合法获取的用户数据,并针对第三方应用部署了在出现大规模收集用户个人信息数据时的监控机制且对其目的进行追查。然而,后来 Facebook 发现向剑桥分析公司提供数据的第三方应用存在大规模收集用户个人信息数据的行为时,仅得到一个"用于研究"的答复,却没有继续追查,也没有监督应用开发者是否真正删除数据。

　　Facebook"泄露门"事件发生后,有一项提案引起了广泛注意,即要求 Facebook、谷歌等公司在使用、销售或分享用户数据之前需获得用户同意。拟出台的立法也将规定,如发生用户数据泄漏,公司需通知用户,作为对州级法律下通知要求的补充救济;美国联邦贸易委员会将被赋予相关法律的执法权。某些国会议员甚至呼吁制定新的法律,加强美国数据隐私保护体系,并可能借鉴欧盟的 GDPR。另外,截至 2018 年 7 月,美国各州都将制定数据泄露的上报规定,明确在发生数据泄露事件后公司必须采取的行动。如果数据被第三方窃取,或可能被用于服务条款(或类似条款)规定以外的用途,州级的数据违规法律规定了企业必须遵守的通知类型以及补救方式。受影响的个人通常获得身份盗窃保护以及其他监控服务。美国各州还通过了用户隐私数据保护法律,禁止不公正及欺骗性商业行为,包括对用户进行虚假或具误导性信息披露,适用于用户数据隐私及安全相关的声明。依据这些州级法律,各州监管部门有权采取打击公司发生数据泄漏及其欺骗性或误导性网络安全行为及程序的应对措施。例如,若干州的州检察官就优步近期发生的用户数据泄漏事件对优步提起了诉讼。上述最近的动向似乎已经提示,美国政府在硅谷初创时期形成的互联网领域的"不干预"政策(即更多地依靠互联网企业的自律规范以及有关企业与客户体间的合同作为治理手段的政策)可能正在逐渐淡出,对个人数据或者说隐私的保护开始更多地成为制定法所规定的内容;同时,美国政府和美国互联网企业可能正在开始谋求更加积极意义上的"合作",以期更好地发挥它们各自在数字经济的国家治理中能够起到的作用。假如数据保护领域的美国国内法确实出现向相关欧盟法靠拢的走向,则欧盟在数字经济下的国家治理方面遭遇的问题,也将为未来的美国所面对。

第十一章
中国推进数字经济与治理面临
的机遇和挑战

经过 40 多年的改革开放,特别是加入世界贸易组织后,中国的成就有目共睹,已经成为全球第二大经济体,在国际贸易、国际投资和专利等领域发展迅速。这为中国数字经济的发展提供了良好的基础。

一、中国数字经济的发展

首先,中国互联网用户数量快速增长,互联网企业成长很快,形成了数字经济的供给和需求主体。网民人数大幅度增加,中国互联网人数从 2000 年的 2 250 万人增加到 2017 年的约 7.72 亿人,互联网普及率继而迅速从 1.61％上升到 55.8％。网民中手机网民迅速增加,手机网民占整体网民的比重从 24％上升到 2017 年的 97.5％(见表 11-1)。

表 11-1　中国网民和手机网民数量及互联网普及率

指标 年份	网民数(万人)	互联网普及率(%)	手机网民(万人)	手机网民占整体 网民的比例(%)
2007	21 000	16	5 040	24.0
2008	29 800	22.6	11 760	39.5
2009	38 400	28.9	23 344	60.8
2010	45 730	34.3	30 274	66.2
2011	51 310	38.3	35 558	69.3
2012	56 400	42.1	41 997	74.5
2013	61 758	45.8	50 006	81.0
2014	64 875	47.9	55 678	85.8
2015	68 826	50.3	61 981	90.1
2016	73 125	53.2	69 531	95.1
2017	77 198	55.8	75 265	97.5

• 资料来源:中国互联网络信息中心:《第 41 次中国互联网发展状况统计报告》,第 21—22 页,http://www.cnnic.net.cn/hlwfzyj/hlwxzbg/hlwtjbg/201803/P020180305409870339136.pdf.

网民使用互联网所涉及的领域是相当广泛的,达到 22 个,手机使用互联网也涉及 16 个领域。在服务领域,包括搜索引擎、网络新闻等;在货物领域,包括网络购物(具体网络参与行业的数量和比重见表 11-2)。2017 年,中国网络零售达到 7.18 万亿元。

表 11-2　中国网民和手机网民参与主要行业的数量和比重(2017 年)

业务领域	用户规模 (亿人)	网民使用率 (%)	业务领域	手机网民用户 规模(亿人)	手机网民 使用率(%)
即时通讯	7.2	93.26	手机即时通讯	6.94	92.16
搜索引擎	6.4	82.90	手机网络新闻	6.2	82.34
网络新闻	6.47	83.81	手机搜索	6.24	82.87
网络视频	5.79	75.00	手机网络音乐	5.11	67.86
网络音乐	5.48	70.98	手机网络视频	5.48	72.78
网上支付	5.31	68.78	手机网上支付	5.27	69.99
网络购物	5.33	69.04	手机网络购物	5.06	67.20
网络游戏	4.41	57.12	手机网络游戏	4.07	54.05
网上银行	3.99	51.68	手机网上银行	3.7	49.14
网络文学	3.78	48.96	手机网络文学	3.44	45.68
旅行预订	3.76	48.70	手机旅行预订	3.4	45.15
电子邮件	2.84	36.79	手机邮件	2.32	30.81
互联网理财	1.29	16.71	手机在线教育课程	1.19	15.80
网上炒股或炒基金	0.67	8.68	手机微博	2.86	37.98
微　博	3.16	40.93	手机地图、手机导航	4.65	61.75
地图查询	4.92	63.73	手机网上订外卖	3.22	42.76
网上订外卖	3.43	44.43	—	—	—
在线教育	1.55	20.08	—	—	—
网约出租车	2.87	37.18	—	—	—
网约专车或快车	2.36	30.57	—	—	—
网络直播	4.22	54.66	—	—	—
共享单车	2.2	28.50	—	—	—

• 资料来源:中国互联网络信息中心:《第 41 次中国互联网发展状况统计报告》,第 30—32 页,http://www.cnnic.net.cn/hlwfzyj/hlwxzbg/hlwtjbg/201803/P020180305409870339136.pdf.

从互联网资源应用看,中国网站数量从 2011 年的 230 万个增加到 2017 年的 533 万个,网页也从 2011 年的 866 亿个增加到 2017 年的 2 604 亿个,移动互联网流量从约 5.41 亿兆增加到约 21.21 亿兆(见表 11-3)。

表 11-3　中国互联网资源应用情况

年份	网站(万)	.CN 下网站(万)	网页(亿个)	移动互联网流量(万 G)
2011	230	95	866	54 083
2012	268	104	1 227	87 926
2013	320	131	1 500	132 138
2014	335	158	1 899	206 231
2015	423	213	2 123	418 680
2016	482	259	2 360	936 122
2017	533	315	2 604	2 120 743

• 资料来源:中国互联网络信息中心:《第 41 次中国互联网发展状况统计报告》,第 30—32 页,http://www.cnnic.net.cn/hlwfzyj/hlwxzbg/hlwtjbg/201803/P020180305409870339136.pdf。

互联网的快速发展,使中国数字经济总量以及对国内生产总值的贡献大幅度提高。据统计,2016 年中国数字经济总量达到 22.6 万亿元人民币,占 GDP 的比重达到 30.3%,数字经济对 GDP 的贡献已达到 69.9%。[1]

其次,建立了比较完备的与数字经济相关的基础设施。一是至 2017 年 9 月,中国光纤线路总长度达到 3 606 万公里,光纤用户占比达 76.6%,已超过 OECD 国家平均水平。二是互联网宽带接入端口数量达 76 195 万个,其中光纤接入端口占比从 2013 年 32% 上升到 2017 年 9 月的 82.7%,三是移动电话基站数量达到 604.1 万个,其中 4G 基站所占比重从 2014 年的 25% 上升到 2017 年 9 月的 74%。4G 用户占移动电话用户比重达 58.2%,超 OECD 国家平均水平,与美国、日本等同处全球领先水平(见表 11-4)。

表 11-4　互联网基础设施基本指标(2010—2017 年 9 月)

时间	光纤线路总长度(万公里)	互联网宽带接入口数量(万个)	移动电话基站数量(万个)
2010	996	18 781	139.8
2011	1 212	23 239	175.2
2012	1 479	32 108	206.6
2013	1 745	35 972	241
2014	2 046	40 105	339.7
2015	2 487	57 620	466.8
2016	3 041	69 029	559.4
2017	3 606	76 195	604.1

• 资料来源:中国互联网络信息中心:《第 41 次中国互联网发展状况统计报告》,第 11—12 页,http://www.cnnic.net.cn/hlwfzyj/hlwxzbg/hlwtjbg/201803/P020180305409870339136.pdf。

[1]　中国信息通信研究院:《中国数字经济发展白皮书(2017 年)》,2017 年,第 19 页,第 58—64 页,http://www.cac.gov.cn/files/pdf/baipishu/shuzijingjifazhan.pdf。

中国移动通信经历"1G 空白、2G 跟随、3G 突破",已实现"4G 同步",正迈向"5G"发展新阶段,中国主导的 TD-LTE 成为 4G 国际标准,并在全球广泛应用。①目前中国正在研发的 5G 网络架构将引入新的 IT 技术,如 SDN(软件定义网络)和 NFV(网络功能虚拟化);支持多种接入技术,如 WLAN(无线局域网络)、LTE(长期演进)、固定网络,而不同的接入技术有不同的安全需求和接入认证机制;更高的隐私保护需求使用户隐私信息从封闭的平台转移到开放的平台上,接触状态从线下变成线上,泄露的风险也因此增加。例如在智能医疗系统中,病人病历、处方和治疗方案等隐私性信息在采集、存储和传输过程中存在被泄漏、篡改的风险,而在智能交通中,车辆的位置和行驶轨迹等隐私信息也存在暴露和被非法跟踪使用的风险,因此 5G 网络有了更高的用户隐私保护需求。②

最后,与数字经济相关的云计算服务提供商成为数字产业组织的重要组成部分,并且市场规模不断扩大。云计算服务提供商提供的服务主要包括三种类型:软件即服务、平台即服务和基础设施即服务。据 Gartner 和中国信通院统计,2016 年全球云计算市场规模超过 650 亿美元,预计 2020 年将达到 1 435 亿美元,年复合增长率达 22%;2016 年中国云计算市场规模达 493 亿元,预计 2020 年将达到 1 317 亿人民币,年复合增长率达 28%。③

二、中国数字经济国家治理面临的难题

但同时,我们也要看到,中国发展数字经济还存在着挑战。

第一,与数字经济相关的关键基础设施创新能力不够,核心技术被外方控制,供应链体系不完整。"在通信网络设备、云设备、手机相关芯片领域美国领先,在原材料等领域日本占优,而在存储器领域韩国优势明显,在软件方面,美国则完全占据了压倒性优势(图 11-1)。"④

---

① 中国信息通信研究院:《中国数字经济发展白皮书(2017 年)》,第 22 页,http://www.caict.ac.cn/kxyj/qwfb/bps/201707/P020170713408029202449.pdf.
② IMT-2020(5G)推进组:《5G 网络安全需求与构架白皮书》,第 3—6 页,http://www.caict.ac.cn/kxyj/qwfb/bps/201706/P020170613513569876758.pdf.
③ 中国信息通信研究院:《中国数字经济发展白皮书(2017 年)》,第 29 页。http://www.caict.ac.cn/kxyj/qwfb/bps/201707/P020170713408029202449.pdf.
④ 中国信息通信研究院:《ICT 制造业发展报告(2016 年)》,第 29—30 页,http://www.caict.ac.cn/kxyj/qwfb/bps/201610/P020161027524383064854.pdf.

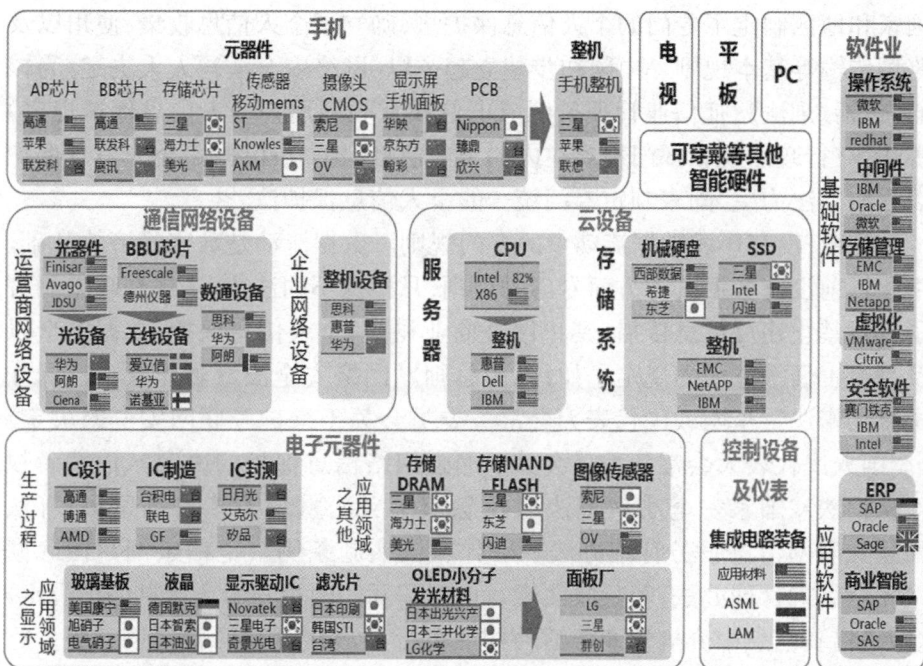

图 11-1　2014—2015 年 ICT 制造业 TOP3 企业及所属国家视图①

手机

元器件：
- AP芯片：高通、苹果、联发科
- BB芯片：高通、联发科、展讯
- 存储芯片：三星、海力士、美光
- 传感器 移动mems：ST、Knowles、AKM
- 摄像头 CMOS：索尼、三星、OV
- 显示屏 手机面板：华映、京东方、翰彩
- PCB：Nippon、臻鼎、欣兴

整机：手机整机：三星、苹果、联想

电视　平板　PC

可穿戴等其他智能硬件

软件业
- 操作系统：微软、IBM、redhat
- 中间件：IBM、Oracle、微软
- 存储管理：EMC、IBM、Netapp
- 虚拟化：VMware、Citrix
- 安全软件：赛门铁克、IBM、Intel

基础软件 / 应用软件
- ERP：SAP、Oracle、Sage
- 商业智能：SAP、Oracle、SAS

通信网络设备（运营商网络设备）
- 光器件：Finisar、Avago、JDSU
- BBU芯片：Freescale、德州仪器
- 数通设备：思科、华为、阿朗
- 光设备：华为、阿朗、Ciena
- 无线设备：爱立信、华为、诺基亚
- 企业网络设备
- 整机设备：思科、惠普、华为

云设备
- 服务器：CPU：Intel X86 82%；整机：惠普、Dell、IBM
- 存储系统：机械硬盘：西部数据、希捷、东芝；SSD：三星、Intel、闪迪；整机：EMC、NetAPP、IBM

控制设备及仪表
- 集成电路装备：应用材料、ASML、LAM

电子元器件

生产过程：
- IC设计：高通、博通、AMD
- IC制造：台积电、联电、GF
- IC封测：日月光、艾克尔、矽品

应用领域之其他：
- 存储DRAM：三星、海力士、美光
- 存储NAND FLASH：三星、东芝、闪迪
- 图像传感器：索尼、三星、OV

应用领域之显示：
- 玻璃基板：美国康宁、旭硝子、电气硝子
- 液晶：德国默克、日本智索、日本油墨
- 显示驱动IC：Novatek、三星电子、奇景光电
- 滤光片：日本凸印、韩国STI、台湾
- OLED小分子发光材料：日本出光兴产、日本三井化学、LG化学
- 面板厂：LG、三星、群创

第二,缺乏统一的数据标准。数据一般可以分个人数据和非个人数据。个人数据是指与已识别或可识别的人或人群相关的数据,可以分为十大类,即背景、身份、个人文件、个人资产、人际关系、个人活动、社交、电子档案、健康和政府记录。这十大数据主要有三种来源:第一类是自发形成的数据,第二类是记录形成的数据,第三类是分析形成的数据。非个人数据主要是企业、非营利组织和政府产生的数据,但是有时候很难区分个人数据和非个人数据。

无论是个人数据,还是非个人数据,数据商业化或者政府监管首先要做的事情是统一数据标准,这是解决数据的关联能力、保障信息交互、数据流通、系统访问功能顺畅的必要前提。而"中国目前数据登记盘点流程缺乏统一的数据标准,无法有效避免数据混乱冲突、一数多源、多样多类等问题。"②

第三,没有形成与数字经济相匹配的完整个人信息保护制度。进入 21 世纪以来,世界各国个人信息保护立法加快,截至 2016 年,全球共有 115 个

① 中国信息通信研究院:《ICT 制造业发展报告(2016 年)》,第 30 页,http://www.caict.ac.cn/kxyj/qwfb/bps/201610/P020161027524383064854.pdf。
② 中国信息通信研究院:《大数据白皮书(2018 年)》,第 35 页,http://www.caict.ac.cn/kxyj/qwfb/bps/201804/P020180418587931723585.pdf。

国家和地区制定了专门的个人信息保护法,确立了个人信息收集、使用以及跨境传输等基本规则。中国初步建立起了以《网络安全法》《人大决定》为核心,包括《刑法》《征信业管理条例》《电信和互联网用户个人信息保护规定》等法律、行政法规和部门规章在内的个人信息保护立法体系,个人信息保护以分散立法为主,尚未制定专门统一的个人信息保护法。[①]

第四,没有形成数据流动中的专门规则。数据流动是数字经济的基础。中国目前没有数据流动方面专门的规则,只根据不同法律、法规和政策制订了针对禁止违反信息传播、禁止侵害商业秘密、个人信息保护、数据安全以及平台责任等方面的规定。如《民法总则》《网络安全法》《著作权法》《保守国家秘密法》《全国人民代表大会常务委员会关于维护互联网安全的决定》《全国人民代表大会常务委员会关于加强网络信息保护的决定》《消费者权益保护法》《国家安全法》《刑法》《反恐怖主义法》《反不正当竞争法》等法律,《互联网信息服务管理办法》《著作权法实施条例》《电信条例》《国际联网安全保护管理办法》等行政法规,《电信和互联网用户个人信息保护规定》《网络借贷信息中介机构业务活动管理暂行办法》《互联网新闻信息服务管理规定》等部门规章,《最高人民法院最高人民检察院关于办理侵犯公民个人信息刑事案件适用法律若干问题的解释》等六部司法解释,以及《互联网新闻信息服务新技术新应用安全评估管理规定》等规范性文件。[②]

数据流动规则要从数据价值链的角度(例如个人数据价值链,见图11-2),从形成的三种类型(自发、记录和分析)着手制定数据标准以后,根据不同行业的要求制订数据流动的基本规则。

第五,没有形成跨境数据流动规则。在我们统计的282个FTA中,77个含有电子商务条款,占27.30%,而美国主导的11个区域贸易协定含有数字产品定义及其相关的数据跨境流动规则,采用美式协定的有22个,占42.85%。但在内地与14个成员方签署的区域贸易协定中,涉及跨境数据流动的条款只有一个,即2017年内地和香港签署的《内地与香港关于建立更紧密经贸关系的安排》经济技术合作协议专章第四条,加强了两地在跨境数据流动方面的交流,组成了合作专责小组共同研究可行的政策措施安排。但这也只是停留在研究层面。

① 中国信息通信研究院:《大数据白皮书(2018)》,第43—45页,http://www.caict.ac.cn/kxyj/qwfb/bps/201804/P020180418587931723585.pdf。
② 中国信息通信研究院:《大数据白皮书(2018)》,第47页,http://www.caict.ac.cn/kxyj/qwfb/bps/201804/P020180418587931723585.pdf。

个人信息	收集/访问	存储/整合	分析/分布	用途
自发形成 如公开的爱好、兴趣、偏好和专长等	·手机 ·博客、讨论表 ·社交网络、专业网站和特别爱好网站 ·用户生成内容 ·零售商计算的顾客忠诚度 ·智能电器 ·应用软件 ·传感器	·互联网服务提供商和手机供应商 ·政府部门（税务机关、产权登记处等） ·在线社交网络 ·金融机构 ·医疗从业人员 ·公用事业服务提供商 ·零售商	·零售商和服务提供商 ·公共行政部门 ·金融机构 ·医疗保健供应商 ·在线广告和市场调查方面的专业公司 ·数据分析师、供应商和中间商	·商务领域 ·政府和公共部门机构 ·终端用户
记录形成 如定位信息、浏览器历史记录、消费习惯等				
分析形成 如根据在线活动建立的信用评级和档案				

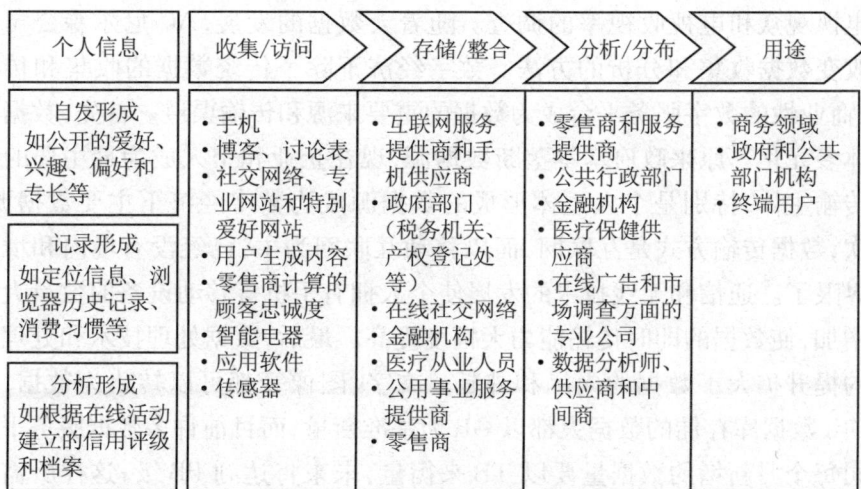

图 11-2　个人数据价值链①

第六,没有形成从中央到地方的数据监管体系。我们至今没有明确中央和地方开放哪些数据,企业之间的数据共享及其监管,个人数据的共享和监管。

三、数字经济下国家治理构架和思路

数字经济与工业经济的本质区别决定了国家治理构架和国家间合作方式和机制的不同。

第一,要分析传统数据来源和数字经济产生的数据来源及其传输方式。传统数据来源特别是商业数据来源主要依据政府的统计,并定期或者不定期公布商业数据,一般都是纸质(报纸为主)传输数据,同时通过广播和电视等媒体传输数据。同时,在欧美国家允许私营企业进行商业调查和市场资讯调查,调查以后形成数据分析,为商业企业提供分析报告,例如美国 AC 尼尔森公司成立于 1923 年,主要为企业提供市场资讯,1939 年,业务拓展到英国。1994 年,AC 尼尔森通过收购调查研究集团(Survey Research Group)进入亚太市场,并在 90 年代末通过收购 AMER World Research 打入中东及非洲市场。AC 尼尔森公司通过日记本方法和人数计数器方法来完

---

① OECD(2013), Exploring the Economics of Personal Data, p.11, http://edshare.soton.ac.uk/15267/3/OECD_2013.pdf.

成电视观众和电视收视率的调查。随着大数据的发展,AC 尼尔森公司也在改变数据收集和分析的方法。数字经济下除了传统数据的收集和传输外,商业性的数字服务平台成为数据的重要来源和传输渠道。首先,数据源主体多元化。原来政府基本垄断数据源,现在企业和个人成为最主要的数据传输主体,特别是个人主体形成的数据源成为数字经济下主要数据源。其次,数据传输方式是互联网,而以移动互联网为主,已经没有境内和境外的界限了。通信和无线技术的发展使个人拥有手机等移动设备的数量大幅度增加,使数据的即时传输能力大幅度提高。最后,数据处理技术和处理能力的提升扩大了数据的内涵和外延。文字、图像等都可以转化为数据,前10 年,数据库存储的数据大都以 GB 为基准衡量,而目前许多数据服务平台公司每个月新增的数据量要以 TB 来衡量,未来将达到 PB 级,这样所需要的数据处理技术和能力必须大幅度提升。因而,在数字经济下,政府提供的数据已经微不足道,大量的数据是由各类数据服务提供商生成并传输。

第二,从国家治理的视角看,政府需要掌握什么样的数据? 在数字经济条件下,通过政府自己收集数据已经难以达到政府治理的要求,同时政府无论是硬件还是软件都难以跟上快速发展的数字技术变化,所以在浩瀚的数据产生和流动过程中,需要解决的问题:一是政府规定各类主体哪些是不准上传的数据,涉及国家机密和国家安全的数据需要列出可执行的清单;二是政府作为国家机器的执行者,对数据的需求主要来自维护国家安全、进行经济决策和打击各种违法行为。这需要从国家层面明确数字服务提供商需要提交哪些数据、保留哪些数据、保留多少时间等。

第三,政府在数字经济背景下需要什么样的治理架构? 首先,基于国家安全的治理体制和机制,国家之间可能产生的网络攻击、国家可能遭受的黑客攻击、各类主体的非法网络传播等,这些都需要纳入国家安全的框架下。其次,企业数据和个人数据保护的构架需要在数据使用和保护之间寻求平衡。目前中国在个人数据使用方面存在着滥用的现象,没有形成从个人数据收集到使用的规则以及治理体制和机制。在企业数据方面,也没有形成数据标准以及企业之间的数据共享治理框架。最后一个层面是行业内部的数据治理构架。这需要根据不同行业制定不同的数据监管规则。

从国家层面而言,政府数据作为公共资源,在不危害国家安全、不侵犯商业秘密和个人信息的前提下,将其最大限度地开放给社会进行增值利用,有利于增加政府透明度,激发社会创新活力,提高公共服务水平,促进经济转型升级,提升政府治理能力。政府数据开放涉及多层级、多部门利益,并且是一个涉及安全、经济和技术多个领域的综合性问题。结合国内外实践经验,要切实推动政府数据开放有效开展,必须从国家层面制定政府数据开放战略或政策,中央、地方统一部署政府数据开放任务和要求;建立连接中央、地方的统一的政府数据开放网站,不断开放高价值数据;加强配套措施的建设,包括明确数据开放原则,制定政府数据资产目录、政府数据开放清单,建立政府数据开放评估体系,加强政府数据开放标准体系建设,加强安全保障体系建设等。

第四,建立国家安全和商业导向下的数字经济国际合作体系。首先,国家安全合作是数字经济国际治理机构的重要组成部分。可以建立在多边层面,例如联合国框架下的数字安全合作。也可以建立在相关国际组织框架下,例如国际电信联盟,共同打击网络犯罪和利用互联网的各种形式的恐怖活动,可以通过信息数据交换和共享实现多边层面上的国家安全合作。在区域层面,可以建立各种形式的区域安全合作,例如在 G20 框架下的数字安全合作,也可以通过其他区域国际合作,例如亚洲相互协作与信任措施会议和上合组织等,重点解决区域安全合作。在双边层面,可以建立国家安全的互信机制,共同打击网络犯罪和恐怖活动。其次,逐步推进以数字经济为基础的多边、区域、诸边和双边数字贸易规则体系。从目前国家治理能力看,在多边层面上,要坚持电子商务规则与货物、投资和服务规则的协同,在现有国家治理架构不成熟的条件下,坚持在世界贸易组织服务贸易总协定框架下拓展。在区域层面上,加快中国自贸试验区网络形成,将电子商务作为重要的议题纳入区域贸易协定的谈判中,加快现有低版本区域贸易协定在电子商务领域的升级。在双边层面,中国已经与法国、智利、越南、巴西、新西兰、澳大利亚、爱沙尼亚、匈牙利、柬埔寨、奥地利 10 个国家签署《关于电子商务合作的谅解备忘录》,推动两国在电子商务领域的合作。

国家之间进行数字经济合作,可以根据各国发展数字经济的不同阶段和需求,特别是根据"一带一路"相关国家的不同需求来开展。从"一带一路"相关国家的具体情况看,有些"一带一路"国家与数字经济有关的基础设施相对落后;有些国家地区则缺乏电子商务服务能力,中小企业难以进入全球数字经济平台;有些国家/地区缺乏与数字经济相匹配的贸易便利化措施(见图11-3 和 11-4)。因此,中国与"一带一路"相关国家数字经济的合作就是要根据各国的实际需要开展互联网基础设施、国际物流基础设施等方面的合作,同时开展与数字经济相关的支付、贸易便利化等制度合作。

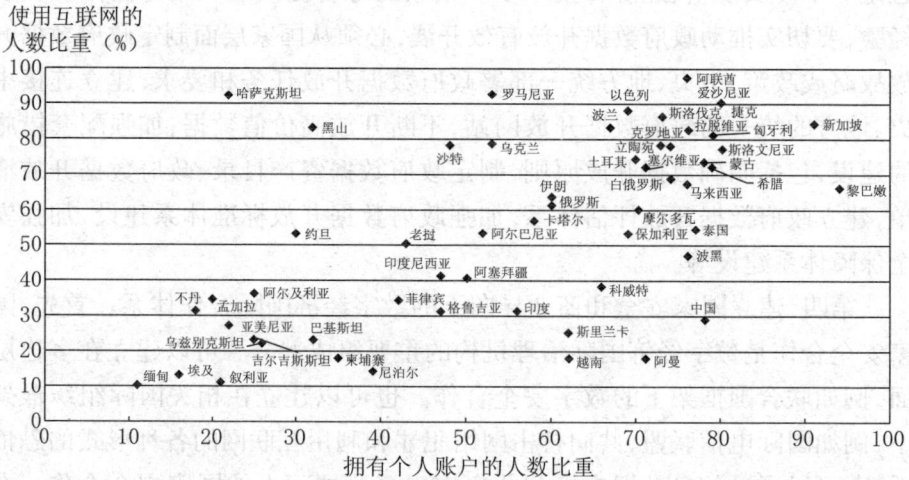

图 11-3 "一带一路"相关国家/地区使用互联网的人数比重和拥有个人账户的人数比重

• 资料来源:UNCTAD, 2017, http://unctad.org/en/PublicationsLibrary/tn_unctad_ict4d09_en.pdfB2C E-COMMERCE IN-DEX 2017。

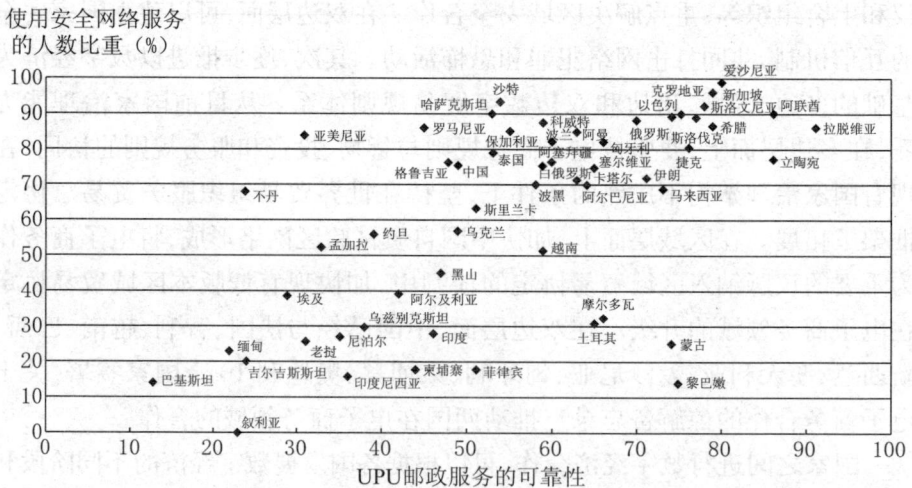

图 11-4 "一带一路"相关国家/地区使用安全网络服务的人数比重和 UPU 邮政服务的可靠性

• 资料来源:UNCTAD, 2017, http://unctad.org/en/PublicationsLibrary/tn_unctad_ict4d09_en.pdfB2C E-COMMERCE IN-DEX 2017。

　　第五,数字经济条件下国家治理构架所需要的供应链体系支撑。要维护数字经济下国家治理机制的正常运行,需要建立完整的数字经济供应链体系:在硬件供应链体系方面,主要包括通信网络关键设备、计算设备中的云设备、手机相关芯片等,还包括相关的标准,例如 5G 标准;在软件供应链体系方面,核心是工业互联网,如果没有工业互联网操作系统,就无法实现数字经济的有效运作。

第六,数字经济条件下国家治理构架需要的体制和机制。为促进数据的开放和社会化利用,规范数据流通行为,应当建立数据流通负面清单制度,禁止危害国家安全、侵犯个人信息及企业商业秘密等数据的流通。此外,数据流通主体(企业、数据交易平台等)应对可能侵犯个人信息、商业秘密、国家安全等的数据流通进行风险评估,及时终止不当流通行为,并向国家数据流通主管部门报告。还应当完善第三方平台监管机制,建立数据交易机构资质审核和准入机制,加强事前准入、事中监测和事后处置等监管机制和手段。政府可以通过建立具有可操作性的数据流通规则及相关标准,鼓励地方和行业组织先试先行,尝试创设新的相关规则和标准,对流通过程中的数据质量、数据分类、数据安全等问题作出规范。

附　录

二十国集团数字经济发展与合作倡议

(一) 概述:数字世界中的全球经济

1. 在 2015 年安塔利亚峰会上,二十国集团领导人认识到,我们生活的互联网经济时代给全球经济增长带来的机遇与挑战并存。2016 年,二十国集团将探讨共同利用数字机遇、应对挑战,促进数字经济推动经济实现包容性增长和发展的路径。

2. 数字经济是指以使用数字化的知识和信息作为关键生产要素、以现代信息网络作为重要载体、以信息通信技术的有效使用作为效率提升和经济结构优化的重要推动力的一系列经济活动。互联网、云计算、大数据、物联网、金融科技与其他新的数字技术应用于信息的采集、存储、分析和共享过程中,改变了社会互动方式。数字化、网络化、智能化的信息通信技术使现代经济活动更加灵活、敏捷、智慧。

3. 数字经济正在经历高速增长、快速创新,并广泛应用到其他经济领域中。数字经济是全球经济增长日益重要的驱动力,在加速经济发展、提高现有产业劳动生产率、培育新市场和产业新增长点、实现包容性增长和可持续增长中正发挥着重要作用。

4. 在认识到各国、各地区和全球不同利益相关方之间已有的数字和互联网相关战略的同时,二十国集团数字经济工作组发挥了二十国集团独特优势,助力于讨论信息通信技术带来的机遇和挑战,提出数字经济发展与合作的一些共识、原则和关键领域。二十国集团将促进成员之间以及成员之外的沟通与合作,确保强大、活跃、互联的信息通信技术能带动数字经济的繁荣和蓬勃发展,促进全球经济增长,并惠及世界人民。

(二) 指导原则:前进的指南

5. 二十国集团成员同意以下促进数字经济发展与合作的共同原则:

(1) 创新。信息通信技术中的技术创新,以及由信息通信技术驱动的经济活动中的创新,都是实现经济包容性增长和发展的关键驱动力。

(2) 伙伴关系。为了增进合作、应对共同挑战、推进全球数字经济,二十国集团成员间更紧密的伙伴关系有助于分享知识、信息和经验。因此,通过建设性对话来缩小分歧,促使各方获益。二十国集团认识到,互联网是支撑数字经济的现代信息网络的重要组成部分。互联网治理应继续遵循信息社会世界峰会(WSIS)成果中的规定。特别是,我们强调致力于一种多利益攸关方的互联网治理模式,其中包括政府、私营部门、民间社会团体、技术团体和国际组织根据其各自的角色和责任充分、积极参与。我们支持多利益攸关方进程,支持对所有利益相关方包容、透明、负责任的倡议,以实现互联互通的数字世界。

(3)协同。数字经济几乎涉及所有经济社会领域,并与二十国集团其他议题、特别是创新和新工业革命议题密切相关,二十国集团成员愿意协调相关议题的讨论,避免重复、确保一致。

(4)灵活。鉴于不同成员有不同的关切和优先事项,二十国集团认识到灵活的重要性。

(5)包容。二十国集团成员应与所有利益相关方共同努力,缩小各类数字鸿沟,促进创业、创新和经济活动,进一步开发所有人均可获得的多语言、多形式的内容和服务,人们需要媒体、信息、数字素养等方面的能力和技能,可以利用信息通信技术并促进其进一步发展。因此,我们认可多语言原则的重要性,以确保所有民族语言、文化和历史的多样性;应继续将数字包容性和使用数字技术来提升包容性作为推进数字经济的关键要素,以确保无论性别、地区、年龄、能力或经济地位如何,都没有人被落下。二十国集团成员还认识到,数字经济在促进落实2030年可持续发展议程目标上的潜力。

(6)开放和有利的商业环境。二十国集团认识到私营部门在数字经济中的关键作用,以及维护有利和透明的法律、监管、政策环境,促进开放和竞争的市场的重要性;认识到在数字经济中实施竞争和消费者保护法律的重要性,这些都有利于市场准入、信息通信技术创新和数字经济增长。

(7)促进经济增长、信任和安全的信息流动。二十国集团成员重申信息社会世界峰会突尼斯承诺第4段的内容,认识到信息、思想、知识的自由流动以及表达自由对数字经济至关重要,对发展大有裨益。我们支持维护互联网全球属性的信息通信技术政策,促进信息跨境流动,允许互联网使用者依法自主选择获得在线信息、知识和服务。与此同时,二十国集团认识到必须尊重适用于隐私和个人数据保护的框架,因为这些对增强数字经济领域的信心和信任至关重要。应提高基于信息通信技术的关键基础设施的安全性,以使信息通信技术继续成为加快经济发展的可靠动力。

(三)关键领域:进一步释放数字经济潜力

数字经济工作组将遵循上述原则,明确数字经济合作的优先事项,为数字经济发展、促进经济增长和确保数字包容性提供有利条件。为此,鼓励成员:

6. 扩大宽带接入,提高宽带质量

(1)加速网络基础设施建设,促进互联互通。促进互联网交换中心(IXPs)建设。鼓励所有国家让互联网接入成为发展和增长举措的核心。

(2)在合法可预测的竞争环境中,促进宽带网络覆盖、提高服务能力和质量。特别是,探索以可负担的价格扩大高速互联网接入和连接的方式。

7. 促进信息通信技术领域的投资

(1) 通过促进研发和创新(RDI)以及投资,包括数字经济跨境投资等方面的政策框架,改善商业环境。欢迎公私伙伴关系(PPP)、商业股权投资基金以及社会基金等形式投资信息通信技术基础设施和应用。鼓励开源技术和其他技术的发展。

(2) 鼓励组织信息通信技术企业和金融机构间的投资信息交流活动,鼓励二十国集团成员间在信息通信技术领域相互投资。

8. 支持创业和促进数字化转型

(1) 鼓励通过有利和透明的法律框架,支持研发和创新的项目以及对创新企业运行良好的资本市场推动基于互联网的研发和创新。支持发展中和新兴国家开展数字技术能力建设和基于互联网的创业。

(2) 利用互联网促进产品、服务、流程、组织和商业模式的创新。

(3) 鼓励数字技术与制造业融合,建设一个更加连接的、网络化、智能化的制造业。利用信息通信技术改善教育、医疗和安全、环境保护、城市规划、卫生保健和其他公共服务。促进电子商务、电子政务、电子物流、在线旅游、互联网金融和分享经济等服务业的持续发展。促进农业生产、运营、管理的数字化,以及农产品配送的网络化转型。

(4) 为宽带提供商创造条件,鼓励扩展、创新、消费者保护和竞争,研究制定防止商业宽带网络实施反竞争性的屏蔽、流量调节、数据优先的政策的可能性。我们注意到,在数字经济背景下一些成员在开放互联网方面的重要的监管和立法程序以及其潜在驱动力,呼吁进一步在国际层面分享机遇和挑战方面的信息。

9. 促进电子商务合作

(1) 使用可信的数字化手段促进电子商务跨境贸易便利化,如,无纸化通关、电子交易单据、数字认证的互认、电子支付和网上支付等。同时,加强合作,防止市场准入壁垒和其他壁垒。应关注税收的相关问题,譬如,确保有效地支付国际电子商务税收,尤其考虑税基侵蚀和利润转移(BEPS)问题。加强在国际范围内开展电子商务测度和数字经济对宏观经济影响的研究。

(2) 加强消费者权益保护合作,发展争端解决方式,确保为消费者提供与电子商务特点相适应的多种选择,这些选择应在本国法律法规框架下,并与该成员的国际法律义务保持一致。

(3) 通过确保尊重隐私和个人数据保护,树立用户信心,这是影响数字经济发展的关键因素。

10. 提高数字包容性

(1) 采取多种政策措施和技术手段来缩小数字鸿沟,包括各国之间和各国之内的数字鸿沟,特别是发达国家和发展中国家之间、各地区和各群体之间,包括男性和女性之间的数字鸿沟,推动普遍接入,包括为所有人提供均等的数字机会开放式接入互联网。提高最贫困地区居民,特别是 20% 的最贫困居民,以及人口密度低的地区居民的宽带接入,努力为最不发达国家提供普遍和可负担得起的互联网接入。重申确保按照《连通2020目标议程》,实现在2020年前新增的15亿人能够联网,并享用有意义的互联网接入的目标。

(2)促进数字技术在中小学教育中的使用,以及在非正式教育中的使用,包括图书馆、博物馆和其他以社区为基础的组织中的使用,以缩小不同收入水平间的差距,推动适应数字经济的劳动力的发展。努力确保越来越多的中小学生可以在教室中合法接入教育内容,并且有宽带连接和数字化工具。

(3)促进食品配送、教育、卫生、补贴分配和治理等带来社会福利的数字技术的发展。

(4)认识到数字经济可能带来技能短缺、技能不匹配等方面的风险和挑战,以及逐步上升的对待因技能缺乏所导致的落后群体的不平等,因此,通过学术机构和技术学校、图书馆、企业和社区组织之间开展合作,推广数字技术和更具竞争力的劳动力非常重要。提高公众的数字技能,包括青年和老年人,女性和男性,残疾人,文盲和弱势群体,以及低收入国家、发展中国家的民众,帮助他们参与数字经济,释放数字经济在创造高质量就业、提供体面的工作、促进收入增长和福利提升方面的潜力。加强劳动者权利保护方面的合作。

11. 促进中小微企业发展

(1)通过政策支持,促进中小微企业使用信息通信技术进行创新、提高竞争力、开辟新的市场分销渠道。

(2)推动以可负担的价格为中小微企业运营提供所需的数字基础设施。

(3)鼓励中小微企业为公共部门提供信息通信产品和服务,融入全球价值链。

(4)鼓励参与"全球企业注册倡议"等工作,创造透明简捷的商业注册机制。

(四)政策支持:营造开放、安全的环境

二十国集团旨在鼓励交流、增进相互了解,加强政策制定、监管领域的合作。为此,鼓励成员:

12. 知识产权

重申《二十国集团安塔利亚峰会领导人公报》第26段内容,认识到适当、有效的知识产权保护和执法对数字经济发展的重要意义。

13. 促进合作并尊重自主发展道路

鼓励成员开展国际合作,减少、消除或防止不必要的监管要求的差异,以释放数字经济的活力,同时认识到所有成员应与其国际法律义务保持一致,并根据各自的发展情况、历史文化传统、国家法律体系和国家发展战略来规划发展道路。

14. 培育透明的数字经济政策制定

(1)发展和保持公开、透明、包容及以证据为基础的数字经济政策制定方式,并考虑到所有利益相关方的意见。在法律、法规、政策和其他措施审议、制定、实施之前,公开

征求其意见。

（2）鼓励发布相关的、可公开的政府数据，并认识到这些对于带动新技术、新产品、新服务的潜力。

（3）鼓励智能的公共采购方案，支持私营部门创新数字产品生产和服务，同时保持需求由市场主导。

15. 支持国际标准的开发和使用

支持技术产品和服务的国际标准的开发和应用，这些国际标准应与包括世贸组织规则和原则在内的国际规则保持一致。

16. 增强信心和信任

（1）增强在线交易的可用性、完整性、保密性和可靠性。鼓励发展安全的信息基础设施，以促进可信、稳定和可靠的互联网应用。

（2）作为我们应对信息通信技术使用过程中的安全风险、威胁和缺陷所做的努力的一部分，包括那些信息通信技术的关键基础设施，要尽力加强国际协作、能力建设和公私伙伴关系，包括在相关国际论坛开展建设性讨论。支持和鼓励使用基于风险的技术标准、指导原则和最佳实践，以识别、评估、管理公私部门的安全风险。

（3）加强在线交易方面的国际合作，共同打击网络犯罪和保护信息通信技术环境。

17. 管理无线电频率频谱促进创新

认识到在数字经济时代，有效管理无线电频谱对于实现移动革命全部潜能的重要性。

（五）前进的方向：采取行动带来改变

认识到正在进行中的数字化转型正在重塑当今经济和社会并将在未来持续进行，二十国集团同意继续在以下事项上开展密切合作。基于此，二十国集团将：

（1）鼓励建立多层次交流，包括政府、私营部门、民间社会、国际组织、技术和学术群体等利益相关方以及行业组织、劳工组织等其他各方分享观点，促进数字经济合作。

（2）鼓励二十国集团成员交流政策制定和立法经验，分享最佳实践。

（3）鼓励通过数字经济方面的培训和研究合作使二十国集团中的发展中国家受益。

（4）欢迎和鼓励联合国、联合国贸易和发展会议、联合国工业发展组织、国际劳工组织、国际货币基金组织、国际电信联盟、经济合作和发展组织、世界银行和其他国际组织，在重要的政策问题方面开发更好的实用、相关、适当的指标，譬如数字经济中的信任、电子商务、跨境数据流动、物联网等问题。

（5）期待包括经合组织在内的相关国际组织和感兴趣成员做出努力，加强宏观经济统计中的数字经济测度问题研究，包括对各国统计机构开展自愿性"良好实践"调研，并组织由统计学家和数字企业参与的数字经济测度源数据研讨会。

（6）与二十国集团工商界活动（B20）、二十国集团劳动会议（L20）、二十国集团智库峰会（T20）等其他团体积极互动，与工商界、民间社会、学术界交流观点，就如何推动数字经济健康发展交流意见。

为互联互通的世界塑造数字化

杜塞尔多夫　2017 年 4 月 6 日—7 日

1. 作为 G20 数字经济部长,我们于 2017 年 4 月 6 日至 7 日在杜塞尔多夫举行会议,讨论如何把数字化对经济的贡献最大化。

2. 回顾 2016 年的"G20 数字经济发展与合作倡议",我们认识到数字经济对全球包容性经济增长起到了越来越重要的推动作用,对促进经济发展、提高现有产业的生产率、培育新的市场和产业、实现包容性和可持续的增长及发展起着重要作用。我们认识到,言论自由及信息、思想和知识的自由流动对于数字经济是必不可少的,也是有利于发展的,正如信息社会世界峰会(WSIS)的"突尼斯承诺"第 4 段所重申的那样。

3. 重申"G20 数字经济发展与合作倡议"的原则,致力于以多方参与的方式治理互联网。这包括政府、私营部门、民间团体、技术组织和国际组织的充分积极参与,并发挥各自的作用和履行各自的职责。我们支持多方参与的进程和倡议,这些进程和倡议是包容的、透明的,并对所有利益相关方负责,以实现数字互联的世界。

4. 在这点上,G20 国家认识到联合国大会高级别会议的召开对全面审查联合国大会信息社会世界峰会成果的实施情况十分重要。在该会议上国际社会重申将致力于建立以人为本、包容和发展的信息社会。此信息社会以联合国宪章为宗旨和原则,充分尊重和拥护世界人权宣言,在这里人人都可以创建、获取、使用和分享信息及知识,个体、社区和人们都可以充分发挥潜力以促进可持续发展及提高生活质量。

5. 数字化转型对经济和生活的影响巨大,且其影响力还在继续扩大。然而,数字化的影响在许多方面仍然不为人知。由于数字化可以改变组织和市场,它可能会对包容性、劳动力市场和结构调整带来挑战,这些可能需要通过合理的国内政策设计和国际合作来管理,例如分享最佳实践。我们注意到在财政部长层面进行的一场关于税收的辩论。数字化及开放、安全、可靠、可共同使用和真正全球化的互联网是促进包容性经济增长的要素,并为我们提供工具以应对贫富差距扩大带来的不平等社会和全球挑战,以创造可持续程度更高的未来。

6. 今天,世界上每两人中只有一人连接到互联网,弱势或被忽视群体正面临特殊挑战。我们需要加强努力,弥合数字鸿沟的各个方面,使每个人都有机会从数字经济中获益。

7. G20 国家注意到国际组织,如国际货币基金组织(IMF)、国际电信联盟(ITU)、联合国贸易和发展会议(UNCTAD)、世界贸易组织(WTO)、世界银行和经济合作与发展组织(OECD)等在数字经济方面所做的工作,包括2016年6月通过的OECD数字经济部长级宣言。

8. 2016年,G20国家领导人在杭州峰会上提议,共同利用机遇,共同应对日益数字化的世界带来的挑战,以创造一个繁荣、充满活力的数字经济来推动全球经济的包容性增长,并使其惠及所有人。G20数字经济工作组首先在杭州开展工作,在确保与"G20数字经济发展与合作倡议"及"G20新工业革命行动计划"保持连续性和一致性,并考虑与其他G20工作流程的潜在协同效应的前提下,提出了G20创新增长蓝图。在德国担任G20轮值主席期间,已首次建立数字部长级流程,明确数字化在全球议程的重要性。

9. 我们认识到私营部门和企业在数字经济中的重要性,法律、监管和政策环境的公开透明以及培育开放、有竞争力市场对数字经济的重要性。我们也认识到在数字经济中执行竞争和消费者保护法的重要性,这有利于市场准入、信息通信技术的创新和数字经济的发展。培育有利条件,减轻潜在风险,根据政策环境对数字专家和开放劳动力市场,依据国家法规规定,为包容性数字经济增长消除不合理的障碍,这些都是G20国家的核心目标。其核心目标还包括采取措施促进通用的和负担得起的数字接入,扩大基础设施建设,改善数字技能,促进内容发展,在非歧视性的基础上满足当地需求,创造激励机制,鼓励在数字商业模式方面持续创新、竞争和投资,在考虑国家利益和优先事项的同时,鼓励采用可共同使用的方法和相关的国际标准。

10. G20国家认识到数字经济为实现联合国"2030年可持续发展议程"目标做出贡献的潜力。可负担宽带连接的普及,数字技能和识字率的提高,数字创业的增长,以及其他经济部门更广泛地使用数字技术和服务都将有利于这一目标的实现。我们呼吁合作与协调,以最大限度地获取收益,而减少这些全球性挑战的潜在风险。

11. G20国家认识到,多语言原则在数字经济中至关重要,它鼓励相应的语言、文化和历史多样性,强调进一步在非歧视基础上发展当地内容,以各种语言和格式提供服务的必要性。这些语言和格式在2005年信息世界峰会(WSIS)获得通过,并在2015年纽约的WSIS+10会议上再次得到确认。在语言和翻译技术方面的工作将有助于实现这一原则。

12. 作为负责数字经济的部长,我们也认识到,数字化触及我们职责以外的领域,因此我们非常感谢我们同事的工作,包括G20普惠金融全球合作伙伴在G20金融层面对G20数字普惠金融高级原则的执行,以及G20农业部长为强调信息通信技术(ICT)对创新和可持续农业重要性所做的努力。我们支持G20就业方针对未来工作的倡议,也呼吁我们国家的其他部长去探讨数字化如何让其他部门获益。

全球数字化——利用潜力实现包容性增长和就业

13. G20国家将继续致力于"G20创新与增长蓝图"所提出行动的关键领域的工作,认识到利用数字化来促进全球繁荣、包容性经济增长、社会和文化的进步和发展的具有重要的战略意义。我们也承认并支持数字化所具有的在全球创造繁荣和进步的潜力,重视现有的机会,理解平衡利益和风险的必要性,并容许更多的包容性。因此,目前重要的是要明确数字化的障碍,包括那些导致发展中国家进一步边缘化和数字鸿沟扩大的障碍,并确定行之有效的做法。

14. 我们欢迎新的创新性的数字商业模式,包括在线平台和共享经济,并呼吁负责数字经济的部长们考虑支持投资和创新的原则,同时保护知识产权。在这些得到发展同时,应当建立一个以可证证据为基础、以包容、透明方式发展的健全和平衡的政策方针体系。我们还鼓励就中小微企业(MSME)的投资、融资促进交流最佳实践。

15. 我们认识到,数字化正在引发新的竞争问题。线下和线上商业模式之间的界限正变得越来越模糊,而且出现新的竞争态势。在很多情况下,数字化会带来更多的竞争、透明度和消费者选择,然而,我们也需要更好地了解新商业模式对市场的潜在影响。

16. G20国家认识到数字基础设施是数字化的基础,但并不是每个人都有同样的连接准入的机会。在收入、年龄、地理位置和性别方面仍然存在数字鸿沟。因此,我们重申在杭州做出的承诺,即在2020年之前实现"2020互联互通议程"目标,新增15亿人联网。并将根据各国的战略和发展政策框架,鼓励在2025年之前实现全民互联互通的国内部署。在改善互联互通基础设施方面,我们支持改善良性竞争环境的政策和法规,以促进私营部门投资。

17. 我们认识到G20国家的发展水平不同,并重视国际社会为协调一致所做的努力,鼓励在先进通信技术的部署和发展方面促进投资的行为,其中包括5G及其他技术。

18. 仅凭连通性和数字连接不足以为所有人创造一个包容的、可持续的数字未来。我们欢迎并支持G20就业层面的工作,其正在研究如何调整就业和社会政策,以便在技能发展和调整、社会政策和工作质量等领域塑造未来的工作。我们也明白,所有形式的教育和终身学习都需要调整利用新的数字技术,并发展劳动力市场所需的技能。我们欢迎"G20关于推进高质量学徒制的倡议",在职业培训和就业培训等领域提升数字世界的技能(见附件二)。此外,G20国家还计划提高数字能力,这是数字经济发展的一个重要组成部分。

19. 这个星球上有一半的人口是女性,而现在的女性比男性少2.5亿。考虑到这一点,我们计划采取行动,帮助弥合数字性别鸿沟,并帮助、支持妇女和女童公平参与到数字经济中。G20数字经济部长们支持G20发展工作组所做的工作和"♯eSkills4girls"倡议,帮助新兴和发展中国家的女童和妇女提高数字技能和就业前景。我们也要记住,让其他弱势或被忽视群体也参与到数字经济中的举措的重要性。

20. G20成员国的共同目标是通过数字贸易促进包容性增长,创造就业机会。G20成员国还认识到,全球数字贸易的能力和发展不均衡,数字贸易对一系列密切相关的政策领域产生了影响。政策决策应有利于整个社会、消费者和各种规模的公司,特别是中小微企业(MSME)。G20成员国承诺努力达成共识,改进数字贸易的计量方法,以促进这一领域的知情和循证决策的制定。

G20 成员国将在世贸组织第十一届部长级会议(MC 11)中建设性地参与世贸组织有关电子商务的讨论,并将继续建设性地参与其他国际论坛,承担与数字贸易各个方面有关的责任,以促进数字经济的发展和贸易。G20 成员国一致认为,数字贸易有潜力促进包容性增长和就业,但也可能给发达国家、发展中国家和最不发达国家带来不同程度的挑战,并认识到需要强化的和协调一致的行动来加强发展中国家和最不发达国家更充分参与数字贸易的能力,商定共同目标以努力解决造成数字鸿沟的因素。考虑到技术的迅速发展及其对贸易模式的影响,G20 成员国同意在即将到来的阿根廷 G20 轮值主席任期内继续就数字贸易进行讨论。

21. G20 国家认识到中小微企业(MSME)和初创企业在我们的经济中所发挥的重要作用,其中包括女性所有的中小微企业及初创企业。我们鼓励在寻找新的商业机会和新的金融资源以及建设新的能力等方面分享最佳实践、知识和技能。我们支持"G20 创业行动计划"的实施工作,该计划致力于资助企业家更多地获得数字经济的准入机会,促进发达国家、发展中国家和最不发达国家的包容性增长。

数字化生产的增长

22. G20 国家一致认为,生产数字化影响机构和基础设施,并可能成为全球增长的推动力,包括创造新的就业机会,但同时也可能带来其他影响,尤其是在就业、改变工作岗位和自动化任务方面。在生产数字化方面,不是所有的 G20 国家及其产业都处于相同的实施水平。因此,通过专业知识和最佳实践的交流,G20 国家应该鼓励生产的数字化转型,特别是中小微企业(MSMEs)。这包括深入了解数字化对经济发展的影响,特别是如何利用数字化来为工业化和经济发展服务。同时我们也会关注 2017 年 3 月召开的"将 G20 制造业数字化转型——倡议、最佳实践和政策方法"。

23. 所有利益相关方和参与各方的成功的包容性的合作,有助于解决广泛存在的经济和社会挑战。我们计划由专家就生产、物联网、机对机(M2M)通信、IT 安全、智能城市和智能移动等领域数字化进行最佳实践交流。

24. G20 国家支持就技术产品和服务开发和使用国际标准,这些标准须符合世贸组织规则和原则等国际规则。G20 国认识到,标准的发展应以开放、透明和共识原则为基础,以行业及市场为导向,而且标准不应成为贸易、竞争或创新的障碍。标准可以增强信息通信技术和互操作的使用安全,使我们能够从数字化中获益,同时采取适当的措施以实现合理的公共政策目标。

25. 在 2016 年 10 月柏林举行的关于标准化的前 G20 轮值主席国会议上,在 G20 农业部长的呼吁下,鼓励 G20 国家就以下领域交流标准化的最佳实践:生产数字化、信息通信技术使用安全、智能城市、智能移动以及智能农业领域。我们还将继续支持移动和智能农业领域。我们也将继续支持将数字化生产应用程序的国际标准开放给参与的利益相关方,所有标准的相关组织也发挥了一定作用。在国际层面上,现有的标准化机构可以促进提高生产数字化和促进国际贸易的标准的制定。

增强数字世界的信任

26. 用户可以越来越多地从数字世界中获益。G20国家将支持信息的自由流动,同时遵守适用的国内和/或国际法律框架来保护隐私和数据,加强信息通信技术的使用安全、透明度和消费者保护。我们重申支持信息通信技术政策,保持互联网的全球性,促进信息跨境流动,并允许互联网用户合法获取他们选择的在线信息、知识和服务。与此同时,G20认识到,必须尊重隐私、个人数据保护及知识产权的适用框架,因为它们对增强人们对数字经济的信心和信任至关重要。我们进一步认识到,还需要满足某些合理的政策目标来利用数字化收益。此外,我们鼓励G20在上述政策目标中开展国际合作,也支持在更广泛的国际层面开展合作,包括帮助各国弥合数字鸿沟。

27. 我们强调在数字经济中保护消费者的重要性。G20国家继续应对消费者所面临的一系列挑战,以确保在线业务向消费者提供足够的信息使其做出明智的决定,例如容易理解的消费者信息。消费者还需要被授权来管控自己的网络身份。在这种情况下,我们应当努力提高消费者基本数字素养。我们也关注3月15日在柏林举行的"G20消费者峰会"以及大会所提出的建议。

28. 信任和安全对于发挥数字经济的潜力及成功的生产数字化转型至关重要。我们努力的一个方向,便是努力解决使用信息通信技术的安全风险、威胁和脆弱性,包括信息通信技术所支持的关键基础设施,努力加强国际合作、能力建设和公私合作伙伴关系,包括在相关的国际论坛上进行建设性的讨论。我们支持和鼓励公共和私人部门使用基于风险的技术标准、指导方针和最佳实践来识别、评估和管理的安全风险。

继续前进

29. 我们赞赏G20的B20(Business 20)、W20(Women 20)、Y20(Youth 20)和L20(Labor 20)及其他民间社会团体在G20进程中所起的作用,我们也高度重视与所有利益相关方交换意见、分享有效和务实的解决方案。

30. 我们感谢国际货币基金组织(IMF)、国际电信联盟(ITU)、经济合作与发展组织(OECD)、联合国贸易暨发展会议(UNCTAD)、世界银行和世界贸易组织参与我们的G20工作并提供专业的知识。我们呼吁所有具有专业知识的国际机构,根据其目前的任务,进一步推进数字经济计量议程,努力为加强理解数字经济对整体经济的贡献提供重要工具。

31. 通过快速采用和应用创新的数字经济商业模式和框架实现数字化转型,以促进共享经济、劳动力数字化和金融包容性。数字化转型可以是一种实用、有效和可扩展的方式,它与其他政策手段一起解决财富分配不均衡和收入差距问题。我们支持未来关于促进数字经济战略举措的工作,以改善 G20 国家的财富和收入分配。

32. 为了充分利用数字化带来的就业和增长潜力,重要的是把数字经济全面纳入我们的国家统计体系,并在可行的情况下,对其进行单独识别计量。我们还需要继续审查我们的统计框架。这些证据将帮助我们评估我们的数字战略对数字经济发展的影响。因此,我们欢迎国际组织和国家统计局的工作,以改进数字经济的计量。

33. 认识到数字转型带来的社会福祉和经济增长的潜力,我们邀请 G20 数字经济工作组继续开展工作。G20 下任轮值主席国阿根廷已确认,将依据"支持性、包容性增长和就业、可持续发展、弥合数字鸿沟"的路线图继续开展工作。

附件一:数字化路线图:数字化未来的政策
附件二:数字技能的职业教育及培训
附件三:G20 关于数字贸易的优先事项

杜塞尔多夫,2017 年 4 月 7 日

附件一:

数字化路线图:数字化未来的政策

两年前,G20 领导人在安塔利亚已经注意到,我们正生活在数字时代,有效利用数字技术是促进效率提高和经济结构优化的重要驱动力。2016 年,G20 国家在杭州一致通过"G20 数字经济发展与合作倡议",提出了数字经济发展与合作的一些共识、原则和关键领域。在杜塞尔多夫,G20 数字经济工作小组进一步推进了"G20 创新增长蓝图",数字经济部长赞赏并讨论了 G20 数字化工作计划。数字化路线图:数字化未来的政策将建立在已完成的伟大工作的基础上,并在 G20 国确定的关键领域推进实施。一项 OECD 的研究报告"G20 数字转型关键问题"已在部长级会议上提交。

一、促进数字技术在全球范围内的获取、采用和有效使用

数字经济的增长使数字技术得以迅速传播和普及。然而,在 G20 国家中,由于人口类别、经济发展水平、工业和企业规模的不均衡,采纳和使用数字化的方式也各不相同。

G20 数字经济部长计划:

1. 分享信息和经验,支持新电信服务和应用的新兴技术等数字技术获取、采用和有效使用的改善,促进数字经济的发展,也包括弱势或被忽视群体的数字化。

2. 分享信息和经验,以识别出数字战略的良好实践经验,并从实施过程的挑战及结果中学习。

3. 讨论如何使用数字技术来克服贫富差距和收入差距。

4. 鼓励 G20 国家制定支持"2020 互联互通议程"目标的数字战略,并努力在 2025 年前将国内所有人都联系起来。

5. 鼓励 G20 国家培育、发展和采用各种数字经济商业模式来促进共享经济、人力资源数字化和金融包容性,并减少贫富差距和收入差距。

二、扩大数字基础设施

G20 国家鼓励继续投资发展数字基础设施,以满足现有及未来的需求,并帮助弥合数字鸿沟。

G20 数字经济部长计划:

1. 改进竞争环境和有限投资政策,以刺激对数字基础设施的投资,并支持公私合伙企业和商业股本投资基金以及社会基金投资于数字基础设施和信息通信技术(ICT)应用。

2. 建设性地合作,将数字化覆盖面扩大到服务水平低下的社区或个人。

3. 开始实施去年由 G20 领导人批准的"全球基础设施互联互通联盟倡议"。

三、调整政策以适应日益数字化、信息化和知识驱动的全球经济

数字化影响着经济和社会的许多方面。政策的制定将需要政府各部门之间、各级政府之间的协调以及所有利益相关方的参与。

G20 数字经济部长计划:

1. 分享有关数字化和政策方法的最佳时间和经验教训,以适应知识驱动的全球经济的影响。

2. 鼓励数字经济投资,使新的可扩展和可复制的商业模式成为可能。

3. 进一步讨论创新的数字经济商业模式和框架,以促进共享经济、劳动力数字化和金融包容性。

4. 通过合作来促进全球数字经济发展,以帮助弥合基础设施、数据安全、数字技能和能力建设等领域的数字鸿沟。

5. 关注财政部长层面有关税收的辩论。

四、促进数字经济竞争

数字化创造新的机会令增加消费者选择,并提供创新性的新的产品和服务。线上和线下两种商业模式之间的边界正变得越来越模糊,而且出现新的竞争态势。

G20 数字经济部长计划:

1. 鼓励交流最佳实践,以促进竞争,扩大创新范围,避免反竞争限制。

2. 关注 OECD 在竞争领域正在进行的工作,从数字化视角审视 OECD 的竞争评估

工具包。

五、支持中小微企业(MSME)从数字化中受益并应对挑战

促使中小微企业使用先进的数字技术非常重要。然而,他们迅速采用新技术、通过实践学习、创新和优化生产的能力可能会受到规模小的限制,缺乏资源也限制了他们从数字经济中获益。

G20 数字经济部长计划:

1. 通过鼓励诸如天使投资者网络和婚介服务等项目来提升一个更有利发挥创业精神的环境,以培育现有的和创新性的新商业模式,利用现有的和新的融资来源。

2. 在国家举措方面交流经验和良好实践,以促进 G20 国家的这些项目之间的联系,包括通过"G20 经济体创业研究中心"来联系项目。

3. 构建有利发挥创业精神的环境来促进创新、创业、就业机会和包容性经济增长,以此来鼓励数字创业。中小微企业可使用的技术和能力建设、充足的融资来源以及产业界和学术界之间的进一步合作是创业生态系统发展的关键因素。

六、鼓励物联网(IoT)的持续发展和生产的数字化。

G20 国家之间可以分享好的实践经验,并确定在鼓励物联网发展和生产的高效数字化方面进一步合作的领域。

G20 数字经济部长计划:

1. 在生产数字化、智能城市、智能移动、IT 安全和智能农业等领域开展合作。

2. 分享关于生产数字化的最佳实践,以促进全球层面的数字转型,并使所有 G20 国家受益。

3. 鼓励卓越中心、数字中心(为初创企业服务)和集群的发展,为中小微企业提供信息及支持,并探索与包括大公司在内的各种合作伙伴之间的协同合作。

4. 鼓励在不同国家计划之间、不同的利益相关方之间建立学习伙伴关系。

七、使所有人都能适应并在数字经济和社会中脱颖而出

数字技能日益成为参与现代经济、社会、文化、政治和市民生活的先决条件。为了让我们的公民做好应对全球化和数字革命带来机遇和挑战的准备,我们需要确保每个人都能从中受益并适应新的职业和技能需求。

G20 数字经济部长计划:

1. 鼓励和推进提升数字化经济的数字素养和技能的有效战略,使公民,特别是弱势或被忽视群体能够成功地适应数字经济和社会的要求。

2. 与就业工作组合作,在附件 2 的基础上提出建议,包括"G20 关于促进高质量学徒制的倡议"和"G20 技能战略",以帮助应对数字化所带来的挑战。这可能需要根据 G20

国家发展的不同阶段采取有针对性的行动,并进行能力建设。

3. 与发展工作组合作,与 G20 关于促进数字经济技能提升和妇女及女童尤其是发展中国家和新兴国家妇女、儿童的就业前景的倡议建立协同效应。

4. 促进数字化,以努力实现"2030 年可持续发展议程"确定的终结贫困、保护地球及确保人类共同繁荣的目标。

八、增强对数字经济的信任

信任和安全是数字经济运行的基础;如果没有这些,数字技术的普及可能会受到限制,从而影响潜在增长和社会进步。

G20 数字经济部长计划:

1. 就如何建立信任和鼓励使用基于风险的技术标准、指导方针和最佳实践进行经验交流,通过公共部门和私营部门尤其是中小微企业对安全风险进行识别、评估和管理。

2. 鼓励在考虑到各国的不同需求的情况下推进国家隐私战略。我们认同提升不同国家隐私框架之间的互操作性的重要性。

3. 在阿根廷担任 G20 轮值主席国任期内,我们将讨论有关数字经济隐私和安全的国际公共政策问题。

九、促进在线消费者保护

尽管企业对消费者(B2C)电子商务的稳步增长,但仍有相当大的潜力有待开发。消费者保护对于促进以充分和有效的知识产权的保护执行为基础的包容性增长至关重要,这些对建立信任来进一步发展这些市场使消费者和企业受益至关重要。

G20 数字经济部长计划:

1. 进一步研究与消费者信任有关的新商业模式。

2. 在阿根廷任 G20 轮值主席国的期限内讨论如何保护数字经济中的消费者,包括并邀请国际组织参与,如联合国贸易和发展会议、OECD 和消费者国际。

十、数字经济的计量

我们成功的基础是我们知道所取得进展的能力,这也意味着我们应当改进数字经济的计量方法,因为稳健的统计数据是有据可依的、良好的政策建议的基础。

G20 数字经济部长计划:

1. 支持 G20 贸易和投资工作组关于数字贸易计量的工作,这是数字经济计量这一更广泛领域的一个重要组成部分。

2. 关注"OECD-IMF 关于数字化对 GDP 统计影响的中期报告",并期待"G20 改进宏观经济统计中数字经济计量的行动计划",该计划将在今年晚些时候由经 OECD 和 IMF 及其他国际组织、国家统计机构合作完成。

3. 鼓励国际组织,如国际货币基金组织、国际电信联盟、经济合作与发展组织、联合国贸易和发展会议、世界银行、世界贸易组织与国家统计编纂者合作,在考虑到当地经济结构和统计能力的情况下,详细阐述用于分析国家层面数字化关键问题的框架。

4. 努力制定一套所有经济体都可以考虑收集的指标,以形成一份核心的、可跨国比较的信息通信技术指标的清单,以更好地支持各国的实证基础和政策制定。

十一、弥合数字性别鸿沟

数字化为妇女的经济权创造了新的途径。然而,G20 国家担心,女性并没有与男性一样公平地分享数字化的好处。

根据地域和社会条件,妇女在技术和数字金融服务方面面临更高的准入障碍。女性还面临技能、参与度和领导能力的差距,这阻碍了她们充分参与数字经济。

为了支持妇女公平地参与数字经济,G20 数字经济部长计划:

1. 分享各国在努力弥合数字性别鸿沟方面的做法。

2. 考虑根据国家情况在一系列关键政策领域采取行动,包括制定实现"2020 互联互通议程"目标 2.5.A 的国家行动计划:"在 2020 年之前实现互联网用户之间的性别平等"。

3. 支持发展数字金融服务的方案,为妇女提供方便和适合的服务。

4. 鼓励对现有的数字战略进行审查,以确保它们考虑到妇女的需要、情况、能力和偏好这些性别因素,鼓励主流的性别影响分析。

5. 增加女性参加 STEM 教育和就业的机会。

在准入、使用和收益的层面上,尝试探索开发能够反映性别分类数据的指标。

杜塞尔多夫,2017 年 4 月 7 日

附件二:

数字技能的职业教育及培训

数字技能和能力是 G20 经济体和伙伴国家创新和竞争力发展驱动力。数字化正在改变某些职业领域及职业,数字化对员工资质的要求在不断变化。因此,数字素养和数字技能应是所有形式的终身教育和职业培训的要素。从早期教育到职业和大学教育,再到终身学习,所有这些时期,尤其是从一个工作换到另一个工作的过程中,掌握数字技能都至关重要。特别是,在职业教育和在职培训中学习数字技能会潜在地增加就业能力,并减少因任务要求改变而导致失业的可能性。G20 回顾在中国杭州达成的"数字经济发展与合作倡议"。在这方面,数字包容和使用数字技术来加强包容性,仍然是促进数

字经济发展的关键要素。在这过程中,没有人会被落下。

正如"G20 关于促进高质量学徒制的倡议"所指出的,职业教育和培训是非常重要的,因为它们提高了劳动力的技能。在学徒计划和在职培训中,理论与实践之间的密切联系有助于促进 G20 经济体和伙伴经济体的数字化。教授学徒数字技能和对数字媒体的使用,促进了企业数字化过程中最新知识的传播。学徒可以立即应用他们的知识,并对其他员工产生溢出效应。反之亦然,一个从事数字化在职培训的熟练工人可以帮助学徒和公司的其他员工适应数字化。为了解决全球范围内数字技术劳动力短缺的问题,我们越来越需要支持发展中国家和新兴经济体设计高质量的面向劳动力市场的职业教育和培训。

提高数字素养,促进高质量教育和数字技能的掌握将有助于减少国家之间及国家内部的数字鸿沟。而且它将促进日益数字化世界的职业及社会参与,促进包容性增长。此外,它可以促进政府内部的数字能力建设,因为一个高效的政府需要有能力的劳动力。科学、技术工程和数学(STEM)技能是积极参与数字经济的关键因素,特别是对于许多国家一些参与率和毕业率都低于男性的领域的女性而言。合法获取和有效使用数字技术可能使弱势或被忽视群体①受益,并增加她们的社会和经济赋权。提高她们的数字技能将有助于增加她们的就业前景和她们作为用户、雇员、企业家、创新者和全球数字经济领导者的参与度。此外,数字技术在因自然和/或人为灾害而流离失所的社区教授和提升技能具有优势。而且,可以容易获得的数字技术和培训有利于提高残疾人工作参与度。

在"G20 关于促进高质量学徒制的倡议"的基础上,我们计划根据各国情况特别针对弱势或被忽视群体采取以下行动:

1. 鼓励制定关于获取数字技能课程的战略,考虑企业的需求,将数字学习技术应用于职业教育(包括快速技能培训计划)和在职培训中,以提升员工的数字技能。

2. 确定未来所需的技能,以推动包容性、高质量的学徒计划,使企业,尤其是中小企业能够在数字经济中取得成功。根据"G20 技能战略",不断监测工作场所、行政部门和政府对数字技能的需求,并根据不断变化的工作环境发展要求来调整教育和培训项目。

3. 促进以机会、主动性和创新为导向的创业技能,作为数字技能的补充。

4. 鼓励公共和私营部门、学术界和社会合作伙伴设计和调整学徒计划,以促进对数字技能的获得。

5. 为学校提供适当的基础设施、管理框架和必要的资源,使其成功地教授数字技能和能力,这也是数字化生产的要求。

6. 利用数字及电子学习技术的潜力、可获取的信息技术,增加弱势及被忽视群体的

---

① 这些群体可能包括:最贫穷的公民、低密度和偏远地区的公民、老年妇女和女童、残疾人、土著和其他弱势群体。

学习成果,并使有效的终身学习成为可能。促进 G20 国集团在这一领域进行最佳实践交流、总结经验教训。

7. 确保职业教育及培训中数字技能培养项目对男性和女性都有同样的吸引力及可获得性,从而弥合性别数字鸿沟。就新兴经济体和发展中国家提升妇女和女孩的数字技能和就业前景,与 G20"♯eSkills4girls"倡议建立协同机制。

8. 通过持续教育提高教师和培训师的资质,使其提供高质量的数字内容教学和应用数字教学技术。

9. 在企业的竞争力和创新能力方面,提升学徒、熟练劳动力、教师、管理人员和普通人群对数字化重要性的认识。

10. 通过建立区域性或特定部门的集群等,加强企业、初创企业、职业学校、地方当局、培训机构、社会合作伙伴和其他相关行动主体之间的对话,促进企业所需数字技能及培训机会的交流。这些集群可以支持没有足够资源来开发数字培训项目的中小微企业。

11. 加强 G20 国家、合作伙伴经济体和其他主导数字教育领域的国家的最佳实践交流,提升全球数字技能的培训和教育,从而尊重发展中国家所面临的特殊挑战。

杜塞尔多夫,2017 年 4 月 7 日

附件三:

G20 关于数字贸易的优先事项

数字化对我们的经济产生了巨大的影响。数字贸易和技术引发了经济和贸易结构的深刻变革。这一点得到了 G20 领导人的认可,他们 2016 年在杭州达成共识,支持二十国集团工商峰会(B20)对加强数字贸易的关注。

2017 年,为了就明确数字贸易的机遇和挑战深化讨论与合作,G20 主席国德国邀请 G20 成员国,尤其是贸易和投资工作组(TIWG)继续就数字化进行交流。G20 成员国感谢国际组织,特别是经合组织、世贸组织、联合国贸易和发展会议、世界银行、国际贸易委员会和国际货币基金组织,感谢他们对这一议题所做的付出。

G20 成员就以下事项达成一致:

(一) 数字贸易的计量

G20 成员国在促进数字贸易基于知情及循证的政策制定方面有共同的目标,而可靠的数据对此至关重要。鉴于数字贸易计量的复杂性,需要做更多的工作来改善数字贸易的计量。

G20 成员国认同在数字贸易计量方面面临挑战,包括数字贸易的定义和范围、收集可靠数据的基本的、新的来源、合理的会计框架,以及将某些交易分为货物贸易或服务贸易或两者兼而有之等等这些技术的和复杂的问题。

因此,G20 成员国支持加强在数字贸易描绘和计量方面已经开展的工作,这是数字经济计量诸多问题的重要部分。为此,G20 成员国支持国家统计机构和国际组织在这项工作上取得更多的进展。我们鼓励国际贸易统计机构间工作队(TFITS,由经合组织和世贸组织共同主持),更积极地与所有国家统计机构及企业界合作,提出有效报告系统的建议。

G20 成员国欢迎国际组织在各自的职责范围内进一步开展工作:

1. 为数字贸易计量,向负责的主管部门提出建议,以便对数字贸易有共同的理解。数字贸易计量应该足够广泛可以涵盖现有方法,并具备足够的灵活性可以应对正在进行的技术进步、提供货物及服务的新方式、监管分类的变化;

2. 确定数字贸易计量统计的偏差和差距,包括不留下货币足迹的相关交易;以及

3. 提出解决这些挑战的方法,并建议任何可以取得早期进展的领域。

在即将到来的阿根廷 G20 轮值主席国任期内,国际组织被邀请向贸易和投资工作组(TIWG)展示他们对未来可能工作的思考和建议报告。

(二)数字贸易的国际框架

回顾 G20 领导人在杭州和安塔利亚的公报中阐述了对数字经济国际层面的承诺,并关注数字经济工作小组的重要工作。G20 成员国考虑如何促进数字经济发展和贸易、深入理解和讨论。并就以下事项达成一致:

1. G20 成员国将继续落实在杭州达成的"G20 数字经济发展与合作倡议",通过促进数字经济的发展和贸易,努力释放数字经济的潜力;

2. G20 成员国将在世贸组织第十一届部长级会议(MC 11)中建设性地参与世贸组织有关电子商务的讨论;

3. G20 成员国认识到,全面实施"世贸组织贸易便利化协定",有望提高电子商务对降低成本和提高国际贸易效率的贡献;

4. G20 成员国支持世贸组织贸易政策审查机制第六次评估的结果,该机制可将与电子商务相关的要素纳入世贸组织秘书处的报告,并在自愿的基础上,纳入成员国的报告;

5. G20 成员国将继续积极地、建设性地参与其他国际论坛,承担与数字贸易各方面相关的责任,保持和改进适当的、可预测的及透明的框架;

6. G20 成员国将根据"G20 数字经济发展与合作倡议",建立透明的数字经济政策,并分享最佳实践作为政策制定者能力建设的有用工具;

7. 贸易和投资工作组(TIWG)将数字贸易纳入其议程,以便在阿根廷任 G20 轮值主席国期间进一步报道。

(三) 对数字贸易发展层面的认识

G20 成员国一致认为,数字贸易有潜力促进包容性增长和就业,但也可能带来挑战,尤其是在发展中国家和最不发达国家。与此同时,G20 成员国承认,需要加强和协调一致的行动,以增强发展中国家和最不发达国家全面参与数字贸易的能力。G20 成员国就共同目标达成一致,努力解决造成数字鸿沟的因素,促进全面包容的数字贸易。

G20 成员国认识到,增强发展中国家和最不发达国家实现数字贸易的能力,以及更充分地参与数字贸易,需要在许多领域具备特殊的能力。这包括数字基础设施、技术开发、技能、透明和可预测的监管框架,以及支付解决方案的可得性。G20 成员国强调,需要进行信息共享、能力建设和合作,使发展中国家和最不发达国家参与数字贸易以及区域和全球价值链成为可能,并不断得到强化。

至此,G20 成员国:

1. 同意在贸易和投资工作组进一步深入探讨关于数字贸易的发展维度;

2. 承诺继续就数字贸易政策交流最佳实践,包括完善的监管框架和支持增加数字贸易的措施;

3. 欢迎促进合作的努力,在所有电子贸易倡议的支持下,包括发展中国家、捐助者、私营部门和相关国际组织,在各自的职责范围内,确定数字贸易的制约因素,并制定适当的应对措施;以及邀请相关的国际组织在各自的职责范围内,在即将到来的阿根廷 G20 轮值主席国任职期间,为贸易和投资工作组(TIWG)准备一份报告。这份报告会确定影响数字贸易就绪的因素,提出减少数字贸易壁垒的方案,并提高发展中国家和最不发达国家在这一领域的绩效,以促进包容性和可持续性增长。

二十国集团数字经济部长宣言(2020 年)

基于以往主席国取得的成果和作出的承诺,我们,二十国集团(G20)负责数字经济的部长们,于 2020 年 7 月 22 日举行会晤,探讨利用数字技术为所有人实现 21 世纪的机遇。2020 年,G20 数字经济任务组(DETF)汇聚了 G20 全体成员和嘉宾国。沙特阿拉伯还邀请经济合作与发展组织(OECD)和国际电信联盟(ITU)作为知识伙伴。

社会和全球经济的数字化发展为各国提供前所未有的重大机遇,可以通过制定以人为中心、数据驱动和基于事实的政策,增强经济竞争力,改善就业质量,优化大中小城市和偏远农村社区公共服务,以及促进不同背景人民的广泛社会参与,最终提高生活水平。数字化也带来各种挑战,包括如何弥合数字鸿沟,及时制定有效、创新、灵活且顺应数字时代的政策和战略,同时应对反竞争行为,保护隐私,增强安全,建立信任,并减少各类不平等现象。数字化亦凸显了增加就业机会,提高微型、小型和中型企业(中小微企业)市场准入的重要性。我们支持营造开放、公平和非歧视环境,保护和赋权消费者,确保相关领域供应链安全和稳定,广泛促进包容性和以人为本,注意到数字化环境影响的重要性,并纳入性别视角。我们将继续支持国际合作和多利益攸关方参与,制定和落实基于事实的数字政策,应对上述挑战。我们认识到,各国已采取措施,旨在制定更为灵活、全面、敏捷的政策措施,如利用监管沙箱。

我们强调,数字经济和数字政策讨论对持续推动落实和实现《2030 可持续发展议程》至关重要。我们认识到,普遍、安全和可负担的连接实数字经济发展的根本保障,推动包容增长、创新和可持续发展。我们认识到,围绕改善数字连接基础设施、数字技能和意识,互联网服务和设备可负担性,弥合数字性别鸿沟以及数字内容相关性采取举措至关重要。我们认识到,需在这些领域缩小差距与利益攸关方一道,通过加快全球,特别是偏远地区的互联网普及,联接人类。

如 2020 年 4 月 30 日通过《特别声明》所述,我们强调连接、数字技术和政策对加快共同应对新冠肺炎、提高未来预防和缓解危机能力具有重要作用。我们注意到沙特主席国制定的《新冠肺炎期间支持商业模式数字化政策选项》,该文件分享了各国根据实际情况增强企业连续性和韧性的政策实践。

一、值得信赖的人工智能

人工智能(AI)系统有望催生经济、社会、健康惠益与创新,推动经济包容增长,减少不公平现象并加快推进实现可持续发展目标(SDG)。人工智能也可能对未来工作、关键系统运行、数字包容性、安全、信任、伦理问题以及人权带来潜在影响。

我们重申致力于促进以人为中心的人工智能发展方式,并支持 G20 人工智能原则,该原则借鉴了 OECD 人工智能原则的第一章节"值得信赖的人工智能负责任管理原则"和第二章节"值得信赖的人工智能国家政策和国际合作建议"。我们承诺,根据各国优先事项推动 G20 人工智能原则。

首先,我们注意到《推进 G20 人工智能原则国家政策案例》(附件 1),该文件列举了推动 G20 人工智能原则的国家战略和政策,包括研发投资、能力建设、创新和可信赖度。

我们认为,有必要开展广泛的多利益攸关方讨论,分享人工智能及相关政策实践。我们欢迎主席国沙特围绕利用值得信赖的人工智能应对疾病流行举办的对话,并注意到《2020 年 G20 人工智能对话总结》。我们倡导继续开展符合 G20 人工智能原则的多利益攸关方讨论。

二、有信任度的数据自由流动和跨境数据流动

2019 年,G20 领导人在大阪认可有信任的数据自由流动和跨境数据流动的重要性,并认识到有效使用数据实现数字化在促进经济增长、发展和社会福祉方面的关键作用,并表示愿意开展合作,鼓励不同框架间的互操作性,并强调数据对促进发展的作用。

数据、信息、思想和知识的跨境流动有助于提高生产力、激发创新,促进可持续发展。同时,我们认识到数据自由流动也带来一定挑战,例如隐私和个人数据保护。G20 成员认为有必要根据相关适用法律框架应对这些挑战,这将进一步促进数据自由流动,增强消费者和企业信任,同时避免损害合理公共政策目标,包括通过:

——围绕数据政策分享经验和良好实践,特别是互操作和交换机制,明确当前有信任的数据跨境流动途径和工具间的共性;

——重申贸易与数字经济融合的重要性,注意到正在进行的关于电子商务联合声明倡议的谈判,并重申世贸组织《电子商务工作计划》的重要性;

——探索并了解隐私增强技术(PETs)等技术。

三、智慧城市

基于以往主席国取得的成果,我们鼓励继续与利益攸关方合作发展和部署数字技术与解决方案,建设以人为中心、环境健康、可持续、尊重权利、包容的智慧城市和社区,提高竞争力、改善民生和社区韧性。这类数字解决方案的核心是通过更加高效、个性化方式实现连接、提供服务,同时保障人权。在部署数字解决方案过程中应注重有效的数字经济安全和韧性,以保护隐私、个人数据和服务提供,提高透明度和公众信任。在此方面,我们注意到 2019 年启动的 G20 全球智慧城市联盟倡议。

我们认识到智慧出行是全面发展智慧城市和社区的要素之一,是推动创新与投资的重要引擎,智慧出行数据与技术解决方案能够应对智慧城市和社区的部分挑战,有望以

环境友好方式减少城市服务获取方面的不平等。

我们欢迎《G20 智慧出行指南》(附件 2)以促进该项工作。《指南》旨在根据 G20 成员及其他国家的经验和知识分享,围绕如何通过以人为本、包容和可持续方式加快拓展智慧出行体系提供指导和最佳实践。

我们认识到 G20 成员为便利智慧出行技术和数字基础设施部署、建设政府数字能力、促进互操作性、监测智慧出行对人权等产生的影响、促进多利益攸关方合作和伙伴关系、培育和促进数字包容等开展的工作。

未来,我们认识到就智慧城市有关工作与 G20 基础设施工作组加强衔接,与当地伙伴和其他相关社会伙伴合作推动智慧城市和社区发展的重要性。我们鼓励探索除智慧出行以外智慧城市与社区的其他要素。

四、数字经济测度

基于以往 G20 主席国开展的工作,并延续 2018 年主席国阿根廷制定的《G20 数字经济测度工具箱》草案有关工作,我们支持推进数字经济测度。加强合作将有助于提高不同方法的一致性,并完善基于事实的政策制定,为实现 21 世纪所有人的机遇作出贡献。

我们欢迎沙特担任主席国期间制定的《G20 迈向数字经济测度共同框架路线图》。《路线图》有助于 G20 成员和其他国家缩小测度和实施的差距,特别是发展中经济体,强化指标的可比性和统计能力。我们倡导就测度开展包容和多利益攸关方对话,并认识到 G20 数字经济测度研讨会作出的贡献。

我们认可围绕数字经济要素的最佳定义交流信息,从而指导测度工作至关重要。基于 2016 年杭州达成的成果,以及各领域和产业已有的数据统计框架,今年 G20 成员认识到主席国沙特提出的分层定义框架,该框架支持关于数字经济要的总体政策定义:为测度之目的,数字经济涵盖依赖于或显著获益于利用数字投入的所有经济活动,这些投入包括数字技术、数字基础设施、数字服务和数据,指包括政府在内,所有在其经济活动中利用数字投入的生产者和消费者。

为提高数字经济社会和经济影响的监测能力,评估政策以引导其发展,并确保没有人掉队,包括妇女和女童,我们认识到明确与就业、技能(包括数字素养)和增长相关的代表性指标,及其跨社区的有效使用至关重要,并尽可能兼顾跨性别、教育和其他社会经济因素的结果分布。为改善数据可用性和当前统计方式,并增强数字经济测度的证据基础,我们支持与相关私营部门、企业实体、教育机构、公民社会和国际组织等利益攸关方合作,明确、制定并使用新增和现有数据资源,包括根据各国实际目前尚未实施的按性别分类的数据,同时保护隐私和个人数据。

数字化转型驱动的新业务模式对涉及数据、数字化服务和数字平台的测度带来各种挑战。我们鼓励对指标进行讨论和探索,以应对各种测度挑战,在可能的情况下提供测度指导,并酌情认可将数字经济纳入国民经济核算和其他统计体系的有关工作。

我们认识到迄今为止取得的进展,并鼓励就《路线图》确定的优先领域开展进一步工作。

五、数字经济安全

2017年,我们认可信任和安全对激发数字经济潜力至关重要。在数字化快速扩展和先进技术普及的背景下,提高数字经济安全的重要性日益凸显。在以往讨论的基础上,2020年我们致力于与所有利益攸关方合作,提高数字经济安全,服务于我们共同的经济利益。通过共同努力,我们可以缓解数字经济安全风险,降低系统性风险,为推进强健、可持续、包容的全球经济增长做出贡献。

今年,主席国沙特举办了G20网络安全对话,专门针对数字经济特有的安全风险、挑战和机遇进行了广泛的、多利益攸关方参与的跨领域讨论,集中探讨包容性能力建设助力增强数字经济安全的方式,特别关注微型、小型和中型企业。

我们认识到沙特阿拉伯王国为开展多利益攸关方对话和推进解决数字领域复杂挑战作出的努力,包括2020年全球网络安全论坛。

认识到数字经济安全是所有企业风险管控战略的核心,并强调中小微企业作为全球价值链要素,特别是在全球经济应对新冠肺炎过程中的重要地位,我们欢迎《G20数字经济安全相关实践案例》(附件4),该附件突出政府项目和举措,包含了政府提供的数字经济韧性相关政策案例。我们鼓励所有组织机构将数字经济韧性相关方面纳入其整体安全风险管控战略,同时保障和尊重人权。我们提倡继续就增强数字经济安全开展多利益攸关方探讨。

六、下步工作

我们认识到配套机制的作用、各工作渠道间的联系,以及与有关各方分享思路、经验、最佳实践和实际解决方案的重要性。我们感谢经济合作与发展组织(OECD)、国际电信联盟(ITU)、国际劳工组织(ILO)、国际货币基金组织(IMF)、联合国统计司(UNSD)、联合国贸易和发展会议(UNCTAD)等国际组织作出的贡献。上述国际组织受主席国沙特邀请与会。

我们认识到,数字经济是包容增长和发展的推动力,有助于落实可持续发展目标;也是预防和应对危机局势、帮助企业和行业从新冠肺炎疫情影响中恢复的重要手段,它已经并将继续产生广泛影响。我们认可数字经济在应对增长、劳动力、就业、社会、健康和文化等发展挑战方面的普遍影响。因此,我们欢迎就"数字经济任务组"转型为"数字经济工作组"继续进行探讨。

附件:推进 G20 人工智能原则国家政策案例

推进 G20 人工智能原则国家政策案例(案例)旨在为各国推动 G20 人工智能原则提

供国别政策案例。本附件比照 G20 人工智能原则,以主席国沙特的盘点工作为基础,并得到经合组织(OECD)支持。要求各国选取旨在推进或有助于推进 G20 人工智能原则的典型政策案例。以下概述均来自当前这些积极举措,以推动值得信赖的人工智能,是知识交流的来源。案例被纳入以下清单并不代表 G20 成员审议通过下述政策。

本附件涉及不同背景和经验,并非详尽且无意形成规范。案例的多样性表明各方正开展大量活动和实验以建立并支撑人工智能生态体系。大部分战略和政策刚刚出台或仍处于制定阶段。其中许多直接或间接同时对应多项 G20 人工智能原则,这与原则互为补充、相辅相成的意图是一致的。鲜见存在时间较长的政策,故不足以进行政策评估。这表明存在分享经验以促进学习的空间,包括通过促进关于人工智能的多利益攸关方讨论。

一、负责任地管理值得信赖的人工智能原则

G20 国家正广泛开展行动,鼓励负责任地管理值得信赖的人工智能,包括围绕五项基于价值的 G20 人工智能原则,开展以下行动:

1. 包容性增长、可持续发展和福祉

精心设计人工智能战略,在人工智能开发和使用过程中采用统一的全社会方法。此类战略设立共同愿景和总体目标,往往涉及多项 G20 人工智能原则,也可就人类发展的关键行业提出方向建议。

制定国家人工智能计划,为公共政策、举措和实践提供中期指导,可设立具体目标、涵盖多种政策工具并借鉴多利益攸关方治理结构。

起草人工智能相关的指南、治理模式、框架和原则,就值得信赖的人工智能系统设定高层次要求,受益于收集和共享实际应用场景、案例和最佳实践。

2. 以人为中心的价值和公平性

制定人工智能伦理原则,强调保护人权和促进社会各群体之间的公平。此类原则可在企业和政府设计、开发和部署人工智能的过程中提供指导,并结合专家意见和公众资讯以建立广泛的社会支持。

筹备政府实施人工智能的指令和指南。包括有关机构应考虑的人工智能技术标准关键特性的规范,以及人工智能相关技术和行业监管和非监管方法指南。

起草实施和自我评估指南。为实施原则各国正与利益攸关方共同试行实践指南(例如评估清单或工具),以更好地明确可能出现伦理问题的领域以及如何设计特定的人工智能应用以促进以人为中心、公平和良好治理。此类指南也可指明相关机构可参考的行业最佳实践。

3. 透明度和可解释性

实施人工智能的指令和指南,包括自动化决策,确保与透明度、问责制、合法性和程序公平的主要法律原则相兼容。

提供实施和自我评估指南,包括梳理与人工智能部署相关的关键考虑和实践,提供最佳实践案例。

4. 稳固性和安全性

将稳固性和安全性作为政府实施人工智能指令和指南的组成部分并纳入机构指南中,包括风险管理、测试和持续学习相关要素,并借鉴行业案例和实践。

鼓励研发,推动实现人工智能系统的稳固性和安全性。

5. 问责制

将问责作为人工智能指令和指南的组成部分,包括与内部治理结构相关的考量和实践,并提供行业案例与实践。

鼓励研发,推动形成人工智能系统问责制。

二、值得信赖的人工智能的国家政策和国际合作

G20 各国正积极尝试国家政策,并开展国际合作,以促进值得信赖的人工智能,其中包括采取与 G20 人工智能原则中五项政策建议相关的以下行动:

6. 投资人工智能研发

制定人工智能研发战略与规划。综合考虑人工智能技术、技能与基础设施,并围绕竞争力、科学领导力和创新能力等相关目标采取一致的行动。

制定人工智能技术路线图以引导投资。路线图可明确在各国极具潜力的人工智能开发和应用领域。

支持人工智能研究和能和卓越中心,有助于发展实际解决方案和应用,促进值得信赖的人工智能和公私合作,也有助于培育人工智能生态体系,开发人类能力。

资助人工智能研发项目和计划,发起研发项目倡议或提供赠款,通过鼓励包括中小微企业在内的相关领域协作促进多学科研究。

制定人工智能标准路线图,改善标准互操作性和使用。

出台人工智能技术标准规划,为政府机构在监管或采购工作中采用、制定或监督技术标准提供指导。可对此类标准的重要特性加以定义。

7. 培育人工智能数字生态体系

建立强健的数据生态体系和管理机构,为数据使用和共享、个人数据保护和隐私、伦理、数据驱动型创新提供指导,并就潜在的数据监管和非监管方式提供建议和发展方向。

促进开放、综合数据倡议。如,建立开放数据门户,用于访问公共资源生成的数据以及数据基础设施和数据分析。

8. 塑造有利于人工智能发展的政策环境

建立人工智能咨询委员会,在总体目标框架下就人工智能发展重点提出建议,在公众咨询和国际合作中发挥作用。成立国家人工智能中心,促进人工智能创新和能力建设,助力国家人工智能战略的实施、开展人工智能研究、开发人工智能应用并支持人工

智能劳动力教育和培训。

为人工智能应用监管提供指导，公布人工智能赋能或驱动的技术或行业部门相关监管和非监管方法的发展情况，从而提供监管确定性，改善创新环境。

9. 建设人才队伍，为劳动力市场转型做好准备

建立儿童教育课程，培育数字素养，发展针对人工智能的技能和能力，如统计思维、数学和对人工智能结果的理解，包括为学生提供相关基础设施和资源。

支持各年龄阶段人群的技能开发，包括提供资金支持、发展高速基础设施，以确保在校学习的包容性和创造性，以及数学科学、数据科学、人工智能相关教育课程的认证，并提供公私部门培训项目机会。

推动研究人工智能对工作和员工的影响。可与商会、工会合作开展此类研究，研究在工作中采用人工智能、工作自动化的效果、对工作质量和经验的影响以及对技能和任务演变的影响。

10. 值得信赖的人工智能国际合作

参与国际组织的工作，以利用国际层面的研究和对话。这有助于促进知识共享、了解各国情况并就有关问题开展一致行动。

参与人工智能标准制定的有关对话。这有助于促进人工智能关键技术标准的互操作性和知识分享。

促进多利益攸关方倡议，以加强国际合作，立足于人权、包容性、多样性、创新和经济增长，开展促进人工智能负责任发展的具体项目。

主要参考文献

李艺铭、安晖:《数字经济:新时代、再起航》,人民邮电出版社 2017 年版。

马化腾、孟昭莉、闫德利、王花蕾:《数字经济:中国创新增长新动能》,中信出版集团 2017 年版。

逄健、朱欣民:《国外数字经济发展趋势与数字经济国家发展战略》,《科技进步与对策》2013 年第 8 期。

G20 杭州峰会,《二十国集团数字经济发展与合作倡议》,2016 年,http://www.g20chn.org/hywj/dncgwj/201609/t20160920_3474.html。

麦肯锡全球研究院:《中国数字经济如何引领全球趋势》,2014 年,http://www.mckinsey.com.cn/中国数字经济如何引领全球新趋势/。

日本总务省:《平成 26 年 ICT 国际竞争力指标》,2014 年,http://www.soumu.go.jp/main_content/000319905.pdf。

肖炼:《"美国新经济"与美国经济》,《世界经济》2002 年第 3 期。

中国信息通信研究院:《中国信息经济发展报告》(2016),http://www.caict.ac.cn/kxyj/qwfb/bps/index_1.htm。

中国信息通信研究院(CAICT):《中国数字经济发展白皮书》(2017a),http://www.cac.gov.cn/2017-07/13/c_1121534346.htm。

中国信息通信研究院(CAICT):《G20 国家数字经济发展报告》(2017b),http://www.caict.ac.cn/kxyj/qwfb/bps/201712/P020171213443445335367.pdf。

Brynjolfsson, E. & Kahin, B., *Introduction*, *in Understanding the Digital Economy*, MIT Press, Cambridge, MA, 2000b.

Brynjolfsson, E. & Kahin, B., *Understanding the Digital Economy*: *Data*, *Tools*, *and Research*, MIT Press, Cambridge, MA. 2000a.

Bukht R., & R. Heeks, Defining, "Conceptualising and Measuring the Digital Economy", The Development Informatics working paper, No.68, 2017.

Carlsson Bo, "The New Economy: What is New and What is Not?", Paper was presented at the DRUID Summer Conference on "Industrial Dynamics of the New and Old Economy—who is embracing whom?", Copenhagen/Elsinore 6—8 June 2002.

Cooper M.D., "The Structure and Future of the Information Economy", Information Processing & Management, Vol.19, No.1, 1983.

Dahlman, C., Mealy, S. & Wermelinger, M., "Harnessing the Digital Economy for Developing Countries", OECD, Paris. http://www.oecd-ilibrary.org/docserver/download/4adffb24-en.pdf, 2016.

EU-J CIC(EU-Japan Centre for Industrial Cooperation), "Digital economy in Japan and the EU: An Assessment of the Common Challenges and Collaboration Potential", 2015.

Fritz Machlup, "Knowledge: Its Creation, Distribution and Economic Significance", *Volume Knowledge and Knowledge Production*. Princeton University Press, Princeton, New Jersey, 1980.

HCUK(House of Commons the United Kingdom, Business, Innovation and Skills Committee) 2016, The Digital Economy, Second Report of Session 2016—2017.

Kling, R. & Lamb, R., "IT and Organizational Change in Digital Economies, in Understanding the Digital Economy", E. Brynjolfsson & B. Kahin (eds), MIT Press, Cambridge, MA, 295—324, 2000.

Lane, N., "Advancing the Digital Economy into the 21st Century", *Information Systems Frontiers*, 1(3), 1999.

Marc Porat, "The Information Economy: Definition and Measurement U.S. Department of Commerce", Office of Telecommunications, OT Special Publication 77—12(1). U.S. Government Printing Office, Washington. D.C. 1997.

Meng Ye, "Ten Trends of the Information Economy", *China International Studies*, 03:113—125, 2015.

Paul Miller & James Wilsdon, "Digital Future: An Agenda for a Sustainable Digital Economy", *Corporate Enviromental Strategy*, Vol.8(3), 2001.

Powell, W., & Snellman, K., "The knowledge economy", *Annual Review of Sociology*, 30, 199—221, 2004.

Tapscott D., Lowy A., Ticoll D., *Blueprint to the Digital Economy*:

Creating Wealth in the Era of E-Business, New York: McGraw-Hill, 1998.

Tapscott, D., *The Digital Economy: Promise and Peril in the Age of Networked Intelligence*, McGraw-Hill, New York, NY, 1996.

TUAC(Trade Union Advisory Committee), "Discussion Paper on the Digital Economy Inclusive Innovation Pathways", *Regulatory Challenges, and the Role of Policies and Unions*, June, 2016.

BCS(British Computer Society), The Digital Economy, British Computer Society, London, https://policy. bcs. org/sites/policy. bcs. org/files/digital% 20economy%20Final%20version_0. pdf, 2014.

DBCDE, "Advancing Australia as a Digital Economy: An Update to the National Digital Economy Strategy", Department of Broadband, Communications and the Digital Economy, Canberra, http://apo. org. au/node/34523, 2013.

EC, "Expert Group on Taxation of the Digital Economy", European Commission, Brussels, http://ec.europa. eu/taxation_customs/sites/taxation/ files/resources/documents/taxation/gen_info/good_governance_matters/digit-al/general_issues.pdf, 2013.

EIU(Economist Intelligence Unit), "Digital Economy Rankings 2010 Beyond E-Readiness", http://www.eiu. com/site_info. asp?info_name= digitale-conomy_2010&page=noads, 2010.

Elmasry, T. et al., "Digital Middle East: Transforming the Region into a Leading Digital Economy", McKinsey & Company, New York, NY. http:// www. mckinsey. com/global-themes/middle-east-and-africa/digital-middle-east-transforming-the-region-into-a-leading-digital-economy, 2016.

G20 DETF, "G20 Digital Economy Development and Cooperation Initiative", G20 Digital Economy Task Force, http://www. g20. utoronto. ca/ 2016/g20-digital-economy-development-and-cooperation. pdf, 2016.

Heeks, R., "Researching ICT-Based Enterprise in Developing Countries, Development Informatics Working Paper 30", IDPM, University of Manchester, UK, http://www. gdi. manchester. ac. uk/research/publications/di/, 2008.

House of Commons, "The Digital Economy, House of Commons Business, Innovation and Skills Committee", London, https://www.publications. parliament.uk/pa/cm201617/cmselect/cmbis/87/87.pdf, 2016.

Knickrehm, M., Berthon, B. & Daugherty, P., "Digital Disruption: The Growth Multiplier", Accenture, Dublin, https://www.accenture.com/_acnmedia/PDF-4/Accenture-Strategy-Digital-Disruption-Growth-Multiplier.pdf, 2016.

Manyika, J., J. Bughin, S. Lund, O. Nottebohm, D. Poulter, S. Jauch, and S. Ramaswamy, "Global Flows in a Digital Age: How Trade, Finance, People, and Data Connect the World Economy", Report, April. McKinsey Global Institute. Available at www.mckinsey.com/insights/globalization/global_flows_in_a_digital_age, 2014.

Margherio, L. et al., "The Emerging Digital Economy, Department of Commerce", Washington, DC. 1999, http://www.esa.doc.gov/sites/default/files/emergingdig_0.pdf.

MCI(Mckinsey Global Institute), "Digital China: Powering the Economy to Global Competitiveness", https://www.mckinsey.com/global-themes/china/digital-china-powering-the-economy-to-global-competitiveness, 2017.

Mesenbourg, T.L., "Measuring the Digital Economy, US Bureau of the Census, Suitland", MD, https://www.census.gov/content/dam/Census/library/working-papers/2001/econ/umdigital.pdf, 2001.

OECD, "Digital Economy Outlook 2015", OECD Publishing, Paris. DOI: http://dx.doi.org/10.1787/9789264232440-en, 2015.

OECD, "Measuring the Digital Economy, a New Perspective", http://www.oecd.org/sti/measuring-the-digital-economy-9789264221796-en.htm, 2014.

OECD, "Measuring the Information Economy", http://www1.oecd.org/sti/ieconomy/1835738.pdf, 2002.

OECD, "The Digital Economy, OECD", Paris., http://www.oecd.org/daf/competition/The-Digital-Economy-2012.pdf, 2013.

OECD, "The Knowledge-based Economy", http://www.oecd.org/sti/sci-tech/1913021.pdf, 1996.

ONS(Office for National Statistics, London), "What Defines the Digital

Sector?", http://webarchive. nationalarchives. gov. uk/20160105160709/http://www. ons. gov. uk/ons/dcp171776_419158. pdf, 2015.

Rouse, M., "Digital Economy, Techtarget", Newton, MA. http://searchcio. techtarget. com/definition/digital-economy, 2016.

US-DOC(U. S. Department of Commerce), "Digital Economy", https://www. commerce. gov/file/digital-economy-2003, 2003.

US ITC(United States International Trade Commission), "Digital Trade in the U. S. and Global Economies", Part 2. Publication 4485, Investigation No. 332—540, August. Washington, DC: US International Trade Commission. Available at www. usitc. gov/publications/332/pub4485. pdf, 2014.

WEF(World Economy Forum), "The Global Information Technology Report 2016: Innovating in the Digital Economy", http://reports. weforum. org/global-information-technology-report-2016/.

后 记

上海社会科学院世界经济研究所成立于 1978 年，是全国世界经济领域最重要的研究机构之一。世界经济研究所以世界经济与国际关系两大学科为主轴，将世界经济研究与国际关系研究、世界经济研究与中国对外开放研究相结合，注重研究的综合性、整体性，提高研究成果的理论性、战略性与对策性。在学科建设的基础理论方面和对外开放的战略研究方面形成了一批被同行广泛认可的较有影响的成果。2016 年 9 月 G20 杭州峰会的召开，是中国参与全球经济治理的历史性事件。此次会议上，以"杭州共识"为代表的新发展共识的提出，其意义不仅在于它对全球经济治理机制做出贡献，更在于它是中国首次系统地阐述对于"新型世界经济"的看法。上海社会科学院世界经济研究所专门组织各研究室，以他们为主要团队，并邀请复旦大学等高校的全球治理研究学者进行合作研究，以国际政治经济学及全球治理理论为理论基础，对 G20 杭州新发展共识与全球经济治理机制及其主要问题之间互动的现状、方式、特征、策略等进行深入的考察和分析。以此为基础，提出多方面关系背后的制约因素、发展方向，以及调整的主要模式与效应。

上海社会科学院世界经济研究所长期跟踪研究国内外关于对外开放与全球治理的理论与实践，集聚了一批关注全球经济治理的探索、实践与研究的学者。本书是上海社会科学院世界经济研究所诸多同仁共同努力的结果。本书的写作分工具体如下：导论，黄超、苏宁；第一章，孙伊然；第二章，黎兵；第三章，孙伊然；第四章，黎兵；第五章，黄超；第六章，何曜；第七章，朱杰进；第八章，沈玉良；第九章，唐杰英、沈玉良、陈历幸；第十章，陈历幸；第十一章，陈历幸、沈玉良。

全书由苏宁、沈玉良拟定总体框架和写作思路，并进行统稿、调整。本书在撰写过程中得到诸多学术界前辈、同行的支持和帮助。在此一并致谢！

本书撰写组
2020 年 8 月于上海社会科学院

图书在版编目(CIP)数据

G20新发展共识与全球治理发展新趋势 / 苏宁等著
.— 上海 ：上海社会科学院出版社，2020
ISBN 978 - 7 - 5520 - 3335 - 9

Ⅰ．①G… Ⅱ．①苏… Ⅲ．①国际经济—经济合作—
研究 Ⅳ．①F113.4

中国版本图书馆 CIP 数据核字（2020）第 203897 号

G20新发展共识与全球治理发展新趋势

著　　者：苏　宁　沈玉良 等
责任编辑：王　勤
封面设计：朱忠诚
出版发行：上海社会科学院出版社
　　　　　上海顺昌路 622 号　邮编 200025
　　　　　电话总机 021 - 63315947　销售热线 021 - 53063735
　　　　　http：//www.sassp.cn　E-mail：sassp@sassp.cn
照　　排：南京理工出版信息技术有限公司
印　　刷：上海颛辉印刷厂有限公司
开　　本：710 毫米×1010 毫米　1/16
印　　张：15.75
字　　数：256 千字
版　　次：2020 年 11 月第 1 版　2020 年 11 月第 1 次印刷

ISBN 978 - 7 - 5520 - 3335 - 9/F・636　　　　　　定价：89.80 元